zeitreise 1

zeitreise 1

Autoren:
Sven Christoffer
Helmut Heimbach
Uwe Jabs
Klaus Leinen
Peter Offergeld
Jörg Schelle
Hans Steidle

1. Auflage A 1 5 4 3 2 | 2008 2007

Alle Drucke dieser Auflage können nebeneinander benutzt werden, sie sind untereinander unverändert. Die letzte Zahl bezeichnet das Jahr des Druckes.

Internetadresse: http://www.klett.de

Redaktion: Petra Bauersfeld
Herstellung: Josephin Müller
Satz: Monique Schygulla
Gesamtgestaltung: Kassler-Design, Leipzig
Piktogramme: Erhard Müller, Leipzig
Kartographien: Kartographisches Büro Borleis & Weis, Leipzig;
Klett Archiv, Stuttgart (S.75–77)
Reproduktionen: Meyle & Müller, Medien-Management, Pforzheim
Druck: Firmengruppe APPL, aprinta druck, Wemding
ISBN 3-12-422010-2

zeitreise 1

Ernst Klett Schulbuchverlag Leipzig
Leipzig Stuttgart Düsseldorf

Thematisches Inhaltsverzeichnis

Chronologisches Inhaltsverzeichnis

Das Fach Geschichte

Ur- und Frühgeschichte

Frühe Hochkultur Ägypten

Das antike Griechenland

Das Römische Reich

Die Römer in Südwestdeutschland

Von der Völkerwanderung zum Frankenreich

Leben im Mittelalter

So arbeitest du mit diesem Buch

Dieses Buch hat vier Themeneinheiten. Jede Themeneinheit beginnt mit einer Auftaktdoppelseite. Bilder und ein kurzer Text sagen dir, worum es in der Themeneinheit geht. Die große Karte hilft dir, dich in den Ländern und Kontinenten, um die es in der Themeneinheit geht, zurechtzufinden. Auf der Zeitleiste siehst du, durch wie viele Jahre oder Jahrhunderte du in dieser Einheit „reisen" wirst.

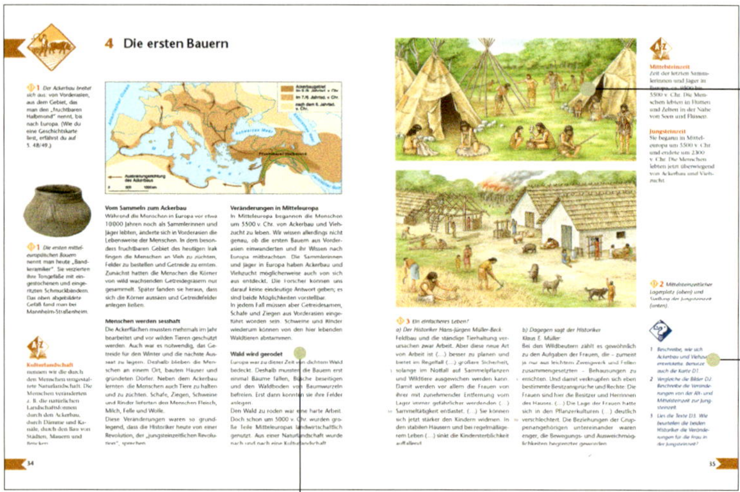

Jede Themeneinheit ist in mehrere Kapitel eingeteilt, jedes Kapitel steht auf einer Doppelseite. Auf diesen Doppelseiten findest du zum einen Verfassertexte (VT), die unsere Autorinnen und Autoren für das Buch geschrieben haben.

Zum anderen erhältst du verschiedene Materialien zum Thema: Abbildungen von Funden aus vergangenen Zeiten, Fotos und Zeichnungen, dazu Texte aus früheren Zeiten oder auch Berichte von heutigen Forschern. Fragen und Anregungen helfen dir, die Texte und Materialien zu erschließen.

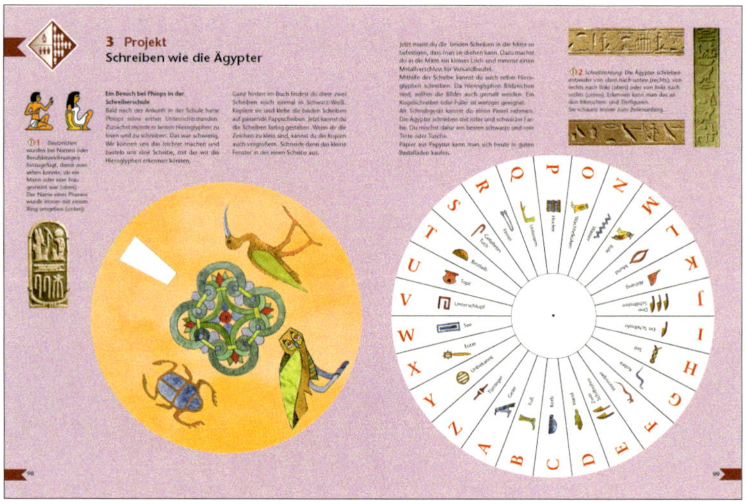

In jeder Themeneinheit gibt es auch eine Projektseite. Auf diesen Seiten bekommen du und deine Klasse verschiedene Anregungen für Projekte, die ihr selber ausprobieren könnt. Genaue Anleitungen helfen euch dabei.

Wenn du eine solche farbige Seite aufschlägst, weißt du sofort: Hier wird eine Methode vorgestellt, die dir beim Lernen in Geschichte hilft. Auf diesen Seiten übst du beispielsweise Bilder genau zu betrachten, mit Karten umzugehen oder alte Texte zu verstehen.

In dem Kasten mit dem roten Rahmen stehen die methodischen Arbeitsschritte, auf die es bei dieser Methode ankommt. Du findest alle Methoden noch einmal gesammelt am Ende des Buches im Methodenglossar.

Auf der letzten Doppelseite einer Themeneinheit gibt es ein Spiel, Quiz oder Rätsel, wo es noch einmal um die wichtigsten Dinge aus den Kapiteln geht. Die Lösungen sind kein Problem – entweder weißt du die Antworten sowieso noch oder du schlägst einfach in den Kapiteln nach.

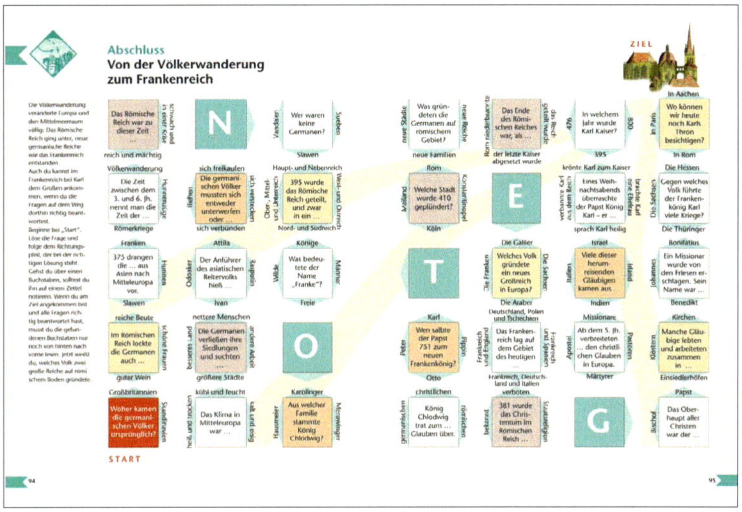

Kleine Symbole helfen dir, dich in den Kapiteln zurechtzufinden:

Jede Themeneinheit hat ihr eigenes Bild. Du findest es auf jeder Doppelseite links oben in der Ecke.

Hier findest du Vorschläge für Projekte, Lesetipps und Adressen von Informationsstellen.

Wichtige geschichtliche Begriffe oder auch schwierige Wörter werden in einem kleinen Lexikon erklärt.

Du kannst für das Fach Geschichte auch den Computer nutzen. Entweder kannst du dich an dieser Stelle mit einem Modul auf der Software „Zeitreise multimedial" beschäftigen. Oder du findest an dieser Stelle einen Hinweis auf interessante Links oder auch auf die Zeitreise-Website http://www.klett-verlag.de/geschichte/zeitreise-extra. Hier halten wir weitere Materialien für euren Unterricht bereit.

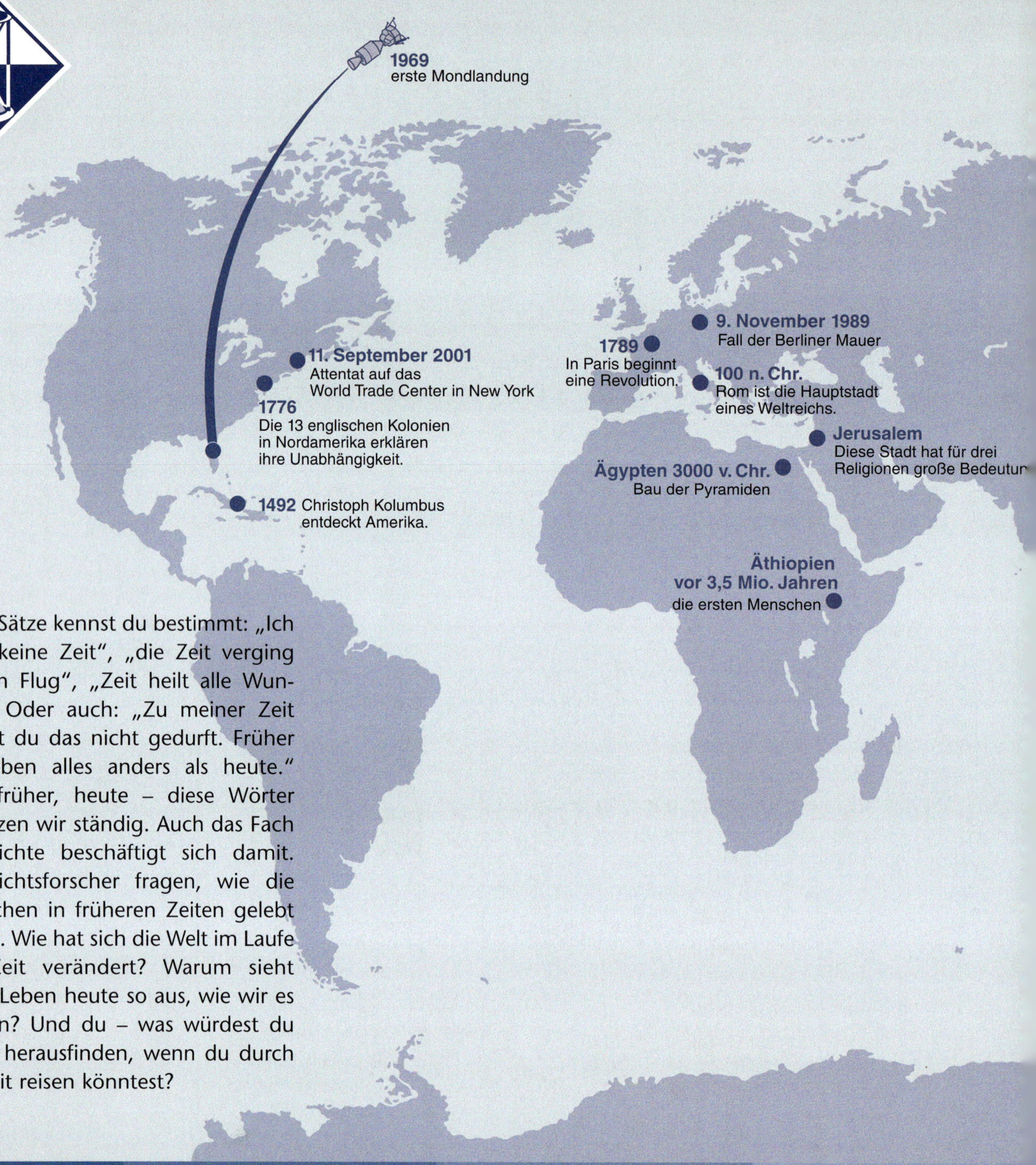

Diese Sätze kennst du bestimmt: „Ich habe keine Zeit“, „die Zeit verging wie im Flug“, „Zeit heilt alle Wunden.“ Oder auch: „Zu meiner Zeit hättest du das nicht gedurft. Früher war eben alles anders als heute.“ Zeit, früher, heute – diese Wörter benutzen wir ständig. Auch das Fach Geschichte beschäftigt sich damit. Geschichtsforscher fragen, wie die Menschen in früheren Zeiten gelebt haben. Wie hat sich die Welt im Laufe der Zeit verändert? Warum sieht unser Leben heute so aus, wie wir es kennen? Und du – was würdest du gerne herausfinden, wenn du durch die Zeit reisen könntest?

Vor 500 000 – 400 000 Jahren

Die Menschen lernen Feuer zu machen.

Vor ca. 5000 Jahren

Die Menschen erfinden das Rad.

Vor ca. 5000 – 3500 Jahren

In Ägypten, Mesopotamien, China und Indien werden die ersten Schriften entwickelt.

1 n. Chr. Christi Gebu

Unsere Zeitrechnung beginnt.

Das Fach Geschichte

Viele Menschen hätten gerne eine Zeitmaschine.
Dieses Modell stammt aus dem Jahr 2002 – aus dem Kinofilm „Time Machine“.

um 1450

Johannes Gutenberg erfindet den Buchdruck.

1825

In England fährt die erste Eisenbahn.

1885/1886

Carl Friedrich Benz und Gustav Daimler bauen die ersten Automobile.

1946

Die ersten Computer werden eingesetzt.

1 Wir leben alle mit Geschichte

Q 1 *Die Geschichte des Dorfes Nehren* (bei Tübingen) wurde bereits im Jahr 1838 von dem Pfarrer Friedrich August Köhler aufgeschrieben. Er schildert in dieser Chronik, wie die Menschen auf dem Land gelebt und gearbeitet haben. 1981 wurde das Buch von heutigen Autorinnen und Autoren bearbeitet und neu gedruckt.

Q 2 *Eine Feuersteinklinge,* die in der Nähe von Nehren gefunden wurde. Vor etwa 6000 Jahren diente sie vermutlich als Klinge für eine Sichel.

Wie alt ist unser Ort?
Viele Orte in Baden-Württemberg haben schon ihr 800- oder 900-jähriges Jubiläum gefeiert. Gehörte dazu auch dein Heimatort oder ein anderer Ort aus deinem Landkreis?
In Nehren (Kreis Tübingen) gab es 1986 eine große „900-Jahr-Feier", weil dieser Ort 1086 und 1092 erstmals in alten Schriften genannt wurde.

Nehren – ein Dorf mit langer Geschichte
Die meisten Orte gab es schon einige Jahrhunderte, bevor sie zum ersten Mal schriftlich erwähnt wurden. So auch Nehren, das vor etwa 1200 Jahren auf einem Höhenrücken oberhalb des kleinen Flusses Steinlach gegründet wurde. Der Ortsteil Hauchlingen ist sogar noch über 100 Jahre älter.
Aber bereits lange davor lebten schon Menschen im Steinlachtal. Einen interessanten Fund verdanken wir wohl einem Bauern aus der Steinzeit: Möglicherweise hat er bei der Getreideernte eine Feuersteinklinge aus seiner Sichel verloren (Q2). Auch ein zerbrochenes Steinbeil wurde in der Nähe von Nehren gefunden.
In der Bronzezeit, vor 3 500 Jahren, wurden Tote, die zu ihren Lebzeiten vermögend waren, in großen Grabhügeln beigesetzt. In ihre Gräber legte man Schmuck oder auch Waffen, z. B. Schwerter aus Bronze. Etwa zwanzig noch sichtbare Grabhügel befinden sich bei Nehren. Bis heute wissen wir aber nicht, wo diese Menschen ihre Gehöfte oder Dörfer anlegten und welche Namen sie diesen Siedlungen gaben. Denn diese Menschen kannten noch keine Schrift und haben uns deshalb auch keine schriftlichen Aufzeichnungen hinterlassen.
Die verschiedenen Funde und die noch gut sichtbaren Grabhügel machen jedoch deutlich, dass bereits einige tausend Jahre vor den ersten schriftlichen Erwähnungen Menschen auf dem Gebiet der heutigen Gemeinde Nehren lebten.

D 1 *Zeittafel von Nehren*
um 4000 v. Chr.: Einzelfunde aus der Jungsteinzeit
um 1500 v. Chr.: Grabhügel aus der Bronzezeit
800–500 v. Chr.: Grabhügel der älteren Eisenzeit
1086: Erste urkundliche Erwähnung von Hauchlingen
1092: Erste urkundliche Erwähnung von Nehren
1305–1419: Die Ritter von Neran wohnen auf einer Wasserburg, der Weiherburg, am Ortsrand.
1543: Vereinigung von Nehren und Hauchlingen zu einem Dorf
1844: Das Schul- und Rathaus wird eingeweiht.
1898: Genehmigung einer Eisenbahnhaltestelle Nehren an der Bahnlinie Tübingen-Hechingen
1913: Anschluss des Rathauses an das elektrische Netz
1995: Fertigstellung des Schulzentrums auf dem „Höhnisch" mit der Realschule „Steinlach-Wiesaz" (erbaut 1982).

Q3 *Bilder zur Geschichte von Nehren.* Die alten Fotos wurden von einem Fotografen aufgenommen, der in Nehren lebte und nach Amerika auswanderte.

① *Um 1500 v. Chr.:* Grabhügel in den „neuen Wiesen".

② *14. Jahrhundert:* Hier stand die Weiherburg; die Reste der Mauern sind noch als Erdwälle zu erkennen.

③ *Um 1908:* Die 500 Jahre alte Kirche im Hintergrund gehört zum Ortsteil Hauchlingen.

④ *Um 1908:* Der Dorfschmied beschlägt gerade ein Pferd.

⑤ *Schulklasse 1949* vor der alten Grund- und Hauptschule.

⑥ *1995:* Das neue Schulzentrum auf dem „Höhnisch" mit Realschule und Gymnasium wird fertig gestellt.

1. *Erstellt eine Zeittafel oder eine Zeitleiste von eurem Wohnort.*
2. *Findet heraus, welche Bücher es über die Geschichte eures Ortes gibt.*
3. *Fertigt auch von eurem Heimatort ein Schaubild wie Q3 an.*

2 Methode
Einen Stammbaum erstellen

D 1 *Generationen einer Familie.*

Nicht nur Städte oder Dörfer haben eine Geschichte. Auch eine Familie und jeder Mensch kann eine eigene „Geschichte" erzählen. Wenn du deine Familiengeschichte erforschst, kannst du viel über deine Vergangenheit und deine Vorfahren lernen, z. B. woher deine Familie stammt, wie deine Vorfahren gelebt, wann sie geheiratet und welche Berufe sie ergriffen haben.
Ein Mensch kann sich nicht an die Zeit erinnern, als er noch sehr klein war. Darüber können dir deine älteren Geschwister oder Eltern berichten. Großeltern wissen natürlich über die längste Zeitdauer deiner Familiengeschichte Bescheid. Du kannst aber nicht nur durch diese mündliche Überlieferung etwas über die Vergangenheit erfahren. Auch Fotos und Briefe berichten von Vergangenem. Um die Geschichte deiner Familie zu ordnen, kannst du die Familienmitglieder nach Generationen einteilen.

Generation
Das Wort stammt aus der lateinischen Sprache und bedeutet so viel wie Altersstufe. Die ungefähr gleichaltrigen Mitglieder einer Familie bilden zusammen eine Generation. Ihre Kinder leben auf der nächsten Altersstufe und gehören deshalb zu einer anderen Generation.

Q 1 *Hochzeiten sind wichtige Ereignisse in der Geschichte einer Familie.* Bei dieser Hochzeit haben vier Generationen einer Familie miteinander gefeiert. Kannst du erkennen, welche Personen zur jungen, mittleren, älteren und der ältesten Generation gehören?

D 2 *So könnte dein Familienstammbaum aussehen. Vier Generationen haben darin Platz – das entspricht einem Zeitraum von rund 100 Jahren!*

Beispiel:

Methodische Arbeitsschritte

1. Zeichne auf einem DIN-A3-Blatt deinen Familienstammbaum. Orientiere dich dabei an der Vorlage D 2. (Ganz vorne im Buch findest du auch eine Vorlage zum Kopieren.) Das oberste Feld ist für dich selbst, die zwei Felder darunter sind für deine Eltern gedacht.
2. Sammle folgende Angaben von jedem Familienmitglied: den Vor- und Nachnamen, das Geburts- (*) und gegebenenfalls das Todesdatum (†), den Geburtsort, die Kinderzahl und den Beruf. Die Daten kannst du erfragen oder im Familienbuch nachschlagen.
3. Trage die Angaben in die einzelnen Felder ein. Der Stammbaum wird für den Betrachter noch interessanter, wenn du Fotos deiner Verwandten oder andere Erinnerungsstücke neben das entsprechende Feld klebst.

1 Hänge deinen Familienstammbaum im Klassenraum auf und stelle ihn deinen Mitschülerinnen und Mitschülern vor.

2 Vergleiche die erstellten Familienstammbäume miteinander: Wie haben sich das Lebensalter, die Anzahl der Kinder, die Berufe und die Vornamen im Laufe der Jahre verändert?

3 Wie finden wir etwas über Geschichte heraus?

Quellen erzählen aus der Vergangenheit

Alles, was aus der Vergangenheit übrig geblieben ist, nennen wir „Quellen". Denn wie ein Fluss aus einer Quelle entspringt, so kommt auch unser Wissen über die Geschichte aus „Quellen". Das können sehr unterschiedliche Dinge sein: alte Fotografien und Gemälde, Briefe und Tagebücher, aber auch Burgen, Kirchen und Ruinen. Wer etwas über die Vergangenheit herausfinden will, ist auf Quellen angewiesen. Aber wie finden wir solche Quellen und wie gehen wir mit ihnen um?

Steine zum Sprechen bringen

Immer wieder werden im Boden Überreste aus der Vergangenheit gefunden: alte Mauersteine, Holzstücke, Tonscherben oder auch Knochen und Stofffetzen. Dann werden Archäologen gerufen. Ihr Beruf ist es, gezielt nach Bodenfunden zu suchen, sie auszugraben, zu vermessen und zu beschreiben. Mit wissenschaftlichen Methoden finden Archäologen auch heraus, wie alt die Funde sind und woher sie stammen. Außerdem vergleichen sie die Funde mit anderen Entdeckungen und berichten in wissenschaftlichen Zeitschriften darüber. Letztlich sorgen sie dafür, dass die Gegenstände erhalten und restauriert werden, um sie in Museen auszustellen.

In Quellen lesen

Historiker dagegen graben nicht im Boden, sondern sie spüren der Vergangenheit in Archiven, Bibliotheken oder auch an anderen Orten nach. Ihr Beruf ist zum einen, schriftliche Quellen zu entziffern, zu ordnen und zu bewerten. Zum anderen „lesen" Historiker auch in Bildquellen und Überresten und finden so weitere Dinge über die Vergangenheit heraus. Dabei arbeiten sie fast wie Detektive. Denn Historiker müssen aus unterschiedlichen Quellen so viele Informationen wie möglich sammeln und sorgfältig prüfen. Alles, was Historikerinnen und Historiker über die Geschichte herausbekommen haben, fassen sie am Ende zusammen und veröffentlichen es in Büchern, Ausstellungen, Museen oder Filmen.

Quellen
So werden alle Texte und Gegenstände genannt, die aus vergangenen Zeiten übrig geblieben oder überliefert sind. Wir unterscheiden mündliche und schriftliche Quellen, Bild- und Tonquellen sowie Überreste. Quellen, die in diesem Buch abgedruckt sind, sind mit einem Q gekennzeichnet.

Darstellungen
Das, was man über die Vergangenheit herausgefunden hat, kann auf verschiedene Art und Weise dargestellt werden: in Büchern, Zeitungsartikeln, Karten, Filmen, Schaubildern oder Tabellen. Solche Darstellungen erkennst du in diesem Buch an einem D.

1 *Eine Archäologin* findet ein fast 5000 Jahre altes Wagenrad.

2 *Der Nachbau eines Wagens,* wie er vermutlich vor 5000 Jahren ausgesehen hat, wird hier von Schülern erprobt.

3 *Ausschnitt aus einem erhaltenen Wandmosaik* in einem Haus in Pompeji.

4 *Haus in Pompeji* (Computerrekonstruktion von 1997).

5 *Pompeji war eine Stadt in Italien, die 79 n. Chr. durch einen Vulkanausbruch verschüttet wurde. Über diese Stadt schrieb ein Historiker im Jahr 2001:*

Als Pompeji am 24. August 79 n. Chr. unter vulkanischer Asche und Schlammlawinen verschüttet wurde, blickte die Stadt bereits auf eine mehrere Jahrhunderte währende Geschichte zurück. Verkehrstechnisch äußerst günstig in der Nähe der Küste und des Flusses Sarno auf einem Plateau gelegen, entwickelte sich die Siedlung (…) rasch zu einem bedeutenden regionalen Zentrum am Golf von Neapel (…). Seine wohl größte Blüte erlebte Pompeji im 2. Jh. v. Chr., als Landwirtschaft und Handel viel Geld in die Stadt brachten, mit dem der Bau prächtiger Wohnhäuser, Straßen und öffentlicher Gebäude finanziert wurde. (…) Einen deutlichen Einschnitt markiert das Erdbeben von 62 n. Chr., das (…) schwere Zerstörungen hinterließ. Trotz des (…) rasch vorangetriebenen Wiederaufbaus herrschte in Pompeji noch kein Normalzustand, als die Stadt siebzehn Jahre später ihr jähes Ende nahm.

6 *Ein altes Schulzeugnis aus dem Jahr 1918.*

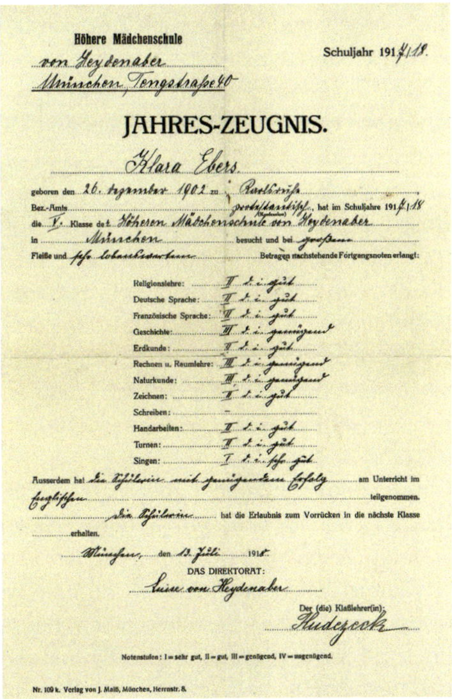

Höhere Mädchenschule von Heydenaber
München, Tengstraße 40
Schuljahr 1917/18.

JAHRES-ZEUGNIS.

Klara Ebers.

geboren den 26. September 1902 zu ..., Bez.-Amts ..., protestantisch (Konfession), hat im Schuljahre 1917/18 die V. Klasse der Höheren Mädchenschule von Heydenaber in München besucht und bei großem Fleiße und sehr lobenswertem Betragen nachstehende Fortgangsnoten erlangt:

Religionslehre:	II d. i. gut
Deutsche Sprache:	II d. i. gut
Französische Sprache:	II d. i. gut
Geschichte:	III d. i. genügend
Erdkunde:	II d. i. gut
Rechnen u. Raumlehre:	III d. i. genügend
Naturkunde:	III d. i. genügend
Zeichnen:	II d. i. gut
Schreiben:	–
Handarbeiten:	II d. i. gut
Turnen:	II d. i. gut
Singen:	I d. i. sehr gut

Ausserdem hat die Schülerin mit genügendem Erfolg am Unterricht im Englischen teilgenommen.

Die Schülerin hat die Erlaubnis zum Vorrücken in die nächste Klasse erhalten.

München, den 13. Juli 1918.

DAS DIREKTORAT:
Luise von Heydenaber

Der (die) Klaßlehrer(in):
Hudezeck

Notenstufen: I = sehr gut, II = gut, III = genügend, IV = ungenügend.

Nr. 109 k. Verlag von J. Maiß, München, Herrnstr. 8.

1. *Stelle dir vor, du könntest einen Tag lang einer Archäologin oder einem Historiker bei der Arbeit helfen. Für welchen Bereich würdest du dich entscheiden? Begründe deine Meinung.*
2. *Erkläre den Unterschied zwischen „Quelle" und „Darstellung". Untersuche dann die Abbildungen und Texte auf dieser Seite und entscheide, welche du mit einem Q und welche du mit einem D kennzeichnest.*

7 *Übersicht* über die verschiedenen Quellenarten.

Textquellen	Bildquellen	Überreste
Akten	Fotos	Bauwerke
Briefe	Gemälde	Gräber
Gesetzestexte	Höhlenmalerei	Kleidungsstücke
Inschriften	Karikaturen	Möbel
Memoiren	Mosaike	Schmuck
Tagebücher		Statuen
Urkunden		Waffen
Verträge		Werkzeuge
Zeitungen		

4 Vergangenheit, Gegenwart, Zukunft

1 *Wie die Zeit „läuft"*, sieht man in einer Sanduhr besonders deutlich.

Chronologie
von griech. chronos = Zeit
Die Chronologie (Zeitrechnung) ordnet die Vergangenheit durch eine Jahreszählung. Die meisten Zeitrechnungen zählen die Jahre von einem bestimmten Ereignis aus vor und zurück. Chronos war in der Antike der Gott der Zeit.

Zeit – ein unsichtbarer Begleiter

Sie ist unsichtbar und doch umgibt sie uns überall. Wir können sie nicht anfassen, trotzdem wissen wir, dass sie da ist. Eine Uhr können wir anhalten, vor- oder zurückstellen. Aber es ist unmöglich die Zeit anzuhalten.

Was hat die Vergangenheit mit der Zukunft zu tun?

Kannst du dich noch an deine Einschulung erinnern? Dieser wichtige Tag gehört zur Vergangenheit – so wie alle anderen Ereignisse, die bereits hinter dir liegen. In diesem Moment liest du in deinem neuen Geschichtsbuch. Das ist die Gegenwart. Und wenn du dir in deiner Fantasie ausmalst, wie dein Leben in 20 Jahren aussehen könnte, dann denkst du über die Zukunft nach.
Im Fach Geschichte wirst du dich vor allem mit Ereignissen in der Vergangenheit beschäftigen. Außerdem erfährst du, wie sich diese Ereignisse auf die heutige Zeit ausgewirkt haben. So wirst du merken, dass du einiges in der Gegenwart besser verstehst, wenn du die Vergangenheit kennst.

Zeit lässt sich messen

Schon sehr früh haben die Menschen die Natur beobachtet und dabei gelernt, die Zeit zu messen und einzuteilen: In einem Jahr läuft die Erde einmal um die Sonne. Der Mond braucht rund 30 Tage, um einmal die Erde zu umkreisen. Und die Erde dreht sich innerhalb eines Tages einmal um ihre eigene Achse. Als die Menschen dies erkannten, erstellten sie die ersten Kalender.
Später erfanden die Menschen verschiedene Uhren, mit denen sich der Tag in Stunden einteilen ließ. So gab es Sonnenuhren, Stundenkerzen oder besondere Gefäße, durch die Wasser oder Sand liefen.
Ganz genau konnte dann die Zeit gemessen werden, als vor rund 700 Jahren die Räderuhr erfunden wurde: Sie zählte sogar die Minuten und brauchte auch weder Sonne noch Wasser, um zu funktionieren.

In der Zeit rechnen?

Wir können Zeit nicht nur messen, sondern auch berechnen. Von einem bestimmten Zeitpunkt an werden Jahre vor und zurück gezählt. So lassen sich vergangene Ereignisse ordnen und in eine zeitliche Reihenfolge bringen. Ein anderes Wort für Zeitrechnung ist Chronologie.
Unsere Zeitrechnung nimmt die Geburt von Jesus Christus als Ausgangspunkt. Wir teilen die Zeit daher in die Abschnitte „vor Christi Geburt" (v. Chr.) und „nach Christi Geburt" (n. Chr.) ein. Die Jahre 1–100 werden als „erstes Jahrhundert" bezeichnet – also leben wir heute, zwischen 2001 und 2100, im 21. Jahrhundert.
Unsere Zeitrechnung gilt aber nicht auf der ganzen Welt. In anderen Ländern und zu anderen Zeiten haben die Menschen verschiedene Zeitpunkte für ihre Chronologie festgesetzt. Daher bestehen auch heute noch auf der Welt mehrere Zeitrechnungen nebeneinander.

2 Mechanische Taschenuhr,
um 1510 von dem Nürnberger Uhrmacher Peter Henlein angefertigt.

Wie funktionierten ägyptische Uhren? Probiere einmal aus, wie mit der abgebildeten Auslaufuhr die Zeit gemessen wurde: www.klett-verlag.de/geschichte/zeitreise-extra

3 Ägyptische Auslaufuhr,
ca. 3500 Jahre alt.

4 Arabische Sonnenuhr
aus dem 6. Jahrhundert v. Chr.

1 Unterschiedliche Zeitrechnungen

Kultur	***Ausgangspunkt für die Zeitrechnung***	***Ereignis***
jüdisch	3761 v. Chr.	Erschaffung der Welt
griechisch	776 v. Chr.	erste Olympische Spiele
römisch	753 v. Chr.	Gründung der Stadt Rom
christlich	1 n. Chr.	Geburt Jesu Christi
islamisch	622 n. Chr.	Mohammeds Flucht nach Medina

1 Beschreibe, wie die hier abgebildeten Uhren funktionierten. Welche ist die älteste Uhr, welche die „jüngste“?

2 Rechne das Alter eines Menschen aus, der von 23 v. Chr. bis 19 n. Chr. gelebt hat. Aber Vorsicht: Das Jahr Null gibt es nicht!

3 In welchem Jahr lebst du heute nach der jüdischen Zeitrechnung?

4 Ordne die Begriffe „Vergangenheit“, „Gegenwart“ und „Zukunft“ den verschiedenen Teilen der Sanduhr zu.

5 Eine Reise durch die Zeit

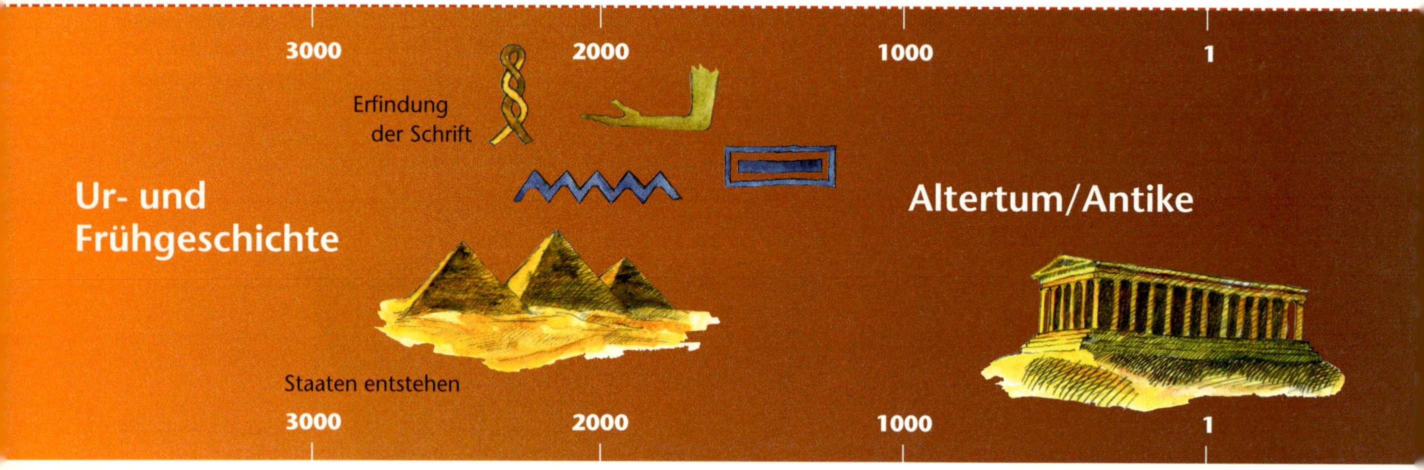

D1 *Zeitleiste der Menschheitsgeschichte*

Den Überblick behalten

In der Geschichte der Menschheit kommen zahlreiche Personen, Orte und Ereignisse vor. Um sich einen besseren Überblick zu verschaffen, haben Historiker die Geschichte in mehrere große Abschnitte unterteilt. Diese Abschnitte nennt man Epochen. Die Epochen unserer Geschichte sind oben in dem Zeitstrahl abgebildet: Die Ur- und Frühgeschichte steht am Anfang. Darauf folgen das Altertum und das Mittelalter. An das Mittelalter schließt sich die Neuzeit an, in der wir noch heute leben.

Wann endet eine Epoche?

Immer wieder gab es Ereignisse, die den Verlauf der Geschichte stark beeinflusst haben. Manche Ereignisse waren so gewaltig, dass sie eine Epoche beendeten und eine neue einläuteten. So endet die Ur- und Frühgeschichte um 3000 v. Chr., als die ersten Staaten entstehen und die Menschen die Schrift erfinden. Damit beginnt das Altertum, das die Zeit der frühen Hochkulturen und der Griechen und Römer umfasst. Das Altertum endet, als sich die Völker in Europa neue Länder suchen und das Römische Reich um 500 n. Chr. zerfällt. Es folgt das Mittelalter, das bis ungefähr 1500 n. Chr. reicht. Der Umbruch zur Neuzeit geschieht gleich durch mehrere Entwicklungen: Johannes Gutenberg erfindet den Buchdruck, Christoph Kolumbus entdeckt Amerika und in Deutschland löst Martin Luther die Reformation aus.

Alles klar?

Um sich zu orientieren, ist es sehr nützlich, die Geschichte in Epochen einzuteilen. Allerdings gelten diese Epochen nur für Europa. In anderen Erdteilen ist die Geschichte anders verlaufen, da sich dort andere Ereignisse abgespielt haben. Deshalb unterscheiden die Menschen dort auch andere Zeitabschnitte.

Auch dürfen wir die Anfangs- und Enddaten der Epochen nicht zu starr sehen. Es haben immer mehrere Ereignisse dazu beigetragen, dass sich etwas in der Geschichte besonders stark verändert hat. Daher ist es schwierig zu sagen, wann genau eine Epoche endet und die nächste beginnt. Sogar Historikerinnen und Historiker sind sich darüber nicht immer einig.

Epoche
Das griechische Wort meint den Zeitpunkt eines wichtigen Ereignisses und den Zeitabschnitt, der auf dieses Ereignis folgt.

D 2 *Eine Weltneuheit: Gedruckte Bücher!*
Mainz, um 1450: Der Goldschmied Johannes Gutenberg erfindet den Buchdruck mit einzelnen Lettern. In den Jahren 1452 bis 1454 entsteht in seiner Druckerei die „Gutenberg-Bibel“, die noch heute zu den schönsten Büchern der Welt gehört.

D 3 *Sensation: Eine Frau ist Pharao!*
Ägypten, um 1490 v. Chr.: Im alten Ägypten herrscht eine Frau als Pharao. Ihr Name ist Hatschepsut. Viele Ägypter sind empört, als sie die Macht übernimmt. Doch bald zeigt sich, dass sie eine gute und weise Herrscherin ist, die ihrem Land einen langen Frieden bringt.

D 4 *Germanische Völker in Bewegung*
Europa, im 4. Jahrhundert: Franken, Goten, Alemannen, Vandalen und Sueben verlassen ihre Siedlungsgebiete und ziehen kreuz und quer durch Europa. Manche lockt der Reichtum in anderen Ländern, manche suchen besseres Land und wieder andere sind auf der Flucht vor einem asiatischen Reitervolk – den Hunnen.

D 5 *Ein Weltwunder!*
Ägypten, um 2500 v. Chr.: In Oberägypten wird die Cheops-Pyramide erbaut. Sie hat eine Höhe von 145 Metern und gehört zu den sieben Weltwundern der Antike. Ihren Namen erhielt sie von dem ägyptischen Pharao, der sie erbauen ließ.

D 6 *Erster Mensch auf dem Mond*
Weltall, 1969: „Ein kleiner Schritt für mich, aber ein großer Schritt für die Menschheit.“ Diesen berühmten Satz sagte der Amerikaner Neil Armstrong am 21. Juli 1969, kurz nachdem er als erster Mensch den Mond betreten hatte.

D 7 *Griechenland im Olympia-Fieber*
Olympia, 776 v. Chr.: In dem griechischen Ort Olympia finden die ersten Olympischen Spiele zu Ehren des Gottes Zeus statt. Aus allen griechischen Städten kommen Athleten angereist, um miteinander um den Siegerpreis, einen Ölzweig, zu kämpfen.

TIPP

Bastelt eine Zeitleiste für euren Klassenraum. Im Laufe des Schuljahres könnt ihr diese Zeitleiste mit vielen Texten, Fotos und Zeichnungen zu den einzelnen Kapiteln der „Zeitreise“ füllen.

1. *Erkläre den Begriff „Epoche“ mit eigenen Worten.*
2. *Ordne die Berichte D2–D7 richtig auf dem Zeitstrahl ein.*
3. *Auf der Zeitleiste fließen die Farben der einzelnen Epochen ineinander. Wie erklärst du das?*

6 Projekt
Jugendbücher erzählen Geschichte

Spannende Geschichte(n)
Viele Schriftsteller haben Jugendbücher mit spannenden Geschichten aus der Vergangenheit geschrieben: über die Pyramiden, über junge Römerinnen und Römer, über Könige, Ritter und Burgfräulein. Die Schriftsteller haben sich diese Geschichten zwar ausgedacht. Aber die meisten Autoren haben sich mit der Zeit, über die sie schreiben, genau beschäftigt. So erfahrt ihr beim Lesen viel Neues über eine bestimmte Epoche – und ihr erlebt eine spannende Geschichte!

TIPP

Ihr könnt auch eine Klassenkartei mit Lesetipps anlegen. Jeder von euch, der ein tolles Buch gelesen hat, schreibt die wichtigsten Angaben und eine kurze Inhaltsbeschreibung auf eine Karteikarte. Diese Karte kommt dann in einen großen Karteikasten. Am besten ordnet ihr die Buchempfehlungen nach den geschichtlichen Epochen, in denen die Geschichten spielen.

„Historische Lesetipps"
In einem Projekt könnt ihr euch mit verschiedenen Jugendbüchern beschäftigen und euch gegenseitig interessante und spannende Bücher vorstellen.

Vorbereitung
1. Informiert euch in einer Buchhandlung, einer Bücherei oder auch im Internet über Jugendbücher mit geschichtlichen Themen. (Einige Büchertipps findet ihr schon auf der rechten Seite.) Stellt die Titel zusammen und schreibt auch die Epochen dazu, in denen die Geschichten spielen.
2. Findet euch in Zweiergruppen zusammen und wählt ein Buch aus, das euch am meisten interessiert.
3. Jetzt braucht ihr erst einmal einige Tage Zeit, um euch das Buch zu besorgen und es zu lesen.

So stellt ihr euer Buch vor
1. Zu einer Buchvorstellung gehören als Erstes ganz bestimmte Informationen:
   - Wie heißt das Buch?
   - Wer hat es geschrieben?
   - Welcher Verlag hat das Buch herausgegeben?
   - In welchem Jahr ist es erschienen?

   Mit diesen Angaben können sich auch andere euer Buch besorgen.
2. Gebt eine kurze Inhaltsangabe. Darin nennt ihr die Hauptpersonen und worum es in der Geschichte geht.
3. Sagt, wie euch das Buch gefallen hat und ob ihr es euren Mitschülerinnen und Mitschülern zum Lesen weiterempfehlt.
4. Wählt eine Stelle im Buch als Leseprobe aus. Dies kann ein besonders spannender, interessanter, lustiger oder auch trauriger Textabschnitt sein.

Besonders viele Jugendbücher mit geschichtlichen Themen findet ihr bei diesen Verlagen:
www.dtvjunior.de/j_zeitspruenge
www.omnibus-verlag.de

Das Amulett des Pharaos (Christa-Maria Zimmermann, Arena, 2001)

Ägypten im Jahr 1272 v. Chr. Die Zwillinge Meret und Antef haben herausgefunden, dass ein hoher Priester den Pharao Ramses II. ermorden will. Wenn Meret und Antef es nicht schaffen, Ramses rechtzeitig zu warnen, ist auch ihr Leben in Gefahr!

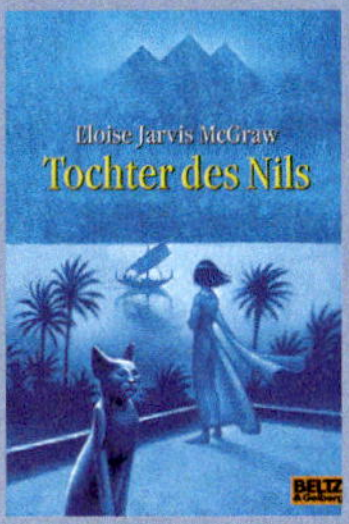

Tochter des Nils (Eloise Jarvis McGraw, Beltz & Gelberg, 2002)

Mara ist Sklavin am Hof des weiblichen Pharaos Hatschepsut. Als man ihr verspricht sie freizulassen, nimmt sie einen gefährlichen Auftrag an: Sie soll Thutmosis, Hatschepsuts Sohn, ausspionieren. Schon bald gerät Mara dabei in Lebensgefahr.

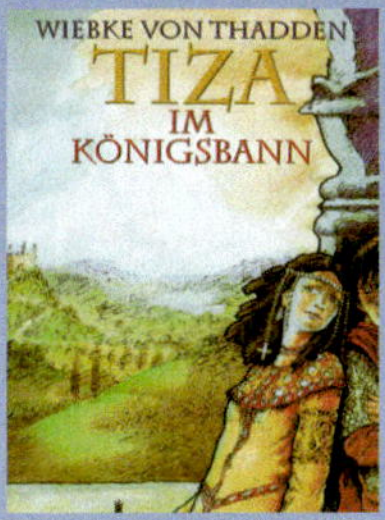

Tiza im Königsbann (Wiebke von Thadden, Beltz & Gelberg, 2000)

Tizas Vater, ein slawischer Fürst, wird von den Sachsen erschlagen. Tiza selbst kommt an den Kaiserhof Ottos des Großen in Magdeburg. Dort wird sie bald in gefährliche Machtkämpfe verstrickt …

Quintus geht nach Rom (Hans Dieter Stöver, dtv, 1993)

Die Familie des 14-jährigen Quintus muss ihren Bauernhof aufgeben und geht nach Rom. Das Leben dort ist neu und aufregend für Quintus. Er findet Arbeit in einem Buchladen – doch bald steckt er schon in einem gefährlichen Abenteuer, das seinen ganzen Mut erfordert.

Gib mir meine Legionen wieder (Josef Carl Grund, Loewe Verlag, 1992)

An den Grenzen des Römischen Reiches herrscht Krieg zwischen Römern und Germanen. In dieser Zeit freunden sich ein junger Römer und drei germanische Jugendliche miteinander an. Ob ihre Freundschaft stark genug sein wird, um die Kriegswirren zu überdauern?

Philipp zwischen Kaiser und König (Wiebke von Thadden, Beltz & Gelberg, 1999

Der junge Philipp, Sohn eines thüringischen Grafen, hat es nicht leicht. Seit einem Reitunfall ist eines seiner Beine gelähmt. Statt Ritter zu werden, überlegt er, ins Kloster zu gehen. Wie wird sich Philipp wohl entscheiden?

Mein Glaube ist mir wichtig (Lieselotte Wendl, Beltz & Gelberg, 2003)

In diesem Buch erfährst du viel über das Christentum: wie die christliche Religion entstanden ist, was die christlichen Feste bedeuten und wo in der Welt Christen leben. Aber auch über zwei weitere große Religionen informiert das Buch, nämlich über das Judentum und den Islam. Du wirst sehen, es gibt viel zu entdecken!

Bis zum 13. Mond (Arnulf Zittelmann, Beltz, 2003)

Qila, die mit ihrer Gruppe im Eisland lebt, begegnet in ihren Träumen oft der Bisonfrau. Aber sie versteht nicht, was die Träume ihr sagen wollen. Der Heiler Mir schickt Qila hinaus in die Tundra, wo sie in Höhlen übernachtet, auf die Jagd geht und Lieder und Tänze erfindet. Schließlich kehrt sie als Heilerin zurück.

Rokal, der Steinzeitjäger (Dirk Lornsen, Thiemann, 1987)

Rokal lebt mit seiner Gruppe am Großen Fluss. Bei einem Vulkanausbruch wird das Lager verschüttet. Nur Rokal überlebt – aber er ist verletzt. Alleine treibt er mit seinem Boot flussabwärts und hofft Hilfe zu finden.

7 Abschluss
Das Zeitreise-Quiz

In diesem Kapitel bist du in das neue Fach Geschichte eingestiegen. Du weißt jetzt, wie man etwas über Geschichte herausfindet oder wie du deine eigene Familiengeschichte erforschen kannst. Auch viele neue Begriffe hast du gelernt. Ob du die wichtigsten Wörter, Zahlen und Ereignisse auch behalten hast, kannst du selbst mit diesem Quiz überprüfen. Wenn du eine Antwort nicht weißt – kein Problem. Schlag einfach auf der angegebenen Seite nach. Dort kannst du noch einmal nachlesen.

Besonders viel Spaß macht dieses Quiz, wenn du dir eine Partnerin oder einen Partner suchst und ihr euch abwechselnd abfragt. Für jede richtige Antwort gibt es 10, 20, 30, 40 oder 50 Punkte. Viel Erfolg!

Wir leben alle mit Geschichte

1. Wie alt sind viele Orte in Baden-Württemberg? (S. 12)
2. Wie nennt man ein Buch, worin die Geschichte eines Ortes aufgeschrieben ist? (S. 12)
3. Welche Geschichte kannst du direkt bei dir zu Hause erforschen? (S. 14)
4. Ein ganz besonderes „Gewächs", das sehr hilfreich ist für die Geschichtsforschung … (S. 15)
5. Deine Geschwister und du, deine Eltern und deine Großeltern bilden jeweils eine … (S. 14)

Wie finden wir etwas über Geschichte heraus?

6. Immer wieder werden im Boden Überreste aus der Vergangenheit gefunden. Nenne drei Beispiele. (S. 16/17)
7. Welchen Beruf haben die Leute, die nach geschichtlichen Überresten graben und Funde untersuchen? (S. 16)
8. Wo werden geschichtliche Überreste aufbewahrt und ausgestellt? (S. 16)
9. Die Leute, die nicht im Boden, sondern in Bibliotheken und Archiven „graben", nennt man … (S. 16)
10. Alles, was aus der Vergangenheit übrig geblieben ist, nennen wir Quellen. Gib fünf Beispiele. (S. 16/17)

	Zeit und Zeitrechnung	Eine Reise durch die Zeit	Wichtige Ereignisse in der Geschichte
10	Als die Menschen erkannten, dass sich die Zeit in Tage, Monate und Jahre einteilen lässt, erstellten sie die ersten … (S. 18)	Heute ist die Gegenwart, morgen ist noch Zukunft und gestern liegt bereits in der … (S. 18)	Als Christoph Kolumbus diesen Kontinent entdeckte, begann eine neue Zeit. (S. 20/21)
20	Um die Zeit ganz genau zu bemessen, entwickelten die Menschen verschiedene … (S. 18/19)	Geschichte lässt sich sehr anschaulich auf einer … darstellen. (S. 20/21)	Auch in Deutschland geschahen zwei wichtige Dinge, die in die Neuzeit führten. Welche? (S. 20/21)
30	Welches Ereignis ist der Ausgangspunkt für unsere Zeitrechnung? (S. 18/19)	Um in der Geschichte den Überblick zu behalten, haben Historiker die Geschichte in mehrere … eingeteilt. (S. 20)	Zwischen dem 3. und 6. Jahrhundert verließen viele Volksstämme ihre Heimat. Mit dieser … endete das Altertum. (S. 20/21)
40	Nenne ein vollständiges Beispiel für eine andere Zeitrechnung als die christliche. (S. 19)	Wie heißen die drei großen Zeitabschnitte, die vor unserer heutigen Zeit liegen? (S. 20/21)	Schon um 3000 v. Chr. erfanden die Ägypter eine … (S. 20)
50	Wie lautet der Fachbegriff für „Zeitrechnung"? (S. 18)	In welchem Zeitabschnitt leben wir noch heute, und wann begann diese Zeit? (S. 20/21)	Ein kleiner und gleichzeitig großer Schritt in der Neuzeit war 1969 die … (S. 21)

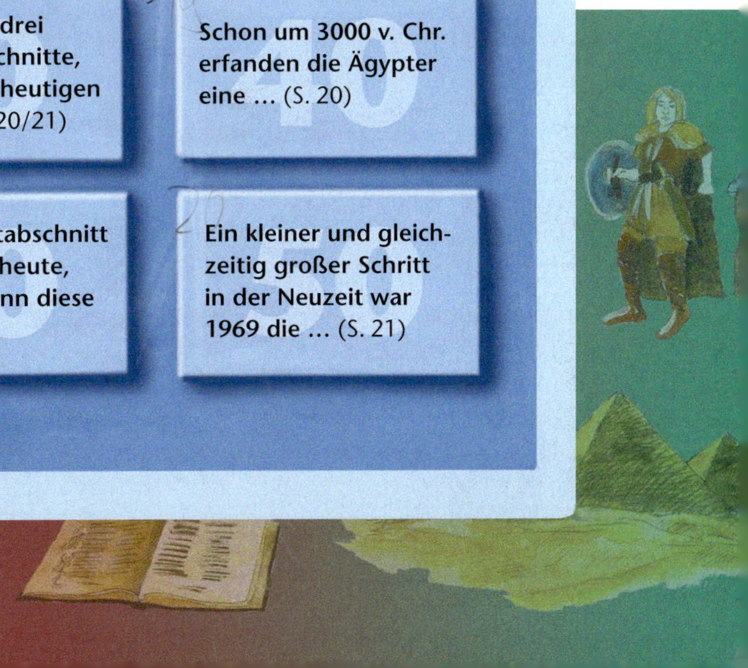

um 600 000 v. Chr.

Altsteinzeit
Frühmenschen kommen von Afrika nach Europa.

40 000 v. Chr.

Der Jetztmensch breitet sich in Europa aus.

ab 5500 v. Chr.

Jungsteinzeit
Die Menschen in Europa beginne mit Ackerbau und Viehzucht.

Leben und Wirtschaften in der Vergangenheit

Es ist für uns heute ganz selbstverständlich, dass wir mit unserer Familie in einer Wohnung oder in einem Haus wohnen, in einer Stadt oder in einem Dorf leben, zur Schule gehen und einen Beruf erlernen.
Das war nicht immer so. Die frühen Menschen vor rund 500 000 Jahren mussten es erst einmal schaffen, überhaupt in der Natur zu überleben. Felle waren ihre Kleider, Höhlen und Zelte ihre „Wohnungen". Es war ein langer Weg, bis die Menschen halbwegs sicher in Häusern und Städten lebten. Auf diesen Weg nimmt dich „zeitreise" jetzt ein Stück mit.

Hintergrund: Menschen bei der Jagd (Höhlenmalerei in Spanien, ca. 8000 v. Chr.)
Mitte: Römerin beim Backen (Nachbau einer römischen Küche um 100 n. Chr.)
Vordergrund: Ein Kaufmann auf dem Markt (Darstellung um 1440)

Leben in Mitteleuropa von der Frühzeit bis zum Mittelalter

- Fundort früher Besiedlung

Römerzeit
- Römerstadt
- Legionslager
- Kastell
- Limes

Stadtgründungen im Mittelalter
- gegründet vor 1150
- gegründet nach 1150

b 2300 v. Chr.

Bronzezeit
Die Menschen entdecken das Metall.

75–260 n. Chr.

Die Römer beherrschen das heutige Südwestdeutschland.

8./9. Jahrhundert

Im Frankenreich entwickelt sich das Lehnswesen und die Grundherrschaft.

1150–1350

In Mitteleuropa werden zahlreiche Städte gegründet.

Ur- und Frühgeschichte

1 Anfänge in Afrika

Q 1 *Fußspuren von Vormenschen* wurden 1978 bei Laetoli in Tansania entdeckt. Die Fußabdrücke im Sand wurden vor etwa 3,5 Millionen Jahren mit Vulkanasche bedeckt und sind dadurch erhalten geblieben.

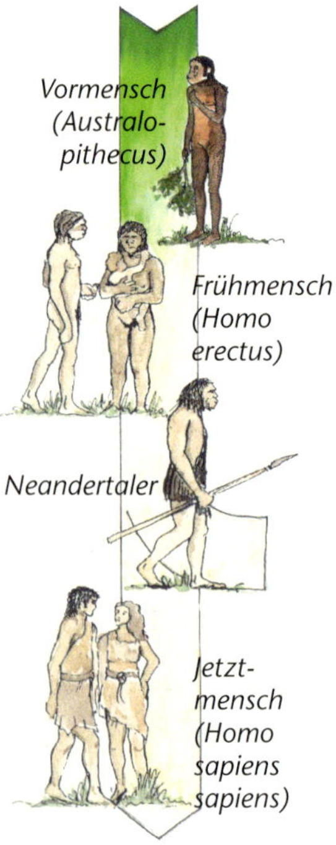

Knochen – eine Sensation?

12. November 1974: Im Hadargebiet, nördlich des Flusses Awash in Äthiopien, suchen zwei amerikanische Wissenschaftler nach Spuren von frühen Menschen. In einer abgelegenen Schlucht entdecken sie Knochen, die sie als Teile eines menschlichen Skeletts bestimmen. Einer der beiden, Donald Johanson, erzählt:

„Wir standen auf und sahen nun noch weitere Knochenstücke am Hang: zwei Rückenwirbel und das Bruchstück eines Beckenknochens. Sie alle gehörten zu einem menschlichen Skelett. Mir schoss ein unglaublicher Gedanke durch den Kopf: Wie wäre es, wenn alle diese Knochen zusammenpassten? Ein solches Skelett war bisher nirgends gefunden worden."

Woher kommt der Mensch?

Fast alle Skelettfunde von Vormenschen haben Forscher in Afrika gemacht. Deshalb vermutet man, dass die ersten Menschen in Afrika lebten. Auch war es dort vor Millionen Jahren angenehm warm und es regnete ausreichend. In diesem Klima konnten sich Pflanzen und Lebewesen besonders gut entwickeln.

Wissenschaftler suchten und suchen auch weiterhin vor allem in Afrika nach Knochen unserer menschlichen Vorfahren. Obwohl es nur wenige Überreste gibt, werden immer wieder Aufsehen erregende Entdeckungen gemacht: beispielsweise das Skelett eines etwa 10-jährigen Jungen, der vor 1,6 Millionen Jahren am Turkana-See gelebt hat. Aufgrund dieser Forschungen wissen wir in etwa, wie sich der Mensch über einen sehr langen Zeitraum entwickelt hat.

Lucy – nicht Mensch, aber auch kein Affe

Wann gab es die ersten Menschen? Wie lebten sie und was unterschied sie von den Tieren? Johansons Team nannte das Skelett „Lucy". Die Untersuchungen ergaben: Lucy war eine Vorläuferin des Menschen. Wenn sie heute lebte, könnnte man sie anziehen, wie man wollte, sie würde nicht aussehen wie ein menschliches Wesen. Sie verhielt sich aber schon anders als ein Menschenaffe. Wir nennen Lucy und ihre Verwandten deshalb „Vormenschen".

Diese Vormenschen waren etwa 1,50 m groß und hatten ein kleines Gehirn. Das Besondere an ihnen war, dass sie aufrecht gingen. Das war ein entscheidender Vorteil, denn so hatten sie einen guten Überblick über die Savannenlandschaft. Gefährlichen Raubtieren konnten sie nun rechtzeitig ausweichen und Beutetiere früh erkennen. Vielleicht haben die Vormenschen auch schon scharfkantige Steine als Schneidewerkzeuge benutzt.

D 1 *Der Vormensch*

Name:	Australopithecus („Südmensch")
Alter:	5–1,8 Millionen Jahre
Größe:	1,20 –1,50 m
Gewicht:	35–60 kg
Wohnort:	Ost- und Südafrika
Ernährung:	Pflanzen

Besondere Kennzeichen: Der Australopithecus ist die älteste menschenähnliche Gattung. Er kann aufrecht gehen.

Q 2 *Lucys Knochengerüst* ist etwa 3,5 Millionen Jahre alt.

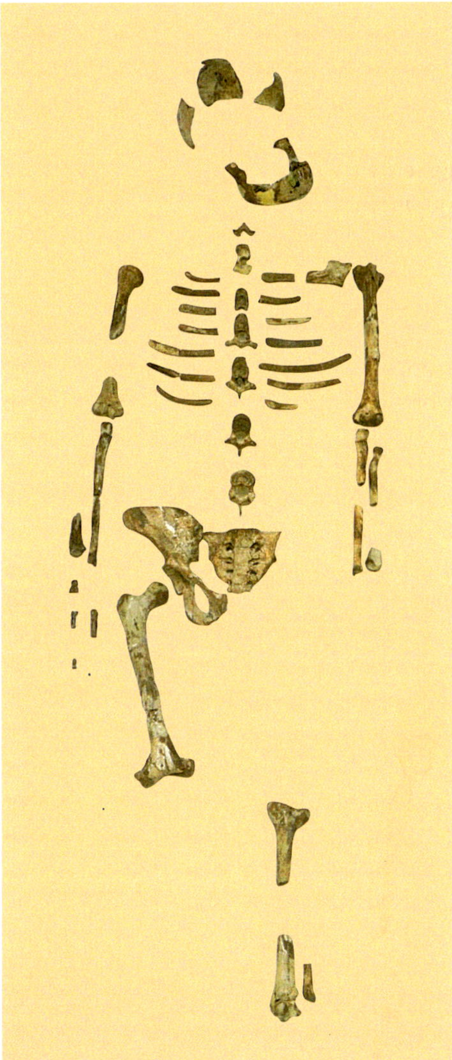

D 2 *Ein Archäloge bei der Arbeit.* Anhand von Knochenfunden werden der Schädel und das Gesicht eines unserer Vorfahren nachgebildet.

D 3 *Lucy könnte so ausgesehen haben.*

1. *Erzähle über das Leben von Lucy und anderen Vormenschen.*
2. *Was können Forscher aus Funden wie den Fußabdrücken Q1 und den Knochenresten Q2 über die Vormenschen ablesen?*
3. *Fertige zwei Tabellen an. Trage darin die Unterschiede ein:*
   a) zwischen Vormenschen und Affen,
   b) zwischen den Vormenschen und den heutigen Menschen.

2 Sammlerinnen und Jäger der Altsteinzeit

D 1 *Lagerleben von Frühmenschen* bei Bilzingsleben (Thüringen) vor etwa 380 000 Jahren. Bei Ausgrabungen fand man Grundrisse von Rundhütten sowie Feuerstellen, Tierknochen, Reste von menschlichen Schädeln und Steinwerkzeuge.

A-Z

Sammlerinnen und Jäger
leben von dem, was die Natur ihnen bietet. In Europa lebten die Menschen in der Alt- und Mittelsteinzeit so. Vermutlich jagten die Männer, während vorwiegend die Frauen Beeren, Eier, Wurzeln und anderes Essbares sammelten.

Altsteinzeit
in Mitteleuropa bis etwa 10 000 v. Chr. Die Menschen lebten in Gruppen von Sammlerinnen und Jägern. Sie lernten das Feuer zu nutzen und einfache Werkzeuge herzustellen.

Vom Leben der Frühmenschen

In einer Kiesgrube bei Heidelberg wurde 1907 ein Unterkiefer entdeckt. Forscher stellten fest, dass es der Kiefer eines Mannes war, der vor etwa 600 000 Jahren lebte. Die Menschen dieser Zeit werden Frühmenschen oder auch „aufrecht gehende Menschen" genannt. Ihr Gehirn war etwa doppelt so groß wie das von Lucy. Vermutlich waren die Frühmenschen aus Afrika und Asien nach Europa eingewandert.

Die Frühmenschen lebten in Gruppen von 25 bis 30 Personen. Sie sammelten Beeren, Früchte, Wurzeln und essbare Gräser. Außerdem jagten die Frühmenschen Tiere. Wir nennen sie deshalb auch Sammlerinnen und Jäger. Allerdings lebten sie nicht ständig an demselben Ort. Wenn sie im Umkreis ihres Lagerplatzes nicht mehr genügend zu essen fanden, zogen sie weiter.

Die Frühmenschen stellten Werkzeuge aus Feuerstein und anderen Materialien her. Deshalb wird dieser Zeitraum der Menschheitsgeschichte „Altsteinzeit" genannt.

Die Zeit der Neandertaler

Im Neandertal bei Düsseldorf wurden im Jahr 1856 Knochen entdeckt, die den Knochen heutiger Menschen schon sehr ähnlich waren. Nach dem Fundort der Knochen werden diese Menschen Neandertaler genannt. Sie lebten etwa von 120 000 v. Chr. bis vor 30 000 Jahren in Europa.

Auch die Neandertaler waren Jäger und Sammler. Als Werkzeuge benutzten sie zunächst vor allem Faustkeile. Im Laufe der Zeit stellten sie dann ganz unterschiedliche Werkzeuge und Waffen aus Feuerstein und Tierknochen her, wie Klingen, Speerspitzen und Schaber.

Ausgestorben?

Was wir aber nicht genau wissen ist, warum die Neandertaler vor etwa 30 000 Jahren ausstarben. Vielleicht wurden sie von einer neuen Menschenart verdrängt. Manche Forscher meinen auch, die Neandertaler haben sich mit diesen neuen Menschen vermischt.

D 2 *Der Frühmensch*

Name: Homo erectus („aufrecht gehender Mensch“; man kannte bei der Namensgebung die älteren Gattungen noch nicht)
Alter: 1,8 Millionen – 250 000 Jahre
Größe: bis 1,65 m
Gewicht: bis 65 kg
Wohnort: Afrika, Asien, Europa
Ernährung: Pflanzen und Fleisch

Besondere Kennzeichen: Der Frühmensch stellt planvoll Werkzeuge her und nutzt das Feuer. Jagdbeute macht einen wachsenden Anteil seiner Ernährung aus.

D 3 *Der Neandertaler*

Name: Homo sapiens neandertalensis
Alter: 120 000 – 30 000 Jahre
Größe: bis 1,60 m
Gewicht: bis 80 kg
Wohnort: Europa und Vorderasien
Ernährung: Pflanzen und Fleisch

Besondere Kennzeichen: Der Neandertaler ist sehr stark und ein guter Jäger. Seine gedrungene Gestalt macht ihn widerstandsfähig gegen Kälte. Er bestattet seine Toten. Vermutlich kann er sprechen. Er ist wahrscheinlich kein direkter Vorläufer von uns heutigen Menschen; er wird von einer neuen Menschenart verdrängt.

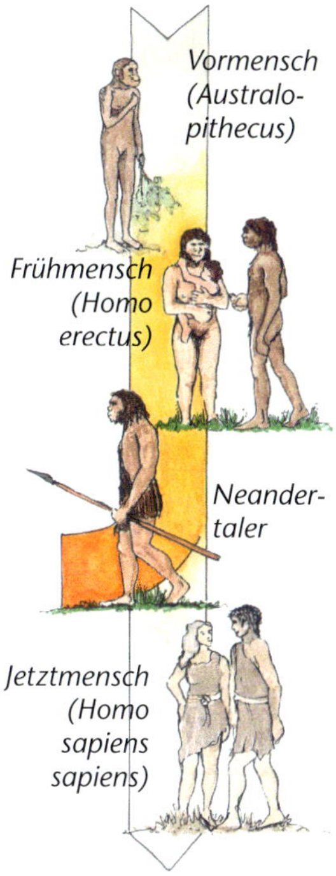

Q 1 *oben: Der Faustkeil* war das Werkzeug, welches in der Altsteinzeit für viele verschiedene Tätigkeiten verwendet wurde.
links: Zwei Blattspitzen und eine Klinge aus Feuerstein (Haldensteinhöhle in Baden-Württemberg).

1 Beschreibe, wie die Frühmenschen und die Neandertaler lebten.

2 Überlege, für welche Tätigkeiten sich der Faustkeil einsetzen lässt (Q1).

3 Betrachte die weiteren Werkzeuge der Neandertaler und erkläre, wozu sie wahrscheinlich verwendet wurden (Q1).

D 4 *Neandertaler* beim Herstellen von Steinwerkzeugen (Rekonstruktion).

D 5 *Alte Frau und Neandertalerkind* am Lagerplatz (Rekonstruktion).

3 Wie überlebten die Menschen in der Eiszeit?

D1 *Das Rentier* als Jagdbeute.

TIPP

Wie es während der Eiszeit in Europa aussah, kannst du im Städtischen Museum in Engen (www.engen.de/museum.htm), im Museum am Löwentor in Stuttgart (www.naturkundemuseum-bw.de/stuttgart/) und im Urgeschichtlichen Museum in Blaubeuren erleben.

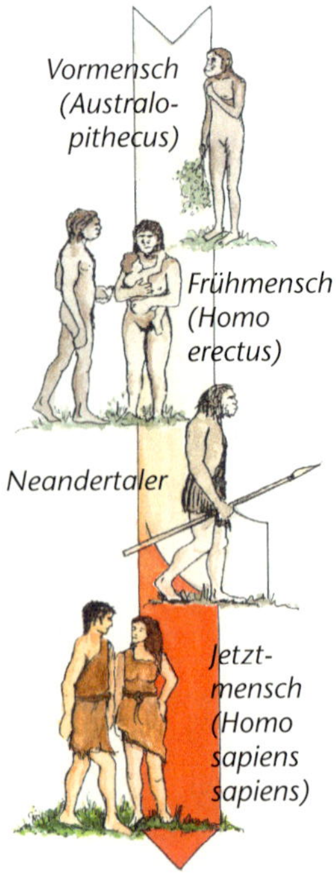

Raues Klima, karge Umwelt

Vor etwa 100 000 Jahren wurde das Klima in Europa kälter. Eine Eiszeit begann, die fast 90 000 Jahre dauerte. Ganz Skandinavien und das Gebiet der heutigen Ostsee lagen unter einem dicken Eispanzer. Auf dem Höhepunkt dieser Eiszeit, vor etwa 22 000 Jahren, waren sogar Teile Norddeutschlands vom Eis bedeckt.

Schutz vor der Kälte

Die Menschen mussten sich an die veränderte Umwelt anpassen und sich vor der Kälte schützen. Dazu fertigten sie Kleidung aus Fell und Tierhäuten an. Aus Ästen und Zweigen, Gras, Laub und Tierfellen errichteten die Menschen einfache Hütten. Wenn sie eine Höhle fanden, schlugen sie dort ihr Lager auf. Außerdem hatten die Menschen entdeckt, wie sie selber Feuer machen konnten. So konnten sie sich an Feuerstellen an ihren Lagerplätzen wärmen. In sehr kalten Zeiten verließen die Menschen aber auch ihre Siedlungsgebiete im Norden und wanderten in Gegenden mit einem milderen Klima, etwa nach Südfrankreich.

Für Großwildtiere, die an Kälte gewöhnt waren wie Mammuts, Wildpferde und Rentiere, war die Kältesteppe ein idealer Lebensraum. Die Menschen folgten diesen Tieren und errichteten ihre Jägerlager nah an den Wanderwegen der Wildpferd- und Rentierherden.

Unsere Vorfahren

Vor etwa 40 000 Jahren kam ein neuer Menschentyp aus Afrika nach Europa. Da man die ersten Skelette in Cro-Magnon in Frankreich fand, wurde dieser neue Mensch lange auch Cro-Magnon-Mensch genannt. Wissenschaftler bezeichnen ihn als „klugen Menschen" (Homo sapiens). Der Homo sapiens ist unser direkter Vorfahre und wird deshalb auch „Jetztmensch" genannt.

Die Jetztmenschen stellten verschiedene Jagdwaffen her, wie Harpunen und Speerschleudern. Auch bestatteten sie ihre Toten in Steingräbern oder Höhlen. Außerdem gibt es geheimnisvolle Höhlenbilder aus dieser Zeit, auf denen Tiere sowie Menschen bei der Jagd zu sehen sind. Vermutlich wollten die Menschen damit die Geister oder Götter beschwören oder um Glück bei der Jagd bitten. Vielleicht lernten aber auch die heranwachsenden Kinder anhand dieser Bilder das Jagdwild kennen.

D 2 *Der Jetztmensch*

Name: Homo sapiens sapiens („verständiger Mensch")
Alter: 150 000 bis heute
Größe: bis 1,80 m
Gewicht: etwa 80 kg
Wohnort: zunächst Ostafrika, dann auch Asien, Europa, Amerika und Australien
Ernährung: Pflanzen und Fleisch
Besondere Kennzeichen: Der Jetztmensch entwickelt alle Arten von Werkzeugen, Kleidung und Kunstgegenstände. Er kann sprechen und hat religiöse Vorstellungen. Die Arbeit teilt er sich mit anderen Menschen; es gibt Spezialisten für bestimmte Tätigkeiten.

D 4 *Was das Feuer den Menschen brachte, beschreibt eine Forscherin:*

Die wichtigste Neuerung dieser Zeit war, dass es der Frau gelang das Feuer zu zähmen. Diese bedeutende Errungenschaft unterschied sie von allen Tieren, die das Feuer fürchten, und sie gab ihr und ihren Kindern zweierlei: Schutz vor wilden Tieren, wenn die Männer auf der Jagd waren, und Wärme im Winter.

Das Feuer ermöglichte zudem die Besiedlung von Höhlen, weil es mit seiner Hilfe zum ersten Mal gelang, die vorher dort lebenden Tiere zu vertreiben und so dauerhaft draußen zu halten, dass die Menschengruppen Einzug halten konnten. (…)

Das Herdfeuer wurde lange Zeiten hindurch von vorgefundenen Feuern „gesammelt", sorgfältig bewahrt und von Ort zu Ort transportiert.

1. *Beschreibe, wie sich die Umwelt während der Eiszeit veränderte. Wie passten sich die Menschen an die Natur an (VT, D3)?*
2. *Stelle anhand von D1 zusammen, warum das Rentier ein wichtiges Jagdwild war.*
3. *Erkläre, warum das Feuer für die Menschen so wichtig war (VT, D4).*
4. *Vergleiche noch einmal die verschiedenen Menschentypen miteinander. Welches waren die wichtigsten Schritte in der Entwicklung des Menschen?*

D 3 *Europa während der letzten Eiszeit,* vor 100 000 Jahren bis vor etwa 12 000 Jahren.

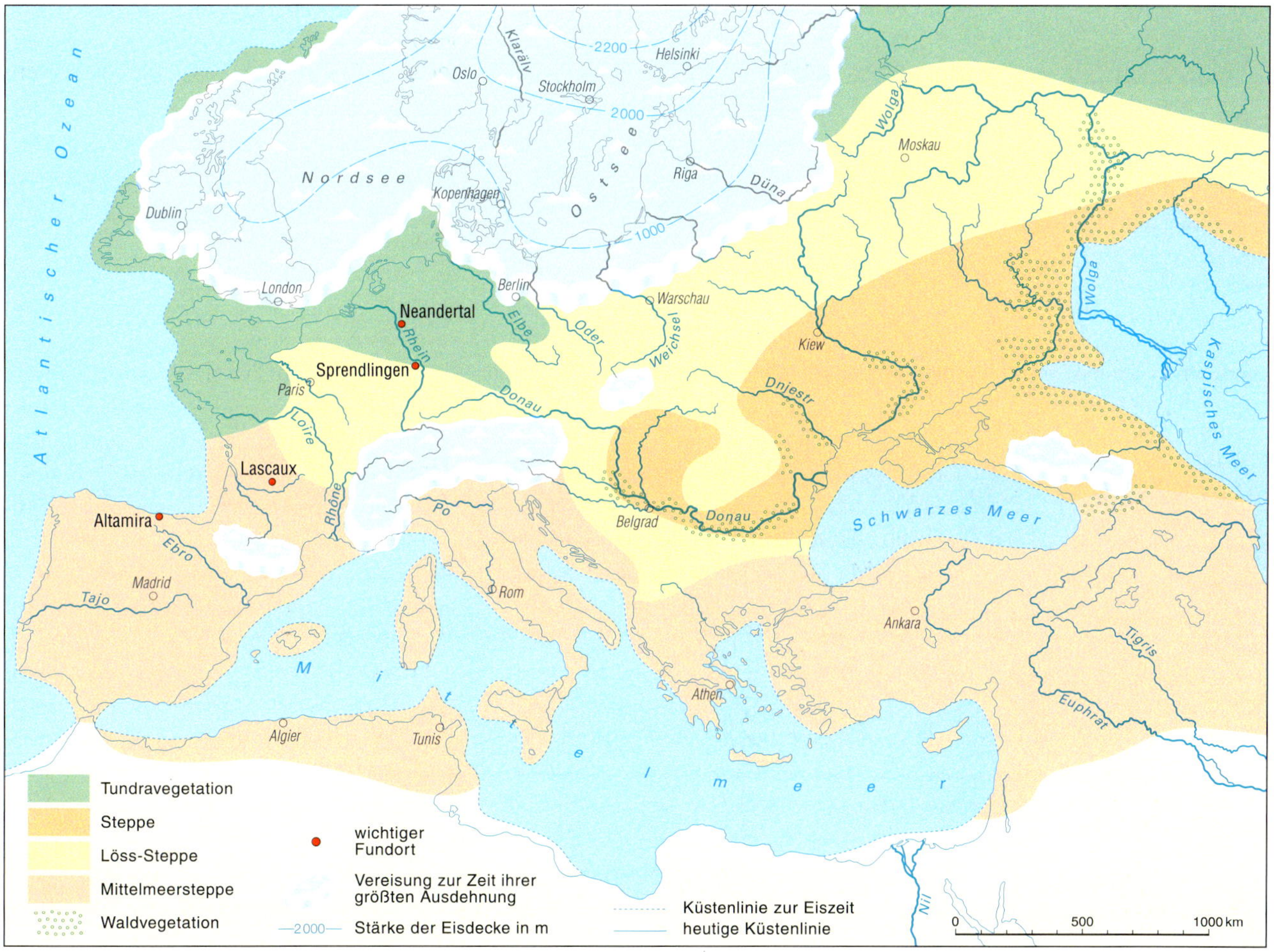

4 Die ersten Bauern

D 1 *Der Ackerbau breitet sich aus:* von Vorderasien, aus dem Gebiet, das man den „fruchtbaren Halbmond" nennt, bis nach Europa. (Wie du eine Geschichtskarte liest, erfährst du auf S. 48/49.)

Q 1 *Die ersten mitteleuropäischen Bauern* nennt man heute „Bandkeramiker". Sie verzierten ihre Tongefäße mit eingestochenen und eingeritzten Schmuckbändern. Das oben abgebildete Gefäß fand man bei Mannheim-Straßenheim.

A-Z

Kulturlandschaft nennen wir die durch den Menschen umgestaltete Naturlandschaft. Die Menschen veränderten z. B. die natürlichen Landschaftsformen durch den Ackerbau, durch Dämme und Kanäle, durch den Bau von Städten, Mauern und Brücken.

Vom Sammeln zum Ackerbau

Während die Menschen in Europa vor etwa 10 000 Jahren noch als Sammlerinnen und Jäger lebten, änderte sich in Vorderasien die Lebensweise der Menschen. In dem besonders fruchtbaren Gebiet des heutigen Irak fingen die Menschen an Vieh zu züchten, Felder zu bestellen und Getreide zu ernten. Zunächst hatten die Menschen die Körner von wild wachsenden Getreidegräsern nur gesammelt. Später fanden sie heraus, dass sich die Körner aussäen und Getreidefelder anlegen ließen.

Menschen werden sesshaft

Die Ackerflächen mussten mehrmals im Jahr bearbeitet und vor wilden Tieren geschützt werden. Auch war es notwendig, das Getreide für den Winter und die nächste Aussaat zu lagern. Deshalb blieben die Menschen an einem Ort, bauten Häuser und gründeten Dörfer. Neben dem Ackerbau lernten die Menschen auch Tiere zu halten und zu züchten. Schafe, Ziegen, Schweine und Rinder lieferten den Menschen Fleisch, Milch, Felle und Wolle.
Diese Veränderungen waren so grundlegend, dass die Historiker heute von einer Revolution, der „jungsteinzeitlichen Revolution", sprechen.

Veränderungen in Mitteleuropa

In Mitteleuropa begannen die Menschen um 5500 v. Chr. von Ackerbau und Viehzucht zu leben. Wir wissen allerdings nicht genau, ob die ersten Bauern aus Vorderasien einwanderten und ihr Wissen nach Europa mitbrachten. Die Sammlerinnen und Jäger in Europa haben Ackerbau und Viehzucht möglicherweise auch von sich aus entdeckt. Die Forscher können uns darauf keine eindeutige Antwort geben; es sind beide Möglichkeiten vorstellbar.
In jedem Fall müssen aber Getreidesamen, Schafe und Ziegen aus Vorderasien eingeführt worden sein. Schweine und Rinder wiederum können von den hier lebenden Waldtieren abstammen.

Wald wird gerodet

Europa war zu dieser Zeit von dichtem Wald bedeckt. Deshalb mussten die Bauern erst einmal Bäume fällen, Büsche beseitigen und den Waldboden von Baumwurzeln befreien. Erst dann konnten sie ihre Felder anlegen.
Den Wald zu roden war eine harte Arbeit. Doch schon um 5000 v. Chr. wurden große Teile Mitteleuropas landwirtschaftlich genutzt. Aus einer Naturlandschaft wurde nach und nach eine Kulturlandschaft.

Mittelsteinzeit
Zeit der letzten Sammlerinnen und Jäger in Europa, ca. 9500 bis 5500 v. Chr. Die Menschen lebten in Hütten und Zelten in der Nähe von Seen und Flüssen.

Jungsteinzeit
Sie begann in Mitteleuropa um 5500 v. Chr. und endete um 2300 v. Chr. Die Menschen lebten jetzt überwiegend von Ackerbau und Viehzucht.

D 2 *Mittelsteinzeitlicher Lagerplatz (oben) und Siedlung der Jungsteinzeit (unten).*

D 3 *Ein einfacheres Leben?*

a) Der Historiker Hans-Jürgen Müller-Beck:
Feldbau und die ständige Tierhaltung verursachen zwar Arbeit. Aber diese neue Art von Arbeit ist (...) besser zu planen und bietet im Regelfall (...) größere Sicherheit, solange im Notfall auf Sammelpflanzen und Wildtiere ausgewichen werden kann. Damit werden vor allem die Frauen von ihrer mit zunehmender Entfernung vom Lager immer gefährlicher werdenden (...) Sammeltätigkeit entlastet. (...) Sie können sich jetzt stärker den Kindern widmen. In den stabilen Häusern und bei regelmäßigerem Leben (...) sinkt die Kindersterblichkeit auffallend.

b) Dagegen sagt der Historiker Klaus E. Müller:
Bei den Wildbeutern zählt es gewöhnlich zu den Aufgaben der Frauen, die – zumeist ja nur aus leichtem Zweigwerk und Fellen zusammengesetzten – Behausungen zu errichten. Und damit verknüpfen sich eben bestimmte Besitzansprüche und Rechte: Die Frauen sind hier die Besitzer und Herrinnen des Hauses. (...) Die Lage der Frauen hatte sich in den Pflanzerkulturen (...) deutlich verschlechtert. Die Beziehungen der Gruppenangehörigen untereinander waren enger, die Bewegungs- und Ausweichmöglichkeiten begrenzter geworden.

1. *Beschreibe, wie sich Ackerbau und Viehzucht entwickelte. Benutze auch die Karte D1.*
2. *Vergleiche die Bilder D2. Beschreibe die Veränderungen von der Alt- und Mittelsteinzeit zur Jungsteinzeit.*
3. *Lies die Texte D3. Wie beurteilen die beiden Historiker die Veränderungen für die Frau in der Jungsteinzeit?*

5 Die jungsteinzeitlichen Pfahlbauten

D 1 *Jungsteinzeitliche Pfahlbausiedlung (Rekonstruktion).* So könnte die Siedlung vor Sipplingen am Bodensee um 4000 v. Chr. ausgesehen haben.

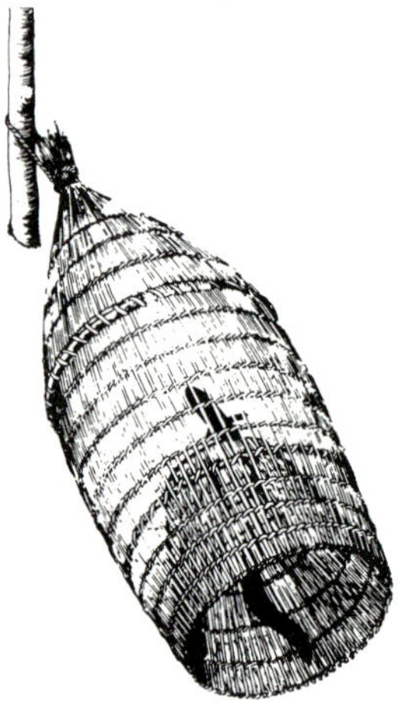

D 2 *Fischreuse aus der Jungsteinzeit (Rekonstruktionszeichnung).* Die Fischreuse wurde mit einem Stock auf dem Grund des Sees befestigt. Reste der oben abgebildeten Reuse fanden Archäologen am Federsee.

Auf hölzernen Füßen

Zu Beginn der Jungsteinzeit wurden in Mitteleuropa kleine Bauerndörfer überwiegend auf höher gelegenen trockenen Gebieten mit fruchtbaren Böden errichtet. Die Bevölkerung vermehrte sich durch die günstigeren Lebensbedingungen sehr rasch. Schon einige Jahrhunderte später waren die Menschen gezwungen, auch weniger geeignete Gebiete, wie etwa Feuchtgebiete, landwirtschaftlich zu nutzen.

Die Besiedlung der Moore und Seeufer im nördlichen Alpenvorland durch jungsteinzeitliche Bauern begann etwa 4200 v. Chr. Viele dieser Dorfanlagen wurden zum Schutz vor Angreifern mit einem hohen Zaun aus zusammengebundenen und angespitzten Pfählen, den Palisaden, umgeben. Einige Siedlungen bestanden aus Häusern, die zum Schutz gegen die starken Schwankungen des Wasserspiegels auf Pfählen standen. Vor allem am Bodensee gab es diese Bauweise. Andere Dorfanlagen in Moorgebieten, z. B. am Federsee, wurden oft auch ebenerdig errichtet.

Warum Pfahlbauten?

Für die Menschen in den Pfahlbausiedlungen war das Leben vom Frühjahr bis zum Herbst bei etwas wärmerem Klima als heute gut auszuhalten. Im Winter dagegen wurde es ungemütlich in den Pfahlbauhäusern. Zudem griffen Eis und Frost die Holzpfähle so an, dass im Frühjahr vieles instand gesetzt werden musste.

Weshalb nahmen die Menschen dieses Leben auf sich? Waren es die gute Schutzlage, der Fischreichtum oder vielleicht die Verbindung zu anderen Dörfern am Seeufer? Auch die Archäologie kann uns bis heute keine eindeutige Antwort darauf geben.

Das Ende der Pfahlbauten

Um 850 v. Chr. änderte sich das Klima in Europa – es wurde kühl und feucht. In der Folge stieg der Wasserspiegel der Seen rings um die Alpen. Das Wasser stieg so hoch, dass alle Pfahlbausiedlungen an den Seeufern überschwemmt wurden. Den Bewohnern blieb nichts anderes übrig, als ihre Siedlungen zu verlassen.

D 4 *oben: Pfahlbauhaus in Unteruhldingen/ Bodensee.* Das hier abgebildete Haus ist Teil des Freilichtmuseums und wurde 1996 nach den Ausgrabungsbefunden von Hornstaad (Kreis Konstanz) gebaut.

1 Lies den VT und erkläre, warum es Pfahlbauten gegeben hat.

2 Beschreibe den Bau eines Pfahlbauhauses. Welche Arbeitsgeräte und welches Baumaterial benötigte man dafür?

3 Erfinde eine Geschichte, in der du als Mädchen oder Junge der Jungsteinzeit über einen Tag berichtest, den du in einer Pfahlbausiedlung verbringst. Die Abbildungen auf dieser Doppelseite unterstützen dich dabei.

TIPP

Nachgebaute Pfahlhäuser kannst du heute im Pfahlbaumuseum Unteruhldingen besichtigen (www.pfahlbauten.de).

D 3 *Mit solchen Äxten (Nachbildung) wurden Bäume gefällt.* Der Steineinsatz wurde durch die Wucht der Schläge immer weiter ins sehr stabile Wurzelholz geschlagen, das als Schaft und Stiel verwendet wurde. Mit diesen nachgebildeten Äxten wurde auch das Holz bearbeitet, das man für das Pfahlbauhaus in Unteruhldingen (D4) benötigte.

Q 1 *Von Archäologen aufgedecktes Pfahlfeld in Hornstaad, Kreis Konstanz.* Die hier abgebildeten Pfähle sind etwa 6000 Jahre alt.

6 Erfindungen und neue Werkzeuge in der Jungsteinzeit

D 1 *Nachgebildetes Haus der Jungsteinzeit* (etwa 4200 v. Chr.) im Freilichtmuseum Oerlinghausen.

A-Z

Arbeitsteilung
gab es schon in der Jungsteinzeit. Manche Menschen übernahmen den Ackerbau, andere stellten Werkzeuge her und wieder andere bauten in Bergwerken hochwertigen Feuerstein ab. Händler brachten dann den Feuerstein in die Dörfer.

Tauschwirtschaft
So trieben die Menschen Handel, bevor sich das Geld als Zahlungsmittel durchsetzte. Lebensmittel und Rohstoffe wurden bei Händlern oder auf Märkten gegen andere Waren eingetauscht.

Erfindungen erleichtern das Leben

Für den Ackerbau entwickelten die Menschen viele neue Werkzeuge: Mit Steinbeilen rodeten sie ein Waldstück. Dann wurde der Boden mit Hacken aus Hirschhorn gelockert, damit das Saatgut keimen konnte. Geerntet wurde mit Sicheln, an denen Klingen aus Feuerstein befestigt waren.

Nach der Ernte musste das Getreide entweder gemahlen und danach zu Brot verarbeitet werden. Hierzu benötigte man Mahlsteine und einen Backofen. Oder das Getreide wurde erst einmal gelagert und ein Teil für die nächste Aussaat aufbewahrt. Hierfür fertigten die Menschen Tongefäße an, die sie zum Teil mit eingeritzten Mustern verzierten.

Die Menschen errichteten jetzt auch feste Häuser, in denen sie längere Zeit wohnen und ihr gesamtes Hab und Gut aufbewahren konnten. Mehrere Familien lebten in großen Häusern zusammen.

Handel mit neuen Waren

Zwar stellten die Menschen zum großen Teil alles selber her, was sie zum Leben benötigten. Doch es entwickelte sich auch eine Arbeitsteilung: In manchen Dörfern spezialisierten sich die Menschen darauf, Flachs anzubauen, manche stellten Kleidung her und andere Tongefäße. Diese Produkte wurden nicht für Geld verkauft, sondern gegen andere Waren eingetauscht. Händler zogen mit Holzwagen von Dorf zu Dorf. In sumpfigen Gegenden wurden Bohlenwege angelegt, damit die Wagen nicht im Moor stecken blieben.

Die Natur setzt Grenzen

Nach 15 bis 20 Jahren waren in den meisten Dörfern die Häuser baufällig. Auch der Ackerboden war weitgehend erschöpft, sodass die Menschen in einiger Entfernung wieder Wald roden und ein neues Dorf anlegen mussten.

D **2** *Backofen* aus der Jungsteinzeit

D **3** *Steinklingen und zwei nachgebildete Steinbeile.* Sie dienten als Arbeitsgeräte, z. B. zum Bäumefällen. Die Klingen sind echt und stammen aus der Nähe von Stuttgart.

D **4** *Eine jungsteinzeitliche Getreidemühle*

D **5** *Webstuhl der Jungsteinzeit,* rekonstruiert aus Fundbruchstücken und nach skandinavischen Felszeichnungen.

1 *Nenne die wichtigsten Erfindungen der Jungsteinzeit.*

2 *Für welchen Bereich wurden besonders viele neue Werkzeuge entwickelt?*

3 *Entscheide dich für eine Arbeit, auf die du dich spezialisieren möchtest. Beschreibe deinen Tagesablauf.*

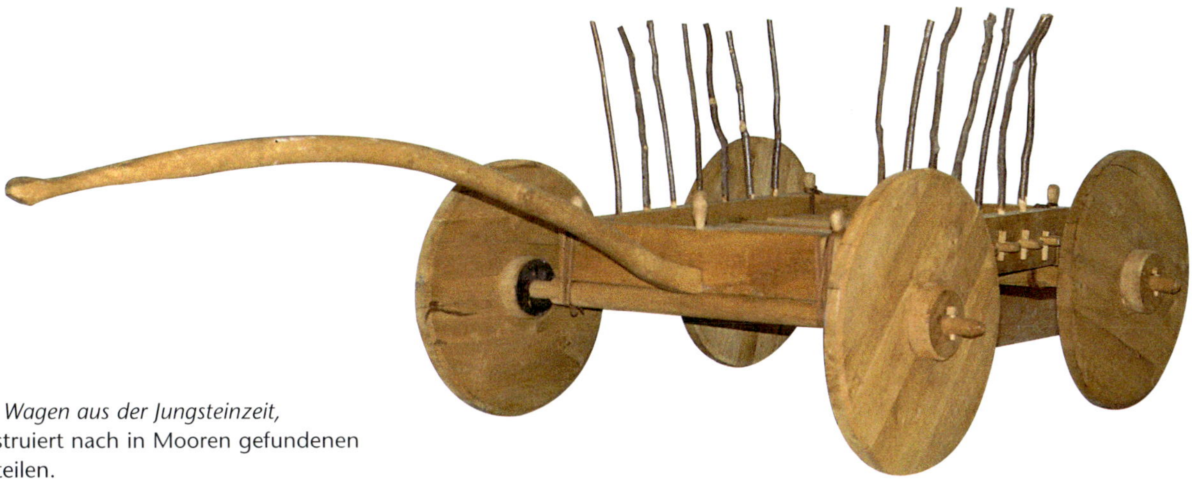

D **6** *Wagen aus der Jungsteinzeit,* rekonstruiert nach in Mooren gefundenen Einzelteilen.

7 Methode
Vom Fund zur Rekonstruktion

Wozu dienen Rekonstruktionen?
Das Leben der Menschen in früheren Zeiten können wir uns besser vorstellen, wenn man ihre Werkzeuge, Gefäße, Kleidung und Behausungen rekonstruiert. Das bedeutet, dass anhand der Überreste Kopien oder kleinere Modelle angefertigt werden. Solche Nachbildungen können auch für Experimente genutzt werden, z.B. ein Steinbeil zum Bäumefällen. Rekonstruktionen – für Versuche oder als Anschauungsmaterial – sind für Wissenschaftler und Museen heute eine unverzichtbare Methode.

Rekonstruktionen sind vielfältig
Die einfachste Form ist eine Zeichnung von einem einzelnen Fund. Diese Methode wird sehr häufig angewendet. Bei einer Ausgrabung zeichnen die Archäologen jeden gefundenen Gegenstand im Maßstab 1:1 auf. Sehr viel Wissen benötigt man, wenn eine ganze Situation dargestellt werden soll (D1). Bei solchen Rekonstruktionen ist nicht jede Einzelheit durch einen Fund belegt. Die Rekonstruktion sagt uns nur: „So könnte es vor über 5000 Jahren mit großer Wahrscheinlichkeit gewesen sein."

Q 1 *„Ötzis" Ausrüstung*

Q 2 *Die Leiche des „Gletschermanns"* im Ötztal (Foto, 1991).

Donnerstag, 19. September 1991: Beim Wandern in den Ötztaler Alpen entdeckt ein Nürnberger Ehepaar am Rande eines Schneefeldes in 3200 Meter Höhe die Leiche eines Menschen.
Bei der medizinischen Untersuchung in Innsbruck vermutet man: „Hier handelt es sich um einen Ureinwohner des Ötztals." Die Urgeschichtswissenschaftler der Universität Innsbruck werden alarmiert. Sie stellen fest: Der Mann lebte vor etwa 5300 Jahren. Er war also ein Mensch der Jungsteinzeit. Noch nie ist ein Leichnam aus dieser Zeit in so gutem Zustand gefunden worden. Ein Glücksfall für die Archäologie!

Die Fundstelle am Hauslabjoch wird genau überprüft. Der Mann aus dem Ötztal hatte einen noch unfertigen Bogen aus Eibenholz bei sich sowie einen Köcher mit Pfeilen, einen Feuersteindolch und weitere kleinere Gegenstände. Außerdem besaß er ein Kupferbeil, welches bestimmt sein wertvollster Besitz war. Denn Werkzeuge, Waffen oder Schmuckstücke aus Metall waren in der Jungsteinzeit noch sehr selten.

Viele Informationen über „Ötzi“ findest du unter www.archaeologiemuseum.it

D 1 *Der Mann aus dem Ötztal am Hauslabjoch* (Rekonstruktionszeichnung).

D 2 *So könnte „Ötzi“ ausgesehen haben;* sein Mantel war aus Gras (Rekonstruktion nach den Funden).

Methodische Arbeitsschritte

1. Beschreibe den ursprünglichen Fund: Wieviel war von dem Gegenstand erhalten und in welchem Zustand war der Fund?
2. Vergleiche die Rekonstruktion mit dem Fund. Was wurde originalgetreu wiedergegeben? An welchen Stellen hat der Archäologe etwas hinzugefügt?
3. Betrachte die Rekonstruktion kritisch: Was konnte der Archäologe wissen, wo musste er dagegen Vermutungen anstellen? Hat er vielleicht auch an manchen Stellen seine Fantasie spielen lassen?

1 Beschreibe, wie der Mann aus dem Ötztal gefunden und untersucht wurde (Q2).

2 Untersuche die Rekonstruktionen D1 und D2 nach den methodischen Arbeitsschritten.

3 Untersuche das rekonstruierte Pfahlbauhaus auf S. 37 nach den methodischen Arbeitsschritten. Beachte besonders, welche Hausteile durch Funde belegt sind.

8 Kupfer, Bronze und Eisen – mit Metall geht vieles besser

Ein neuer Werkstoff

Lange Zeit blieb Stein das wichtigste Material für Werkzeuge und Waffen. Aber ab dem 5. Jahrtausend v. Chr. entdeckten die Menschen einen neuen Werkstoff: das Metall. Wahrscheinlich hatten Handwerker Kupferstücke im Geröll aufgelesen und später festgestellt, dass sie sich durch Hitze verformen und schmelzen lassen. In Ägypten, Vorderasien und auf dem Balkan begannen die Menschen nach Kupfer zu suchen und es zu verarbeiten. Händler brachten dieses Wissen nach Europa. In den Mittelgebirgen wurde daraufhin kupferhaltiges Gestein in Bergwerken abgebaut.

Besser als Stein?

Aus dem Kupfer stellten die Menschen nun Waffen, Geräte und Schmuckstücke her. Oft benutzten sie bei ihren Arbeiten aber auch noch Werkzeuge aus Stein. Denn die Kupferbeile wurden beim Bäumefällen schon nach kurzer Zeit stumpf und mussten mühsam nachgeschärft werden.

Bald fanden die Menschen heraus, dass ein festerer Werkstoff entsteht, wenn man Kupfer und Zinn mischte: die Bronze. Sie war fast so hart wie Stein. Im letzten Jahrtausend v. Chr. kam ein weiteres Metall hinzu, das wiederum härter als die Bronze war: das Eisen.

Handwerk und Handel

Geräte aus Metall wurden rasch zu einer begehrten Handelsware. Denn im Norden und Westen Europas gab es kaum Kupfervorkommen und die Techniken zur Metallverarbeitung waren nicht leicht zu beherrschen. So entwickelten sich besondere Berufe: Bergleute, Schmiede, Bronzegießer und Metallhandwerker waren Spezialisten für die Metallverarbeitung, während Händler die neuen Geräte und Schmuckstücke transportierten und eintauschten.

D 1 *Kupfergewinnung:*
① Gestein wird mit Feuer erhitzt und dann mit Wasser abgekühlt.
② Mit Schlägel und Hacke werden Felsstücke abgelöst.
③ Felsstücke werden zermahlen.
④ Ein Ofen aus Stein oder Ton wird unten mit Holzkohle, darüber mit dem Erz gefüllt. Das Feuer wird mit Blasebälgen angefacht, um eine Temperatur über 1000° C zu erreichen.
⑤ Für die Herstellung eines Gerätes wird das Kupfer noch einmal geschmolzen und in eine Form aus Holz, Stein oder Ton gegossen.

①

②

③

④

⑤

Q 1 *Funde aus der Bronzezeit:* Messer, Sichel und Treibhammer aus Bronze wurden am Federsee in Baden-Württemberg gefunden.

Q 3 *„Germanen" nannten die Römer die Völker, die rechts des Rheins lebten. Um 100 n. Chr. berichtete der römische Schriftsteller Cornelius Tacitus über sie:*

Auch an Eisen gibt es nicht sehr viel; das lässt sich aus der Art ihrer Bewaffnung schließen.

Nur vereinzelt haben sie Schwerter oder größere Lanzen in Gebrauch. Sie führen Speere oder – mit einem Wort ihrer Sprache – „Framen". Diese haben nur eine schmale, kurze, aber so scharfe und zweckdienliche Eisenspitze, dass sie ein- und dieselbe Waffe je nach den taktischen Erfordernissen im Nah- und Fernkampf einsetzen können.

Auch ein Krieger zu Pferd begnügt sich (anders als der römische) mit Schild und Frame. Die Kämpfer zu Fuß werfen auch Geschosse, jeder Mann mehrere, und diese schleudern sie ungeheuer weit. Den Oberkörper haben sie nackt oder nur mit einem leichten Umhang bedeckt.

Ein Prunken mit der Ausrüstung gibt es nicht; lediglich ihre Schilde bemalen sie mit schön ausgesuchten Farben. Nur wenige haben einen Panzer; kaum besitzt der eine oder andere einen Helm aus Metall oder Leder.

Q 2 *Werkzeuge* aus der Eisenzeit.

Q 4 *Das schönste Bronzegefäß Deutschlands* stammt aus dem Hochsauerland.

Q 5 *In solchen Gussformen* wurde das flüssige Metall zu Waffen und Werkzeugen modelliert.

TIPP

Kupferschmuck selbst gemacht

Aus einem Kupferdraht könnt ihr einen Arm- oder Fußring herstellen, wie ihn die Menschen der Bronzezeit getragen haben. Ihr benötigt einen Draht von 1 Meter Länge und 1,5 Millimeter Dicke. Mit einer Rundzange biegt ihr die Drahtenden zu einem kleinen Kreis. Wickelt den Draht in der Mitte einmal um euer Handgelenk; beide Drahtenden müssen gleich lang sein. Zieht euren Arm aus dem Draht heraus. Mit der Zange dreht ihr jetzt beide Enden zu Spiralen auf.

1. *Beschreibe die Vorzüge, die der Werkstoff Metall für die Menschen hatte.*
2. *Erläutere anhand D1 die einzelnen Arbeitsschritte bei der Kupfergewinnung.*
3. *Lies Q3. Wofür verwendeten die Germanen Metalle?*

9 Projekt
Zurück in die Steinzeit

Häuser bauen, Gefäße töpfern, Brot backen …
Viele Arbeiten der Jungsteinzeit könnt ihr selber ausprobieren. Vielleicht habt ihr auch Lust in eurem Klassenraum ein eigenes Steinzeit-Museum einzurichten. Auf einem Schulfest oder bei einem Elternabend könnt ihr diese Ausstellung anderen Schülern und euren Eltern zeigen.

Ein Haus aus der Jungsteinzeit
Die Abbildungen rechts zeigen euch, wie die Häuser damals konstruiert waren. Als Baustoffe wurden vor allem Holz, Lehm und Schilf verwendet. Zum Nachbau dieses Hauses als Modell benötigt ihr:
- eine Styroporplatte oder einen Kasten mit Sand,
- Stöcke für 24 dicke Pfosten und 70–80 dünnere Pfosten,
- Ton für die Wände,
- Strohhalme oder trockene Gräser für das Dach.

D 1 *Grundriss eines jungsteinzeitlichen Hauses.* In Vaihingen an der Enz wurden in den Jahren 1994 bis 2002 die Grundrisse solcher Häuser entdeckt und ausgegraben. Sie sind etwa 7000 Jahre alt und stammen somit aus der Zeit der Bandkeramiker.

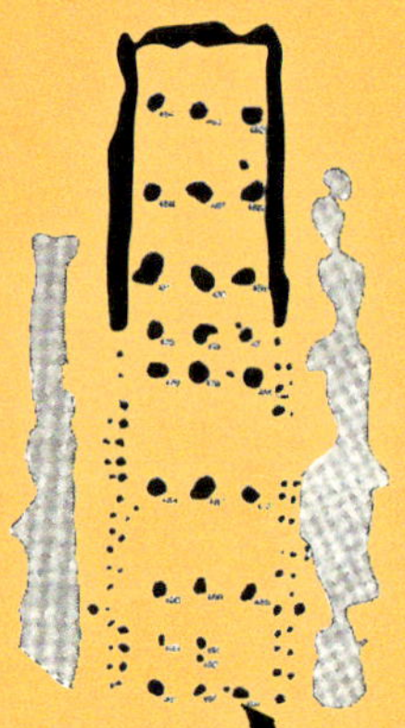

Schüsseln aus Ton – selbst gemacht
Besorgt euch in einem Baumarkt braunen oder roten Ton. Teilt den Tonblock in 20–25 Stücke.
Knetet die Tonstücke gut durch. Gebt dabei vorsichtig Wasser hinzu; der Ton darf nicht zu weich werden.
Für den Boden der Schüssel formt ihr eine Kugel und drückt sie platt.
Dann rollt ihr Stränge für die Außenwand. Sie sollten nicht zu dick sein.
Legt nun den ersten Strang auf die Bodenplatte und drückt ihn leicht an. Darauf setzt ihr den zweiten, den dritten und so weiter. Streicht vorsichtig die zusammengefügten Stränge glatt. Mit feuchten Fingern geht es besser. Ihr könnt zum Schluss, wie die Bandkeramiker, noch Verzierungen einritzen. Lasst das Gefäß trocknen oder brennt es in einem Töpferofen.

Q 1 *Dieses Gefäß* fand man bei Aschersleben in Sachsen-Anhalt. Das typische Muster der Bandkeramiker ist hier sehr gut zu erkennen.

Steinzeitbrot
Besorgt euch vom Bauern oder aus dem Naturkostladen Getreidekörner. Ihr braucht noch eine Steinplatte und einen möglichst runden Stein.
Legt die Getreidekörner auf die Steinplatte und zerreibt sie mit dem Stein zu Mehl. Vermischt das Mehl vorsichtig mit Wasser, bis ein Teig entsteht. Formt daraus 1 cm dicke Fladen. Die Fladen könnt ihr auf einem heißen Stein oder im Backofen backen.

10 Vom Leben im römischen Weltreich

D 1 *Das Forum Romanum* (Rekonstruktion eines heutigen Zeichners). So könnte das Zentrum Roms ausgesehen haben: mit Tempeln für die Hauptgötter; Triumphbögen, die an die Siege der Römer über fremde Völker erinnerten; Gebäuden, in denen Versammlungen, Gerichtsverhandlungen und Märkte stattfanden. Auf dem Forum wurden auch seit der frühen römischen Zeit politische Reden gehalten.

Viele Völker im Römischen Reich

Wenn wir heute in ferne Länder reisen, begegnen wir Menschen, die eine andere Sprache sprechen. Wir verständigen uns meistens auf Englisch. Weltweit verstehen fast zwei Milliarden Menschen diese Sprache. Englisch ist die Weltsprache unserer Zeit.

Auch vor rund 2000 Jahren gab es schon einmal eine Weltsprache: das Latein. Das war die Sprache der Römer. Die Römer hatten sich durch Eroberungen ein Weltreich geschaffen, wie es bis dahin keines gegeben hatte. Alle Völker rings um das Mittelmeer gehörten dazu. Im Norden stießen römische Heere sogar bis ins heutige Großbritannien vor. Überall verbreiteten römische Soldaten, Händler, Siedler und Verwaltungsbeamte ihre Sprache.

Von Rom, der Hauptstadt dieses Reiches, konnte man leicht in die Provinzen gelangen, wie die Römer ihre eroberten Gebiete nannten. Es gab schon Fernstraßen, die so gut gebaut waren, dass man sie zu jeder Jahreszeit befahren konnte. Rasthäuser und Stationen zum Pferdewechsel machten das Reisen noch bequemer.

Rom – eine Stadt aus Marmor

Das Rom der Kaiserzeit war eine glanzvolle Stadt: mit unzähligen Palästen, Tempeln und Privathäusern aus Marmor; mit einer Pferderennbahn, die 250 000 Zuschauern Platz bot; mit einer Arena, in der mehr als 50 000 Schaulustige die Kämpfe der Gladiatoren sehen konnten. Es gab auch riesige Bäder mit Fußbodenheizung, und über Steinbögen führten Wasserleitungen Tag für Tag Millionen Liter klares Quellwasser aus den Bergen heran.

Ein luxuriöses Leben für alle?

Man schätzt, dass die Stadt Rom im 1. Jahrhundert n. Chr. eine Million Einwohner hatte. Für viele Menschen war das Leben alles andere als glanzvoll. Zehntausende von Römern waren so arm, dass sie auf Getreidespenden des Staates angewiesen waren. Mehreren Hunderttausend Menschen ging es aber noch schlechter: Sie mussten den ganzen Tag arbeiten und hatten als Sklaven überhaupt keine Rechte. Reiche Römer nahmen sich das Recht, alles zu besitzen, was das Riesenreich zu bieten hatte.

A-Z

Imperium
bedeutet Weltreich. Mit dem Begriff Imperium Romanum wird Rom zur Kaiserzeit bezeichnet.

Provinz
So nannten die Römer ihre Besitzungen außerhalb Italiens. Die Bewohner der Provinzen besaßen lange Zeit kein Bürgerrecht. Ein römischer Statthalter verwaltete die Provinz und zog Steuern ein.

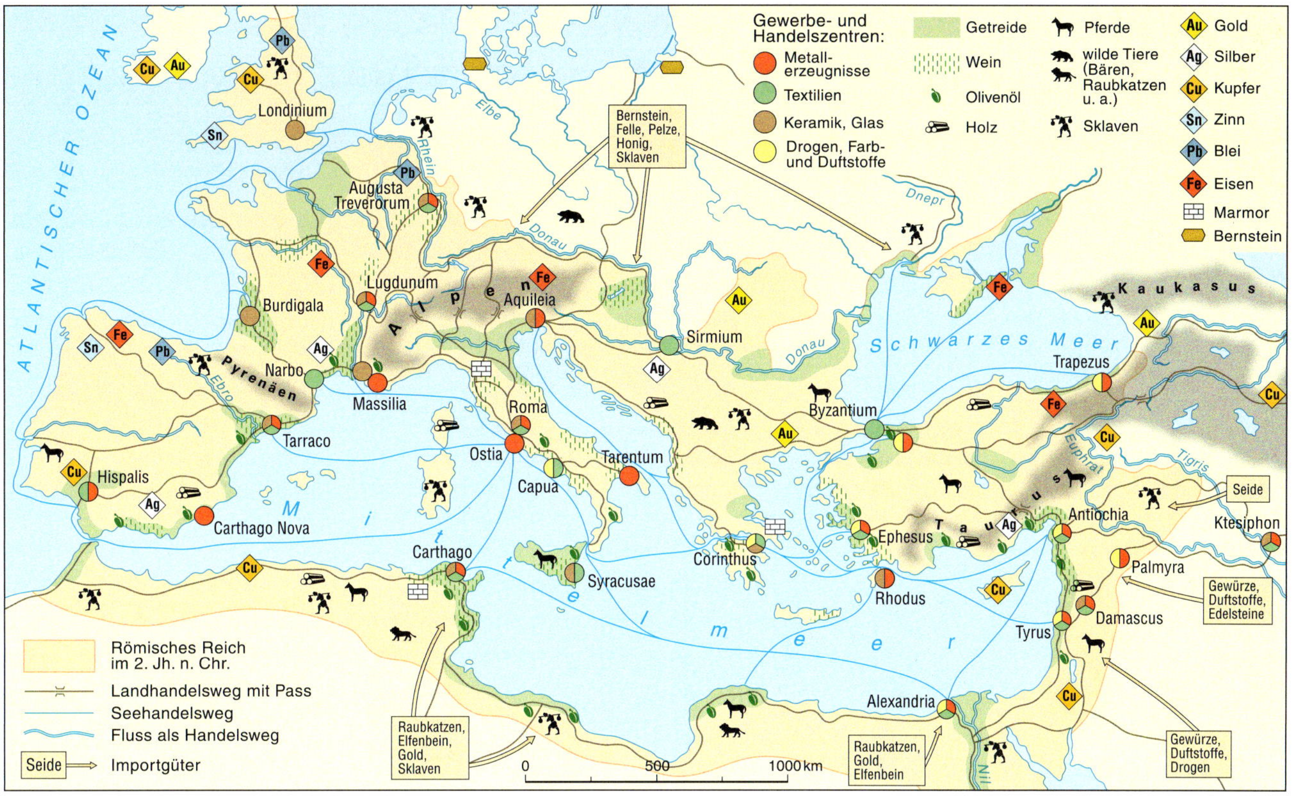

Q 1 *Ein ägyptischer Kaufmann aus dem 1. Jh. v. Chr. zählt die Waren auf, die in einem Hafen am Golf von Cambay an der Westküste Indiens umgeschlagen werden:*

Eingeführt werden Weine, vor allem aus Italien, aber auch aus Arabien; Kupfer, Zinn und Blei, Korallen und Topase (ein Edelstein), einfache Bekleidung, Gürtel in leuchtenden Farben, rohes Glas, rote Arsenblende zum Färben; Gold- und Silbermünzen, die man Gewinn bringend gegen Münzen des Landes tauschen kann; ferner billige Salben.

Für den König dort bringt man kostbare Silbergefäße und edle Sklaven mit: junge Sänger und schöne Mädchen; ferner die besten Weine, leichte Bekleidung aus den feinsten Geweben und die kostbarsten Salben.

Ausgeführt werden aus Indien süßer Lotos und Myrrhe (ein wohlriechendes Harz des Balsamstrauchs), Elfenbein, Achate und Karneole (Edelsteine), Baumwollkleidung aller Art, Seidenkleidung (aus chinesischer Rohseide), langer Pfeffer und viele andere Waren von den Handelsplätzen ganz Indiens.

Q 2 *Über das Leben in Rom schreibt der Dichter Martial im 1. Jahrhundert n. Chr.:*

Es gibt in Rom für einen Menschen keinen Ort zu denken und auszuruhen. Die Schulmeister machen ihm das Leben am Morgen unmöglich, nachts die Bäcker, die Hämmer der Kupferschmiede den ganzen Tag über. Hier klimpert der müßige Geldwechsler auf seinem schmutzigen Tisch mit seinem Kleingeld, dort trommelt einer, der spanisches Gold zu Blattgold verarbeitet, mit seinem glänzenden Schlägel auf der viel gebrauchten Arbeitsplatte. Die Anhänger der Göttin Bellona[1] geben nicht einen Moment Ruhe, weder der schwatzhafte Schiffbrüchige mit den geschienten Rippen, noch der Judenknabe, den seine Mutter das Betteln gelehrt hat, auch nicht der triefäugige Schwefelhändler. (…) Nachts werde ich vom Lachen der Vorbeigehenden wach und Rom steht in meinem Schlafraum. Wann immer ich genug habe und erschöpft bin und schlafen will, gehe ich zu meinem Landhaus.

[1] Bellona war eine römische Kriegsgöttin, deren Anhänger bei ihren Zeremonien viel Lärm machten.

D 2 *Wirtschaft im Römischen Reich.*

1 *Ordne die Römerzeit mithilfe des VT, der Zeitleiste auf der ADS und den vorangegangenen Kapiteln zeitlich ein. Wie lebten die Menschen in Nordeuropa zu dieser Zeit?*

1 *Beschreibe, was du in der Rekonstruktionszeichnung des Forum Romanum (D1) siehst.*

2 *Warum sind gute Fernstraßen für ein Weltreich sehr wichtig?*

3 *Beschreibe deinen Eindruck, den du auf dieser Seite vom Leben in Rom gewinnst.*

11 Methode
Geschichtskarten lesen und auswerten

D 1 Die Entwicklung des Römischen Reichs zu einem Weltreich.
Mit den drei Herrschern in der Legende sind wichtige Abschnitte der römischen Geschichte verbunden. Caesar regierte Rom bis zu seiner Ermordung im Jahr 44 v. Chr. als Diktator. Octavian ist sein Adoptivsohn; unter dem Ehrennamen Augustus gilt er als der erste Kaiser. Zur Zeit des Kaisers Trajan war das Römische Reich auf dem Höhepunkt seiner Macht.

Karten werden nicht nur im Erdkundeunterricht benötigt. Auch in der Geschichte helfen sie sich zu orientieren. Aus einer Geschichtskarte kann man schnell und anschaulich Informationen erhalten, in welchem Gebiet der Welt, an welchem Ort und zu welcher Zeit sich Ereignisse und Entwicklungen abspielten – zum Beispiel, wie Reiche sich ausdehnten, wie Kriegszüge verlaufen sind, wo Menschen gesiedelt haben oder wohin sie gewandert sind.

Methodische Arbeitsschritte

1. Über welches Thema gibt die Karte Auskunft? Beachte dafür die Überschrift und die Legende.
2. Welcher Raum wird gezeigt? Welche Orte werden hervorgehoben? Vergleiche im Geografie-Atlas, um welches heutige Gebiet es sich handelt.
3. Über welche geschichtliche Zeit informiert die Karte? Bezieht sie sich auf ein bestimmtes Jahr, auf einen kurzen oder langen Zeitabschnitt? Werden unterschiedliche Zeitstufen dargestellt?
4. Beachte die Legende. Was bedeuten die Zeichen, Farben, Linien und Pfeile in der Karte?

Hinweise zur Arbeit mit Geschichtskarten

Geschichtskarten sind leichter zu verstehen, wenn man ihre „Zeichensprache" kennt. Diese Zeichen müssen entschlüsselt werden, damit man die Karte lesen kann. Hierzu dient die Legende.

Maßstab
Mithilfe des Maßstabs kannst du bestimmen, wie nah oder fern Orte beieinander lagen, wie weit sich Länder und Gebiete ausdehnten oder wie lang Handelsstrecken, Kriegszüge oder Wanderungen waren.

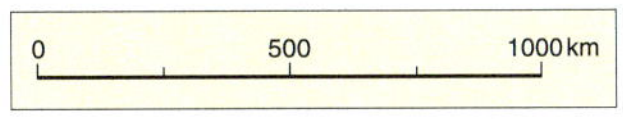

Ausschnitt oder Ganzes
Die Karte auf dieser Doppelseite zeigt den gesamten Mittelmeerraum sowie den größten Teil Europas und Teile des Nahen Ostens. Damit ist das gesamte Römische Reich zur Zeit seiner größten Ausdehnung abgebildet. Von einem anderen großen Reich, dem Partherreich im Osten, ist allerdings nur ein Ausschnitt zu sehen.

Britannia 43 n. Chr.
Namen und Jahreszahlen geben an, wann genau ein Gebiet erobert und Teil des Römischen Reichs wurde.

Verschiedene Farben
Verschiedene Farben kennzeichnen Gebiete und Staaten sowie verschiedene Zeiten. Hier sind es die Gebiete in Afrika, Asien und Europa, die von den Römern im Laufe der Zeit erobert wurden.

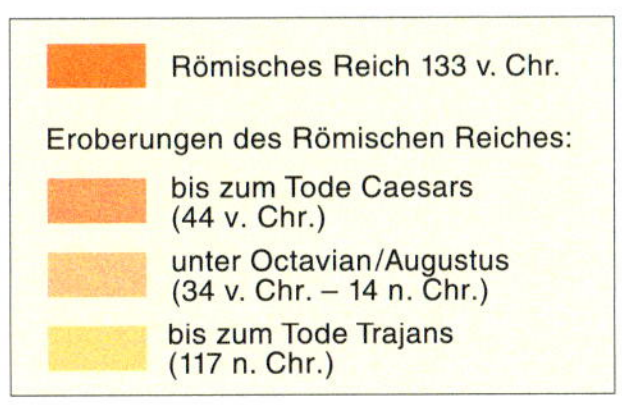

Farbige Linien, Pfeile und Symbole
Durchgehende, gestrichelte oder gepunktete Linien stellen Grenzen dar. In dieser Karte sind so zum einen die äußeren Grenzen des Römischen Reichs und zum anderen die Grenzen innerhalb des Reichs dargestellt.

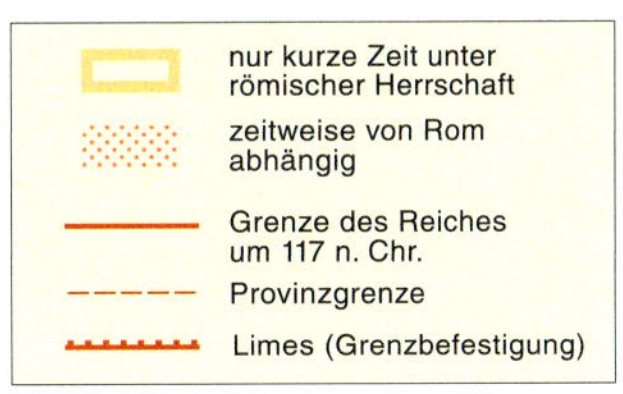

Goten
In Nord- und Osteuropa hinter den Grenzen des Römischen Reichs lebten verschiedene Germanenvölker. Die größten Völker und ihre Siedlungsgebiete sind auf dieser Karte eingezeichnet.

Zeitreise multimedial Antike: Rom – „Rom wird eine Weltmacht"

1 *Untersuche die Geschichtskarte D1 anhand der methodischen Arbeitsschritte.*
2 *Vergleiche die Geschichtskarte mit einer geografischen Karte in deinem Atlas. Nenne die natürlichen Grenzen (Meere, Flüsse, Wüsten, Gebirge) des Römischen Reiches um 100 n. Chr.*
3 *Welche Namen römischer Provinzen haben sich – teilweise leicht verändert – bis heute erhalten?*
4 *Suche auf der Geschichtskarte das heutige Südwestdeutschland. Was fällt dir auf?*

12 Römer und Germanen am Limes

Ist die Macht Roms grenzenlos?
Die Römer drangen bis ins heutige Norddeutschland vor. Doch in den Urwald- und Sumpfgebieten zwischen Rhein und Elbe war es fast unmöglich, ein Heer beim Marschieren und in der Schlacht wie gewohnt aufzustellen. Das machte die Armeen unsicher und angreifbar, wie man an einer Schlacht im Jahr 9 n. Chr. sieht. In der Nähe des heutigen Kalkriese in Niedersachsen wurde eine römische Armee von germanischen Kriegern angegriffen und völlig vernichtet. Der römische Feldherr Varus und fast 20 000 Soldaten verloren ihr Leben.

Der Limes schützt die Provinz
Augustus und seine Nachfolger gaben den Plan auf, das Germanenland bis zur Elbe zu erobern. Sie zogen die Legionen hinter Rhein und Donau zurück, wo sie sich leicht verteidigen konnten. Doch wie sollte das Land zwischen den beiden Flüssen abgegrenzt und gesichert werden?

Im Jahr 83 n. Chr. gab Kaiser Domitian den Befehl, eine Grenzsicherung anzulegen. Auf einer Strecke von 548 Kilometern wurden rund 900 Wachtürme errichtet, von denen die Wachsoldaten weit ins Germanenland schauen konnten. Bei Gefahr gaben sie durch Feuer, Rauch oder andere Zeichen Alarm. Dann kam aus den nahe gelegenen Militärlagern und Kastellen Hilfe herbei.

Romanisierung – Leben wie in Rom
Da die Römer in den neuen Provinzen genauso gut leben wollten wie in ihrer alten Heimat, holten sie Handwerker und Baumeister aus Rom. Diese bauten beheizbare Häuser aus Stein, gepflasterte Straßen, Wasserleitungen, Bäder und Theater. Schuster, Sattler, Schmiede und Händler versorgten die Soldaten mit allem, was sie brauchten. So angenehm wollten auch viele Einheimische in den Provinzen leben. Sie lernten die lateinische Sprache und ließen ihre Kinder nach römischem Vorbild erziehen. Bald entstanden Siedlungen nach Art der Römer.

Treffpunkt Limes
Der Limes sollte zwar die Grenze sichern, aber wer unbewaffnet war, durfte den Limes passieren. Germanische Händler brachten den Legionären und römischen Bürgern Felle, Vieh, Leder, Wachs, Honig, Bernstein oder auch blondes Frauenhaar für Perücken. Dafür erwarben sie bei den Römern Geräte für den Haushalt, Tongeschirr, Glasgefäße sowie Schmuck, bunte Stoffe und Wein.
So lernten die Germanen durch die Römer viele neue Dinge kennen. Für diese bisher unbekannten Gegenstände und Lebensmittel übernahmen sie auch gleich die lateinischen Bezeichnungen. Dadurch verbreitete sich die lateinische Sprache und manches aus der römischen Lebensweise über den Limes hinaus.

Romanisierung
bedeutet „römisch machen" oder „römisch werden". Überall, wo die Römer hinkamen, verbreiteten sie ihre Lebensweise, ihre Sprache und ihre technischen Entwicklungen.

D 1 *West- und Süddeutschland zur Römerzeit.* – Beschreibe die Anordnung der Kastelle und Legionslager.

Q1 *Der römische Geschichtsschreiber Tacitus (um 55 bis ca. 115 n. Chr.) verfasste 98 n.Chr. ein Buch, in dem er die Römer über die Germanen informierte:*

Die äußere Erscheinung ist bei allen Germanen dieselbe: wild blickende blaue Augen, rötliches Haar und große Körper, die allerdings nur zum Angriff taugen. Für Strapazen und Mühen bringen sie nicht dieselbe Ausdauer auf, und am wenigsten ertragen sie Durst und Hitze; wohl aber sind sie gegen (...) Kälte und Hunger abgehärtet. Das Land (...) macht mit seinen Wäldern einen schaurigen, mit seinen Sümpfen einen widerwärtigen Eindruck. (...) Getreide wächst, Obst jedoch nicht. Vieh gibt es reichlich. (...)

Könige wählen sie nach den Vorschlägen der Adligen. Heerführer wählen sie nach der Tapferkeit. Selbst die Könige haben keine unbeschränkte oder freie Herrschergewalt, und die Heerführer erreichen mehr durch ihr Beispiel als durch Befehle: Sie werden bewundert, (...) wenn sie in vorderster Linie kämpfen. (...)

Wenn sie keine Kriege führen, verbringen sie viel Zeit mit Jagen, mehr noch mit Nichtstun, dem Schlafen und Essen ergeben. Gerade die Tapfersten und Kriegslustigsten rühren sich nicht. Die Sorge für Haus, Hof und Feld bleibt den Frauen, den alten Leuten und den Schwachen überlassen. (...)

Dass die Germanen keine Städte bewohnen, ist ausreichend bekannt, ja sie dulden nicht einmal zusammenhängende Siedlungen. Sie wohnen einzeln und für sich, gerade dort, wo ihnen ein Ort zusagt. Ihre Dörfer legen sie nicht in unserer Weise an, sondern jeder umgibt sein Haus mit freiem Raum. (...) Nicht einmal Bruchsteine oder Ziegel sind bei ihnen im Gebrauch; zu allem verwenden sie unbehauenes Holz, ohne auf ein schönes und freundliches Aussehen zu achten.

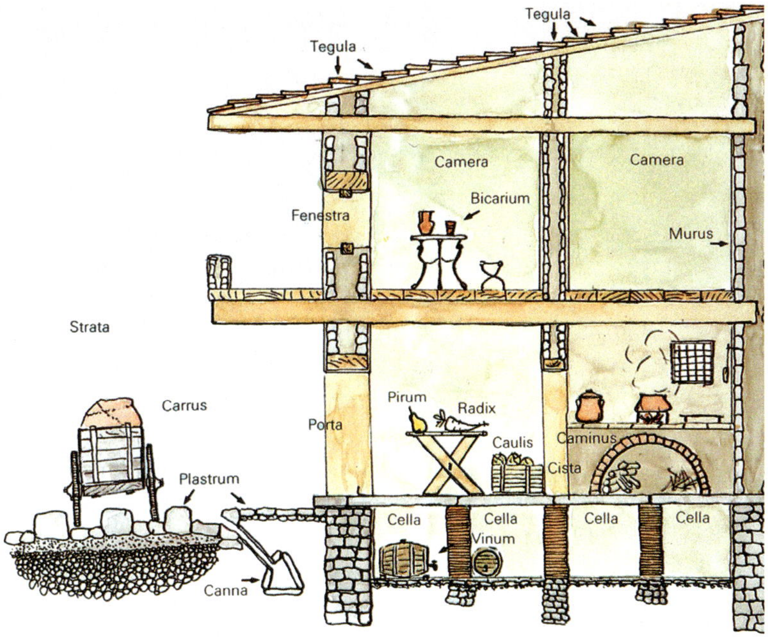

D2 *Lehnwörter aus der lateinischen Sprache.* Die Germanen lernten viele neue Dinge bei den Römern kennen. Die Namen dafür übernahmen sie gleich mit.

D3 *Rekonstruktionszeichnung eines Kastells:* ① Haupttor ② Wachturm ③ Kommandantur ④ Krankenhaus ⑤ Kornspeicher ⑥ Ställe ⑦ Werkstatt ⑧ Wohnhaus des Kommandanten ⑨ Unterkünfte für die Soldaten ⑩ Badehaus ⑪ Verteidigungsgraben

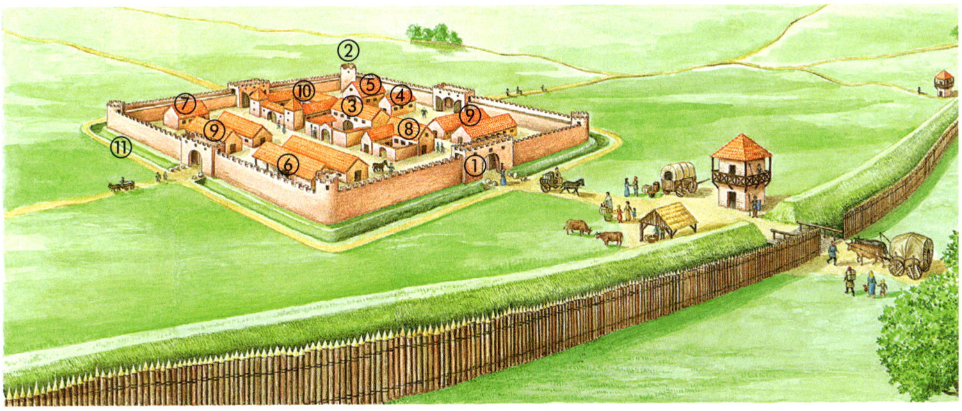

1. *Erläutere, welche Funktion der Limes hatte (VT, D1).*
2. *Lies Q1 und fasse zusammen, wie Tacitus das Leben der Germanen beschreibt. Was hebt Tacitus besonders hervor?*
3. *Über den Limes hinweg gab es einen regen Handel. Welche Güter waren bei den Germanen begehrt? Was konnten sie den Römern liefern?*
4. *Liste die lateinischen Begriffe aus dem Bild D2 in einer Tabelle auf. Schreibe die heutigen Namen daneben.*

13 Ein Stück Rom im rauen Norden?

Zeitreise multimedial Antike: Rom – „Ein Landgut rekonstruieren"

Du kannst auch einen Rundgang durch einen römischen Gutshof machen unter www.villa-rustica.de

Wohlstand durch Frieden

Die Bilder auf dieser Seite zeigen dir, wie sich das Leben im römischen Teil Germaniens abgespielt hat. Aber nicht alle Menschen in den Provinzen lebten so. Der Alltag in den Handwerkervierteln der kleinen Landstädte oder auf den einfachen Höfen der Bauern und Pächter war um vieles bescheidener.

Die Bilder zeigen uns aber, wie die Menschen in Südwestdeutschland die angenehmen Seiten der römischen Herrschaft für sich nutzten: Sie hatten ihre Unabhängigkeit zwar verloren, aber sie lebten nun im Schutze der römischen Legionen. Auf den sicheren Straßen lieferten Händler Luxuswaren aus dem Mittelmeerraum in die nördlichen Provinzen. Gasthäuser versorgten Reisende; auch den Weinbau brachten die Römer an die Mosel, den Rhein und den Neckar. In der Nähe der Kastelle gründeten reiche Römer zahlreiche Gutshöfe. Hier wurde Getreide, Obst und Gemüse angebaut, Vieh gehalten und Milch verarbeitet. Diese Lebensmittel ließen sich gut an die Legionen wie auch an die Stadtbewohner verkaufen.

Q1 *Blick auf die Anlage der „villa rustica" in Stein.* Das Gebäude links war nicht erhalten; sondern wurde rekonstruiert.

Die „villa rustica" in Hechingen-Stein

„Zunächst soll man (...) die Gegend auf ihre gesunde Lage hin betrachten und danach soll man die Landhäuser anlegen. (...) Bevorzugte Plätze sind Hänge (...), umgeben von Acker und Weidegebieten und immer in der Nähe von Wasservorkommen." So beschreibt der römische Architekt Vitruv den idealen Platz für einen Gutshof. Der Gutshof in Hechingen-Stein lag danach geradezu ideal. Erbaut wurde diese „villa rustica" im 1. Jahrhundert und danach öfter erweitert und umgebaut. Ein Badehaus entstand und wurde durch einen Säulengang mit dem Haupthaus verbunden. Vielleicht versorgte der Gutshof, nach dem Ausbau im Besitz eines hohen Beamten, die Umgebung mit Mauersteinen aus dem nahen Steinbruch und Steinmetze fertigten Figuren an und verkauften sie. Oder Verwaltungsbeamte und reichere römische Bürger wurden mit Fleisch, Gemüse, Obst und Getreide versorgt.

Es gab alle Annehmlichkeiten römischer Wohnkultur: überdachte Säulengänge für heiße Sommertage, Räume mit Fußbodenheizung für den Winter, zwei Badeanlagen, Mosaike und Wandmalereien. Auch eine Tempelanlage mit einer Jupiter-Gigantensäule wurde gefunden. Zum Herrenhaus gehörten Ställe, Vorratsräume, Scheunen, Wagen- und Geräteschuppen sowie Wohnräume für Sklaven und Landarbeiter.

Q 2 *Keltern von Weintrauben (rechts).* Solche Arbeiten verrichteten auf den Höfen häufig Sklaven.

Q 3 *Der römische Schriftsteller Lampridius berichtet:*

Nicht nur in Kastellen und Lagerdörfern lebten die Römer, sie hatten sich auch in Gutshöfen und Villen niedergelassen. Der Kaiser Severus Alexander schenkte den Soldaten und Offizieren, die am Limes Dienst taten, das Land, das man den Germanen abgenommen hatte, außerdem fügte er Vieh und Sklaven hinzu, damit das Gebiet, das so nahe am Barbarenland liegt, nicht wegen Menschenmangels aufgegeben und dann nicht bebaut würde.

Q 4 *Mähmaschine für die Getreideernte (links).* Wie könnte sie funktioniert haben?

D 1 *Backen wie die Römer.* Der Backofen wurde nach in Stein entdeckten Funden wiederhergestellt.

1. *Schreibe in Stichworten auf, wie sich das Leben in den germanischen Gebieten unter den Römern veränderte.*
2. *Erkläre den Begriff „Romanisierung" und nenne Beispiele. Nimm auch die Seiten 50/51 zuhilfe.*
3. *Stelle dir vor, du bist die Tochter oder der Sohn eines Gutsbesitzers. Schreibe in einem Brief, wie ein Tag auf dem Hof verläuft.*

D 2 *Küche des Gutshofes* (Rekonstruktion). Die Küche befand sich im Erdgeschoss des Eckturmes.

14 Projekt
Ausflug in die Römerzeit

Im Lokalteil der Tageszeitung steht es in dicker Überschrift: „Schon wieder Arbeit für die Archäologen in Rottenburg!“
Für die Rottenburger gehören solche Nachrichten fast schon zum Alltag. Schließlich war ihre Stadt seit etwa 85/90 n. Chr. eine römische Siedlung mit dem Namen Sumelocenna. Mitte des 2. Jahrhunderts entwickelte sich Sumelocenna zu einer der wichtigsten rechtsrheinischen Siedlungen in der Provinz Obergermanien. Auf dieser Doppelseite siehst du, was alles aus der Römerzeit in Rottenburg übrig geblieben ist.

Auf in die nächste Römerstadt!

1 Informiert euch, wo in eurer Nähe die nächste Römerstadt liegt oder wo ein römischer Gutshof lag.

2 Schreibt das Verkehrsamt oder die Touristeninformation an und bittet um Prospekte und weiteres Informationsmaterial über die Stadt oder den Ort.

3 Bildet Gruppen und findet heraus:
- welche Museen oder Ausstellungen es dort zur Römerzeit gibt,
- welche Bauwerke aus der Römerzeit stammen,
- ob ein „römischer Stadtrundgang“ angeboten wird,
- was es sonst noch dort zu den Römern zu sehen oder zu erzählen gibt.

Souvenirs aus der Römerzeit

- Sammelt auf eurem Ausflug möglichst viele verschiedene Postkarten, Prospekte, Plakate und ähnliches Material.
- Macht eigene Fotos – sowohl von der Stadt als auch von euch selbst auf den Spuren der Römer.
- Vergesst nicht, euch einige Notizen zu den wichtigen oder auch lustigen Dingen aus der Römerzeit zu machen.
- Zurück in der Jetzt-Zeit, könnt ihr in Gruppenarbeit eine Wandzeitung über euren Ausflug in die Römerzeit gestalten. Hängt eure Wandzeitung dann in eurem Klassenraum oder im Schulgebäude auf.

Das Grabungsgebiet „Am Burggraben“ in Rottenburg. Gut zu erkennen sind die römischen Mauerreste und das Fundament eines Wehrturms.
In dem Bauwagen machen übrigens die Archäologen ihre Pause.

Unweit der Kreuzerfeld-Realschule stehen diese beiden römischen Säulen. Sie stammen von einem der vielen römischen Gutshöfe aus der Umgebung von Rottenburg.

Damit Sumelocenna mit Wasser versorgt werden konnten, bauten die Römer einen sieben Kilometer langen gemauerten Aquädukt vom Rommelstal bis in ihre Siedlung. Das rechts abgebildete Teilstück befindet sich im Wald außerhalb Obernaus.

Die Jupiter-Gigantensäule – sie steht vor dem römischen Museum. Jupiter ist der höchste römische Gott. Oben auf der Säule ist zu sehen, wie Jupiter soeben einen „Giganten" erschlagen hat. Die Giganten waren der Sage nach Riesen mit schlangenartigen Beinen. Diese Wesen hatten sich gegen die Götter erhoben, wurden aber mit der Hilfe von Herkules besiegt.

Oben ein Parkhaus und unten das römische Museum von Rottenburg: Bei Ausschachtungsarbeiten für das Parkhaus entdeckte man eine große öffentliche römische Latrine, deren Reste man heute besichtigen kann. Beim Bau des Eugen-Bolz-Gymnasiums – in unmittelbarer Nähe des Museums – fand man Reste eines römischen Bades. Man kann es heute im Keller der Schule bewundern.

In Bad Niedernau, kurz vor Rottenburg, befindet sich eine Heilquelle, die auch die Römer schon nutzten. Das Relief des Apollon Grannus fand man neben zahlreichen Münzen bei Grabungsarbeiten. Eine Kopie kann heute im Quellhäuschen der „Römerquelle" betrachtet werden.

15 Eine „gerechte“ Ordnung?

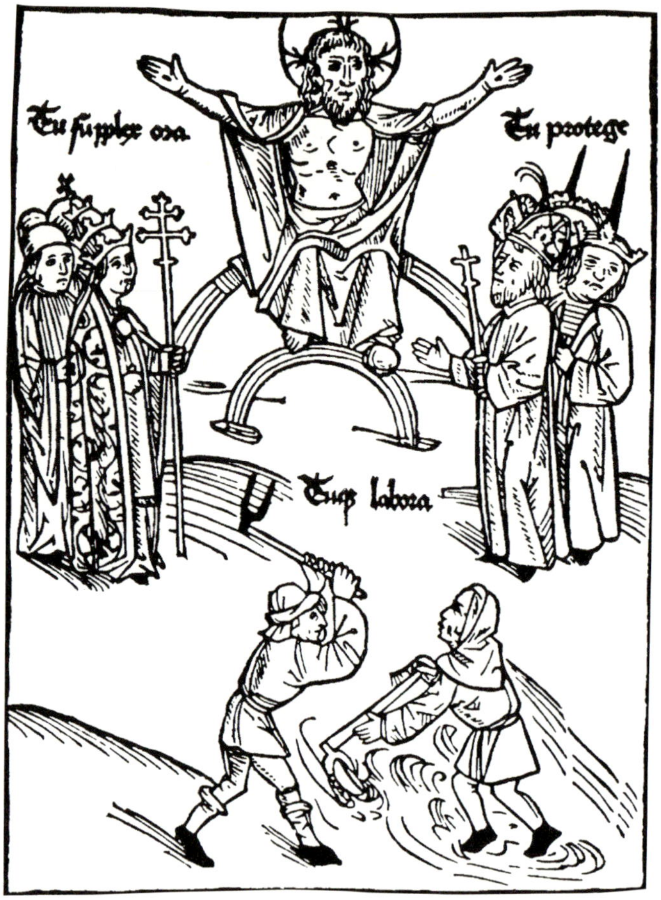

Q1 *„Du bete demütig! Du schütze! Und du arbeite!“* Christus teilt den Ständen Aufgaben zu (Holzschnitt, 1492).

Eine von Gott gewollte Ordnung

Stell dir vor, dass dein Leben davon bestimmt wird, welchen Beruf deine Eltern haben und wie viel Geld sie verdienen. Im Mittelalter war das so. Die Menschen fühlten sich bestimmten Gruppen zugehörig. Welcher Gruppe man angehörte, hing nicht davon ab, ob einer fleißig oder weniger fleißig, arm oder reich war. Entscheidend war die Geburt: Wer beispielsweise als Sohn eines Bauern zur Welt kam, konnte niemals König, Graf oder Ritter werden.

Eine Ständegesellschaft

Jeder hatte seinen Platz. Ganz oben stand der König. Er entschied über Krieg und Frieden, erließ Gesetze und war der höchste Richter im Land. Die Adligen, dazu gehörten die mächtigsten Herzöge und Grafen, waren seine Gefolgsleute. Sie besaßen viel Land und genossen überall hohes Ansehen. Die Ritter waren längst nicht so reich. Sie besaßen eine Burg und halfen mit, das Reich zu verwalten. Die Äbtissinnen und Äbte standen einem Kloster vor, zu dem auch viel Land gehören konnte.

Ganz unten standen die Bauernfamilien in den Dörfern und die Bürgerinnen und Bürger in den Städten. Sie besaßen die wenigsten Rechte. Aber auch sie glaubten, dass diese Ordnung von Gott so gewollt sei.

Das Frankenreich

Wo heute Deutschland, Frankreich und Norditalien liegen, bestand um das Jahr 800 ein einziges großes Reich. Es reichte von der Nordsee bis zum Mittelmeer, vom Atlantik bis zur Elbe. Über dieses Reich herrschte Karl der Große. Allerdings gab es zu der Zeit noch keine schriftliche Verfassung wie heute. So war nirgends festgelegt, wer welche Rechte und Pflichten hatte, wer Macht ausüben und wer ein Amt besetzen durfte. Es gab keine verlässlichen Gesetze und kaum Städte und Straßen, nur unbefestigte Wege.

Um dieses riesige und ungeordnete Reich zu regieren, brauchte der König Helfer. Daher vergab Karl besondere Ämter an Grafen, Herzöge und Bischöfe. In ihren Gebieten trieben sie als Vögte die Steuern ein, hielten Gericht und suchten junge Männer für den Kriegsdienst aus. Allerdings befürchtete Karl, dass die Grafen in ihren Gebieten zu mächtig werden könnten. Deshalb schickte er regelmäßig Boten aus, die die Grafen und Bischöfe überwachen sollten.

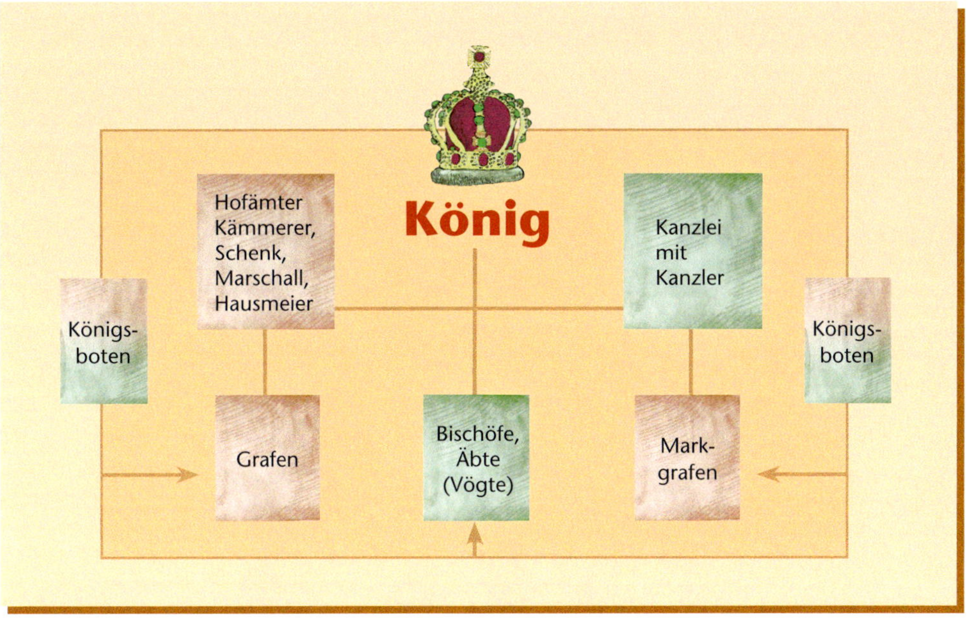

D 1 *Ämter am karolingischen Königshof:*
- Kanzler: leitet die Kanzlei, in der Gesetze und Urkunden ausgestellt werden.
- Kämmerer: verwaltet das königliche Vermögen.
- Schenk: verwaltet die Essens- und Trinkvorräte.
- Marschall: verwaltet die Stallungen.
- Hausmeier: verwaltet den Hof und führt das Heer.
- Königsboten: überwachen die Amtsverwaltung.
- Markgrafen: herrschen in den Grenzgebieten (Mark = Grenze)

braun: weltliche Amtsträger; grün: geistliche Amtsträger.

Q 2 *Karl der Große beruft das Vasallenheer ein. Der Kaiser schickte im Jahr 804 folgenden Befehl an Abt Fulrad von Altaich (Bayern):*

Wir teilen dir mit, dass wir in diesem Jahr die große Heeresversammlung nach Ostsachsen zusammengerufen haben, und zwar nach Staßfurt an der Bode. Deshalb befehlen wir dir, am 17. Juni mit allen deinen wohl bewaffneten und ausgerüsteten Leuten an dem genannten Platze dich einzustellen. (...) Jeder Berittene soll Schild, Lanze, Schwert und Hirschfänger [besondere Jagdwaffe] haben, dazu Bogen, Köcher mit Pfeilen, und eure Packwagen sollen Vorräte aller Art mitführen, Spitzhacken, Äxte, Bohrer, Beile, Spaten, (...) und alle anderen Werkzeuge, die man bei einem Feldzug braucht. Die Lebensmittel müssen von der Heeresversammlung an gerechnet drei Monate reichen, Waffen und Bekleidung ein halbes Jahr.

Q 3 *Bischof Burchard von Worms schrieb um 1000:*

Der gerechte Gott hat das Leben der Menschen folgendermaßen unterschieden gemacht: Die einen machte er zu Knechten, die anderen zu Herren. Damit soll die Möglichkeit der Knechte, Böses zu tun, durch die Macht der Herren eingeschränkt werden.

Q 4 *Im Rechtsbuch „Schwabenspiegel" (1280) steht:*

Man kann mit der Heiligen Schrift beweisen, dass niemand des andern eigen sein soll. Gott hat den Menschen nach seinem Ebenbild gebildet und von der Hölle erlöst. Als man das früheste Recht setzte, waren alle freie Leute. Wir sollen den Herren darum Dienst tun, dass sie uns beschützen. Und wenn sie die Lande nicht schirmen, ist ihnen niemand einen Dienst schuldig.

A-Z

Ständegesellschaft
Im Mittelalter unterschied man zwischen freien und unfreien Menschen. Die Geburt entschied darüber, zu welcher Gruppe (Stand) man gehörte: Kinder von Adligen waren auch adlig, während Kinder von unfreien Bauern immer unfrei blieben. Später teilte man die Gesellschaft in drei Stände: Adel, Geistliche sowie Bauern und Stadtbürger.

Adel/Adlige
Adlige verfügten aufgrund ihrer Abstammung über besondere Rechte: Sie waren Herren über Land und Leute, dienten als Verwalter für den König und sprachen Recht.

1. *Beschreibe die gesellschaftliche Ordnung im Mittelalter (VT, Lexikon, Q1 und Q3) und vergleiche sie mit unserem Leben heute.*
2. *Vergleiche die Quellen Q3 und Q4. Welche Meinung haben die Verfasser zur Ständegesellschaft?*
3. *Erläutere, wie Karl der Große sein Reich regierte (VT, D1). Aus welchen Gründen war er auf Helfer angewiesen?*
4. *Lies Q2 und stelle das Verhältnis zwischen Abt Fulrad und Karl dem Großen dar. Beschreibe, welche Pflichten der Abt erfüllen muss.*

16 Vasallen und Lehnsherren

D 1 *Die Lehnspyramide*

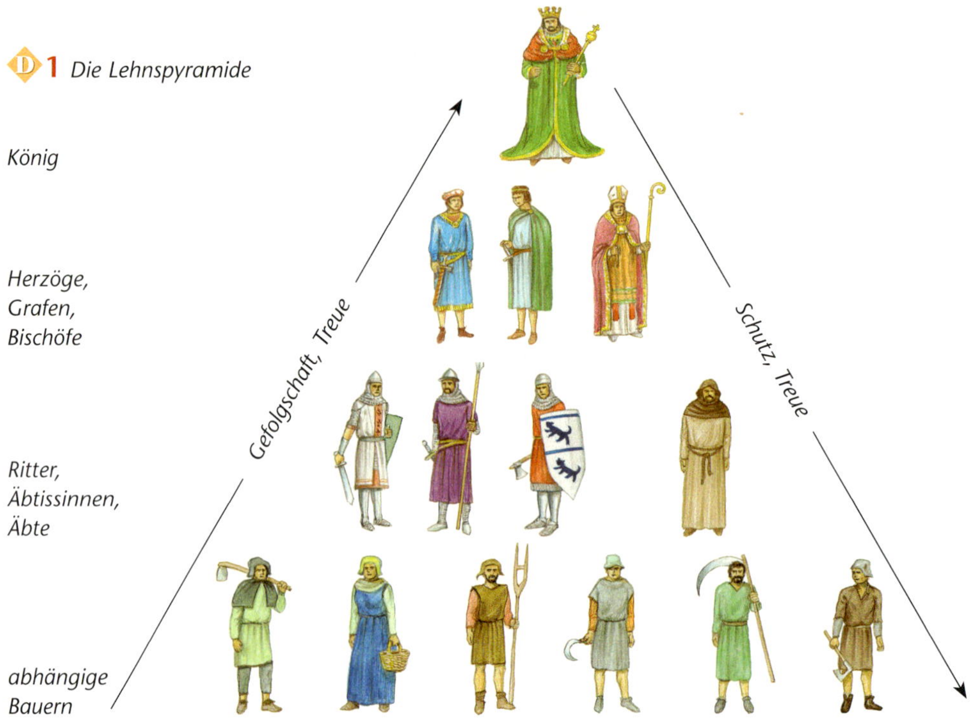

Schutz gegen Treue
Da der König in seinem riesigen Reich nicht überall vor Ort sein konnte, musste er sicher gehen, dass seine Gefolgsleute ihm treu waren. Lange Zeit war es üblich gewesen, dass der König Land und die darauf lebenden Bauern an die Adligen verschenkte. Karl der Große ging aber dazu über, das Land nur noch zu verleihen. Dieses „Lehen" verpflichtete die Adligen zu Treue und Gehorsam. In Kriegszeiten dienten sie dem König als Heerführer, in Friedenszeiten standen sie ihm als Berater zur Seite. Dafür versprach der König, sie zu schützen.

Kronvasallen und Untervasallen
Die adligen Lehnsmänner, die ihr Lehen direkt vom König erhielten, waren Kronvasallen. Diese Vasallen belehnten wiederum Ritter, Äbte und Äbtissinnen mit Land und Ämtern. So konnte das Land besser verwaltet und bewirtschaftet werden. Die Untervasallen besaßen nun Untertanen, die verpflichtet waren, ihre Herren in Kriegen zu unterstützen. Allerdings waren die Untervasallen nur ihrem Lehnsherrn und nicht dem König durch einen Eid verbunden. Das konnte zum Nachteil für den König werden, wenn es zum Streit mit einem Vasallen kam.

Lehen werden erblich
Wenn ein Vasall starb, sollte sein Lehen eigentlich an den Herrscher zurückgehen. Auch wenn ein Vasall die Treue brach, sollte ihm sein Lehen abgenommen werden. Doch viele Kronvasallen versuchten ihr Lehen wie Eigentum weiter zu vererben. Mächtige Vasallen waren außerdem in der Lage, sich mit ihrem Heer aus Untervasallen gegen den Lehensverlust zu wehren. Das Land blieb so nach und nach in den Familien der Adligen. Das schwächte die Macht des Königs, denn er konnte die Lehen nicht mehr frei an treue Gefolgsleute vergeben.

A-Z

Lehen
Gut (Land, Amt, Würde), das dem Lehnsmann vom Lehnsherrn lebenslang „geliehen" wird. Dafür muss er seinem Lehnsherrn in Frieden und Krieg dienen.

Vasall
von keltisch gwassawl = der, der dient. So wurde seit dem 9. Jahrhundert der (adlige) Lehnsmann bezeichnet.

a Abt und Äbtissin vergeben ein Lehen. ***b*** Vasallen huldigen dem Herrscher. ***c*** Eine Burg wird als Lehen vergeben. ***d*** Eine Kirche wird als Lehen vergeben. ***e*** Ein Vasall legt den Lehnseid ab. ***f*** Ein Vasall gibt Rat. ***g*** Ein Ritter als Vasall eines Kronvasallen. ***h*** Ein Kronvasall vor dem Herrscher.

Q1 *Wie funktionierte das Lehnswesen?*

Im Sachsenspiegel, einem Rechtsbuch aus dem 13. Jahrhundert, ist das Lehnswesen anschaulich dargestellt:
Die Verbindung zwischen Lehnsherrn und Vasall wurde in einem feierlichen Akt hergestellt. Nach dem Handgang oder der Huldigung, bei der sich der Vasall symbolisch unterwarf, schworen sich beide gegenseitig Treue und der Lehnsherr übergab einen Gegenstand, häufig eine Fahne oder einen Schlüssel, der für das Lehen stand.

1. *Erläutere die Begriffe „Lehen“ und „Vasall“ mit eigenen Worten (VT, Lexikon).*
2. *Beschreibe die Lehnspyramide D1. Welche Pflichten haben die einzelnen Personen?*
3. *Woran erkennst du in Q1 jeweils den Lehnsherrn und den Vasallen? Welche Pflichten des Vasallen gegenüber seinem Lehnsherrn zeigen die einzelnen Bilder?*
4. *Spielt die Lehensübergabe nach. Beachtet dabei, dass es auch Lehnsherrinnen und Lehnsfrauen gab.*

17 Nur Arbeit und Fron?

1 *Fronende Bauern und ein Meier* (Buchmalerei, 14. Jahrhundert).

Grundherr
Adlige oder kirchliche Grundbesitzer herrschten über ihr Land und die dort lebenden Menschen. Diese bewirtschafteten das Land; der Grundherr schützte sie.

frei – unfrei – hörig
Ein freier Bauer konnte frei über sein Eigentum verfügen und hinziehen, wohin er wollte. Ein „Unfreier" oder „Höriger" war einem Herrn untergeben: „hörig" heißt „gehorsam". Er lebte von einem Bauerngut, das ihm der Grundherr lieh.

Frondienste
Dienste, die die Hörigen ihrem Grundherrn noch neben den Abgaben leisten mussten, z. B. Erntearbeiten und Fuhrdienste.

In Deutschland arbeiten heute von 100 Menschen nur drei in der Landwirtschaft, um das Jahr 1100 waren es mindestens 90. Fast alle mussten auf dem Feld oder im Hof mitarbeiten, denn die Erträge von Ackerbau und Viehzucht waren gering. Und von dem wenigen, was übrig blieb, mussten die unfreien Bauern auch noch Abgaben an ihre Herren leisten.

Wie der Grundherr „alles in den Griff bekam"

Der Grundherr lebte auf dem Herrensitz. Oft besaß er mehrere Dörfer, in denen abhängige Bauern für ihn arbeiteten.
Es war für den Grundherrn nicht leicht, „aus der Ferne" die Arbeit seiner Untertanen zu beaufsichtigen. Außerdem mussten noch die Abgaben der Bauern eingetrieben werden. Für diese Aufgaben setzte der Grundherr Meier ein, die von einem Fronhof aus alles organisierten.

Ein Morgen auf dem Fronhof

Es ist sieben Uhr morgens. Auf dem Fronhof ist schon viel los. Die Mägde und Knechte haben bereits mit der Arbeit begonnen. Als leibeigene Bäuerinnen und Bauern leben sie auf dem Fronhof und verrichten alle Arbeiten in Haus und Hof, aber auch auf den Feldern ihres Grundherrn. Sie haben keinen eigenen Besitz und auch kaum Rechte. Ständig sind sie den Launen des Meiers ausgesetzt, ohne sich wehren zu können.
Es ist nun acht Uhr geworden und die hörigen Bauern sind mit ihren Familien auf dem Fronhof eingetroffen. Sie unterscheiden sich von den Leibeigenen. Hörige Bauern haben einen eigenen Hof, der ihnen vom Grundherrn geliehen wurde. Dafür müssen sie ihm Abgaben und Frondienste leisten.
Inzwischen ist der Meier erschienen und teilt die hörigen Bauern für verschiedene Arbeiten ein: Einige sollen im Wald arbeiten, andere legen neue Wege an und bauen eine Brücke über den Fluss. Die meisten Bauern werden zur Feldarbeit herangezogen. Die Bäuerinnen werden für Gartenarbeiten eingeteilt und die Kinder müssen Honig sammeln. Zum Schluss erinnert der Meier die Bauernfamilien daran, dass morgen die jährliche Getreideabgabe auf dem Fronhof abzuliefern ist.

Wie wurden die Bauern unfrei?

Noch um 800 n. Chr. gab es viele freie Bauern. Sie bestellten ihren eigenen Hof mit unfreien Mägden und Knechten und konnten über ihren Besitz selbst verfügen. Auch sie waren kleine Grundherren.
Freie Bauern waren allerdings auch verpflichtet, wie die Adligen an Kriegszügen teilzunehmen. Für viele Bauern stellte dies eine drückende Last dar, vor allem, weil sie während der Kriegszüge ihre Felder nicht bestellen konnten. Oft führte das dazu, dass ihre Familien kaum noch genug zu essen hatten. Deshalb übergaben die Bauern ihre Höfe einem adligen Herrn oder der Kirche und kauften sich so von der Pflicht der Heeresfolge los. Damit waren sie zwar vom Kriegsdienst befreit, wurden aber abhängig von einem Grundherrn.

D1 *So war eine Grundherrschaft aufgebaut.*

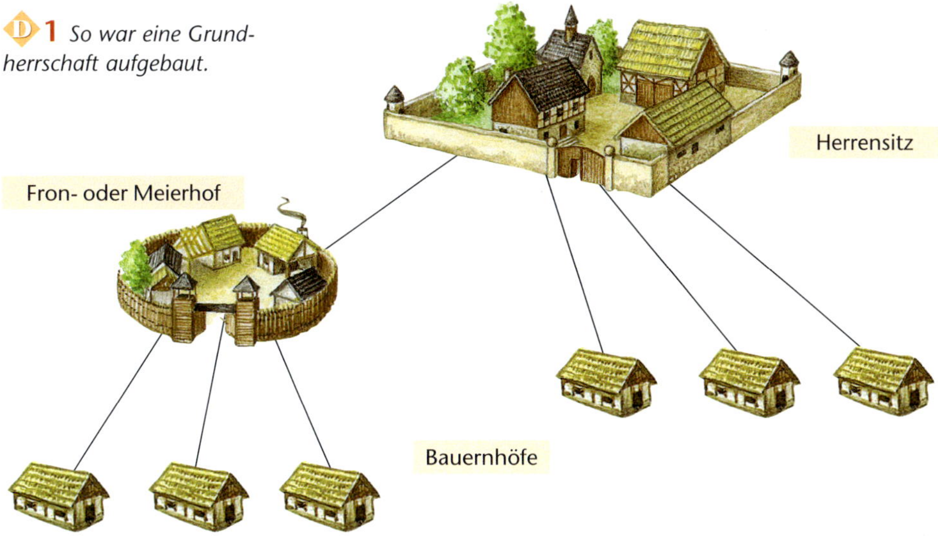

1 *Wo wohnten und lebten der Grundherr, die Meier, Mägde und Knechte, die freien und die unfreien Bauern innerhalb einer Grundherrschaft (VT, D1, D2)?*

2 *Nenne Gründe, warum freie Bauern in eine Grundherrschaft eintraten (VT, Q3). Überlege, wer Vorteile davon hatte.*

3 *Stelle in einer Liste zusammen, welche Abgaben und Arbeiten der Hufenbauer leisten musste (Q2). Sprecht über die Folgen dieser Verpflichtungen.*

Q2 *Fronordnung aus dem Jahr 893 des Dorfes Rommersheim, das zum Kloster Prüm in der Eifel gehörte:*

[Widrad* gibt an das Kloster] einen Eber, außerdem 1 Pfund Garn, 3 Hühner, 18 Eier. Er leistet jährlich die Weinfuhre, jeweils im Mai und Oktober die Hälfte, fährt 5 Wagenladungen von seinem Mist, gibt 5 Bündel zu je 15 Stück Baumrinde [als Fackeln für die Beleuchtung verwendet], fährt 12 Wagenladungen Holz – 6 Fuß breit, 12 Fuß lang – [zum Kloster], backt Brot und braut Bier [im Backhaus und Brauhaus des Klosters gegen Gebühr].

Jede Hufe liefert 50 Latten und 100 Dachschindeln und tut im Wald bei unserer Schweineherde eine Woche Hirtendienst, wenn sie an der Reihe ist (…). Sie bestellt 3 Morgen Land das ganze Jahr hindurch, jede Woche drei Tage. (…) Sie leistet Wachdienst. Wenn sie 15 Nächte fronen [den Wachdienst verrichten] und Heu ernten, erhalten sie Brot, Bier und Fleisch in reichen Jahren, zu anderen Zeiten nichts. Jeder Hufenbauer unterhält ein eingezäuntes Stück von 135 Fuß und säubert eine Fläche im Herrschaftsgarten. Die Frau muss Beinkleider nähen.

Als Heeressteuer stellt Rommersheim einen Wagen mit 4 Ochsen von Mai bis August [für Transporte im Kriegszug].

**Widrad ist einer von 30 hörigen Bauern des Dorfes.*

Q3 *Freiwillig in die Grundherrschaft?*

Königsboten berichten Karl dem Großen: Die ärmeren Freien beklagen sich: Wer einem Bischof, einem Abt oder Grafen (…) sein Eigentum nicht übertragen will, gegen den suchen sie Gelegenheiten, ihn zu verurteilen, oder sie lassen ihn ständig in den Heeresdienst gehen, bis ihnen dieser Arme sein Eigentum überträgt oder verkauft. Die anderen aber, die ihr Eigentum schon übergeben haben, können in Ruhe zu Hause sitzen bleiben.

D2 *Mittelalterliches Dorf mit Herrenhof und Bauernsiedlung:*
① Mühle des Grundherrn, ② Gärten, ③ Herrenhof, ④ Dorfkirche (der Pfarrer wurde vom Adligen ernannt), ⑤ Bauernhöfe der abhängigen Bauern, ⑥ Wald, ⑦ Bach, ⑧ Felder

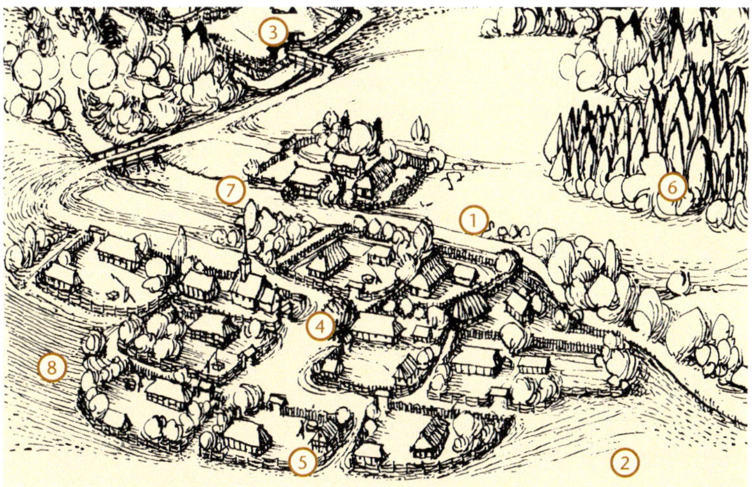

18 Im Bauerndorf

1 *Ein Dorf um 1100* (Rekonstruktionszeichnung)

Zeitreise multimedial Mittelalter/Frühe Neuzeit: Lebensformen – „Ein Dorf um 1100"

Dorf
Dörfer waren im Mittelalter kleinere unbefestigte Bauernsiedlungen. Haufendörfer entstanden mit unregelmäßig verlaufenden Gassen um einen Mittelpunkt (Kirche, Dorfplatz) herum. In Straßendörfern waren die Höfe regelmäßig entlang einer geraden Straße angelegt. Meist wurden sie von einem Dorfherrn geplant und gegründet.

Ein Bauerndorf sah vor 1000 Jahren ganz anders aus als heute: Die Höfe lagen verstreut, umgeben von dichten Wäldern und ausgedehnten Sümpfen. Mehrere strohgedeckte Fachwerk- und Holzhäuser, das Wohnhaus, Ställe und Schuppen, standen um einen Hof.
Die Häuser bestanden meist aus einem einzigen großen Wohnraum mit einem fest gestampften Fußboden. Um den Herdplatz spielte sich das tägliche Leben ab. In den dunklen, rauchigen Räumen schliefen die Menschen auf Strohsäcken. Die wenigen Möbel, Tische, Bänke und Kisten, waren einfach und selbst gefertigt. Oft schlossen sich an den Wohnraum die Ställe für die Tiere an.

Bauernalltag

Der Arbeitstag der Familie beginnt mit Sonnenaufgang. Zuerst wird das Vieh versorgt, bevor es aufs Feld geht. Aus dem Boden müssen mühsam Steine und die Wurzeln von abgeholzten Bäumen geholt werden. Erst dann kann der Bauer den Boden zu einem Acker umpflügen. Die meisten Bauern verwenden dafür einen Hakenpflug, der die Erde nur wenig aufreißt. Deshalb muss der Acker mehrmals kreuzweise gepflügt werden, bevor das Getreide mit der Hand ausgesät werden kann. Alle müssen mithelfen, auch die Kinder. Erst wenn es dunkel wird, kommt die Familie nach Hause.

Reiche Ernte?

Am Erntetag arbeiten Bauern gemeinsam in einem Flurstück. Mit Sicheln schneiden sie die Getreideähren ab und sammeln sie ein. Später dreschen sie das Getreide und lassen es in der herrschaftlichen Mühle mahlen. Der Ertrag ist gering: Von einem Sack ausgesätem Korn erntet man drei bis vier Säcke Korn. Davon muss je ein Zehntel an den Grundherrn und an die Kirche abgeführt werden; ein Sack wird für die nächste Aussaat gelagert. Der Rest muss für ein Jahr die Familie und ihr Gesinde ernähren. Hagel und Frost gefährden allerdings jede Ernte.

Vom Alltag der Frauen

Auch die Frauen und Mädchen haben ihre festen Aufgaben. Schon mit 16 Jahren sind die meisten verheiratet. Zehn Schwangerschaften sind keine Seltenheit, doch oft kommen die Kinder tot zur Welt oder die Frauen sterben bei der Geburt. Die Bäuerin kümmert sich um das Obst und Gemüse im Garten, versorgt Gänse, Enten, Hühner, verarbeitet Milch zu Käse und Butter und arbeitet auf dem Feld mit. Aus grobem Tuch und Leinen näht sie Kleider, die viele Jahre halten müssen. Wichtig ist, dass sie die Vorräte überwacht, damit die Familie bis zur nächsten Ernte genug zu essen hat.

Angst vor bösen Mächten

Oft glauben die Menschen auf dem Land an böse Mächte in der Natur. An der Kirche und an Häuserwänden sollen Pferdeköpfe, Hufeisen oder schreckliche Fratzen böse Geister abwehren. Bittprozessionen sollen Seuchen und schlechtes Wetter verhindern, denn hinter solchem Unheil vermuten die Bauern bösen Zauber von Geistern und Hexen.

1 *Verfasse mithilfe des VT und der Materialien einen Bericht, wie ein Tag im Leben eines Kindes oder Jugendlichen in einem mittelalterlichen Dorf verlaufen sein könnte.*

2 *Zeige auf, inwiefern die Bauernfamilien abhängig von der Natur waren (VT, Q3).*

Q 1 *Bauernhochzeit (Malerei aus dem 15. Jahrhundert):* Angst gehört zwar zum Alltag im Dorf, dafür feiert man umso ausgelassener die Feste: kirchliche Feiertage, aber auch Familienfeste wie Taufe und Hochzeit. Den Höhepunkt bildet das mehrtägige Kirchweihfest mit einem Jahrmarkt, üppigem Festessen und Tanz.

Q 2 *Arbeiten am Sonntag. Das Sonntagsgesetz Karls des Großen von 789 verbot folgende Arbeiten an Sonntagen:*

(…) dass die Männer weder Feldarbeiten verrichten, noch im Weinberg sich beschäftigen, noch auf den Feldern pflügen, mähen oder Holz schneiden oder einen Zaun errichten, noch in den Wäldern roden oder Bäume fällen oder im Felsgestein arbeiten, noch in Gerichtsversammlungen zusammenkommen, noch die Jagd ausüben dürfen. Und nur in drei Fällen darf man am Sonntag Transporte durchführen, nämlich im Kriegsfalle, oder für die Herbeischaffungen von Lebensmitteln, oder, wenn es sehr nötig sein sollte, für die Bestattung eines Toten. Ebenso sollen die Frauen nicht weben, Kleider weder auftrennen noch nähen oder Strickereien anfertigen. Auch haben sie keine Erlaubnis, Wolle zu rupfen, Flachs zu schlagen, Kleidungsstücke öffentlich zu waschen und Hammel zu scheren, damit auf jeder Weise die Ruhe des Sonntags gewahrt werde.

Q 3 *unten: Der bäuerliche Jahresablauf* (aus einer Handschrift um das Jahr 818). Es handelt sich um die ältesten Bilder von Bauern im Mittelalter. – Ordne die dargestellten Tätigkeiten den verschiedenen Monaten zu (November und Dezember sind zusammengefasst, rätselhaft erscheint die Figur für den Monat März): am Feuer wärmen – Heuernte (Winterfutter) – Falkenjagd – Pflügen – Getreideernte (Sommergetreide) – Weinernte – Schweineschlachtung und Eichelmast – Aussaat des Wintergetreides.

19 Das Leben auf dem Land ändert sich

Q 1 *Bauer beim Pflügen* (Ausschnitt aus einem Monatsbild, 1416). Der Bauer verwendet den neuen Räderpflug, der die abgetrennten Erdschollen gleichzeitig umwendet.

D 1 *Noch mehr Erfindungen*

Ein neues Pferdegeschirr: Statt Leinen, die den Pferden den Hals zuschnürten, legte man ihnen das Kummet um, einen „gepolsterten Kragen".

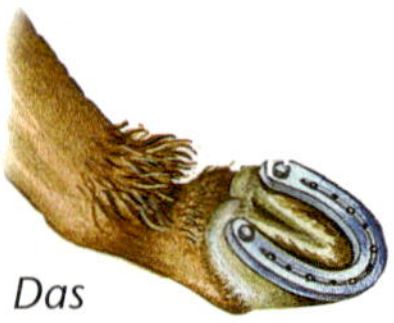

Das Hufeisen: Die Pferde hielten noch länger durch, wenn man ihre Hufe mit Eisenbeschlägen gegen Verletzungen durch Steine schützte.

Die Sense: Mit der Sense brauchten die Bäuerin und der Bauer sich nicht mehr so tief zu bücken.

Mehr Land für mehr Menschen

In den Jahren 800 bis 1200 wuchs die Bevölkerung merklich an. Es wurde immer schwieriger, alle Menschen zu ernähren, denn es fehlte an Weide- und Ackerland. Deshalb begannen die Bauern, Wald zu roden. Die Bäume wurden niedergebrannt und die Baumstümpfe aus dem Boden gerissen. Anschließend pflügten die Bauern das neu gewonnene Land und bereiteten die Saat vor. Zuerst rodeten die Bauern nur den Wald in der Nähe ihrer Höfe. Später verließen einige Bauernfamilien ihre Dörfer und legten neue Siedlungen in den Wäldern der Mittelgebirge an. Ortsnamen auf -rode, -rade, -reuth oder -brand deuten noch auf diese Zeit hin.

Erfindungen in der Landwirtschaft

Weil immer mehr Menschen ernährt werden mussten, suchten die Bauern nach Wegen, wie sie ihre Ernteerträge steigern konnten. Bisher hatten die Bauern ihr Ackerland in zwei Teile aufgeteilt. Ein Teil wurde bestellt, der andere lag brach und wurde als Viehweide genutzt und so gleichzeitig gedüngt. Im folgenden Jahr war es umgekehrt. Jetzt setzte sich allmählich eine neue Anbauweise durch – die Dreifelderwirtschaft, die viel mehr Ernte einbrachte. In der gleichen Zeit entwickelten die Bauern auch immer bessere Geräte, mit denen sie ihre Erträge steigern und die schwere Feldarbeit erleichtern konnten.

Das Dorf wird eine Gemeinde

Bisher hatten die Bauerndörfer aus vier oder fünf Höfen bestanden. Doch mit der Zeit wuchsen die Dörfer auf bis zu fünfzehn oder mehr Höfe an. Viel mehr Menschen lebten nun zusammen und es gab viele Dinge zu regeln. Mindestens einmal im Jahr tagte die Gemeindeversammlung. Hier wurden der Dorfschulze und die Bauernmeister gewählt. Sie achteten darauf, dass die gemeinsamen Beschlüsse eingehalten wurden, verwalteten die Gemeindekasse und schlichteten Streitigkeiten. Die Dorfordnung hielt die Termine für das Pflügen, Säen und Ernten fest, aber auch, welche Straßen und Wege gebaut werden sollten oder welche Strafen auf Raub oder Diebstahl standen.

Im Dorf gab es außerdem einige Einrichtungen, die der Gemeinde gehörten und die alle Dorfbewohner nutzen durften: die Mühle, der Backofen und das Waschhaus, manchmal auch eine Badestube oder ein Wirtshaus. Hinzu kam die Allmende. Das waren Wald, Wiesen, Flüsse und Seen, wo alle Dorfbewohner Holz schlagen, fischen und ihr Vieh weiden lassen konnten.

Wie frei die Dorfbewohner ihre Angelegenheiten selbst regeln konnten, hing allerdings von ihrem Grundherrn ab. Lag das Dorf weit entfernt, war es für eine Gemeinde leichter, sich selbst zu verwalten, als wenn sie direkt bei der Burg des Grundherrn lebte.

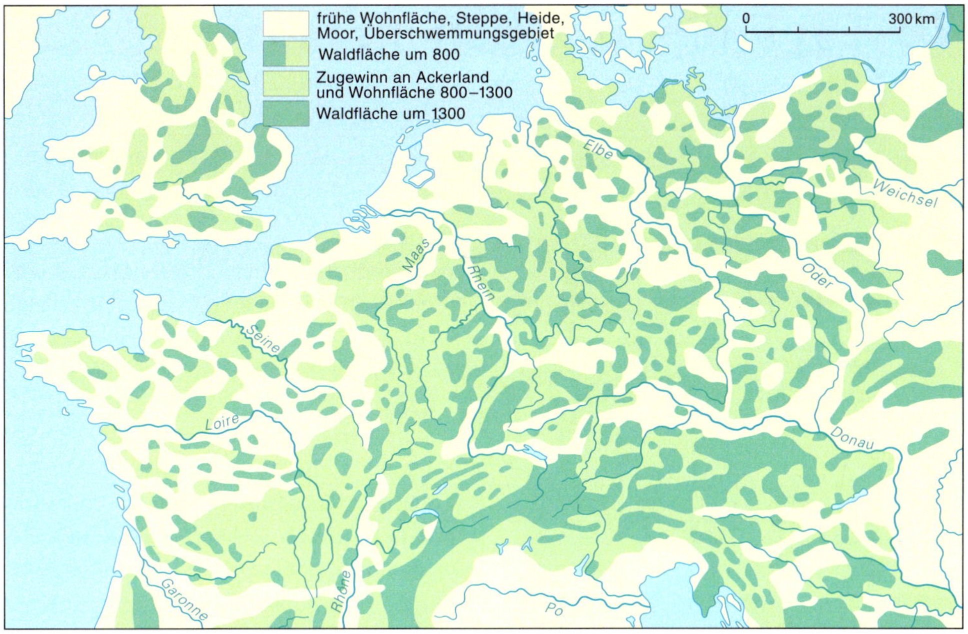

D4 *Verbreitung des Waldes um 800 und um 1300.* Vor 1000 Jahren gab es zwischen Nordsee und Alpen fast nur Wald, keine Städte, kaum Dörfer. Bauernhöfe lagen wie Inseln im riesigen Waldmeer. Die meisten Menschen bewohnten die fruchtbaren Böden am Rand der Mittelgebirge und entlang der großen Flüsse. Heute leben in demselben Gebiet mehr als hundertmal so viel Menschen.

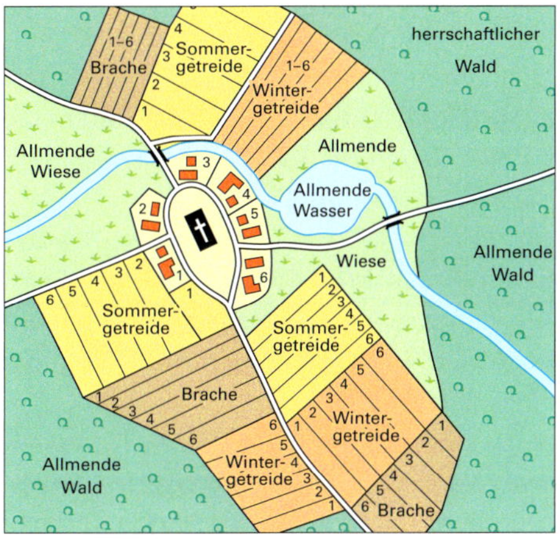

D2 *links: Dreifelderwirtschaft.* Die Karte zeigt, wie die Flur eines Dorfes nach dem Grundsatz der Dreifelderwirtschaft aufgeteilt wurde. – Erläutere dies, indem du auch D3 zur Hilfe nimmst.

D3 *unten: Die neue Anbauweise der Dreifelderwirtschaft löste die Feldgraswirtschaft, den jährlichen Wechsel von Feldbau und Brache, ab.* Wintergetreide (Dinkel, Roggen) wurde im Herbst, Sommergetreide (Hafer, Weizen, Gerste) im Frühjahr ausgesät. Während der Brache erholte sich der Boden, das weidende Vieh düngte ihn.

1. *Beschreibe die neuen Techniken und Anbauweisen in der Landwirtschaft und erläutere ihre Auswirkungen (Q1, D1, D2, D3). Welche Veränderungen im bäuerlichen Leben hatten sie zur Folge?*
2. *Stelle dir vor: Du kommst in ein rückständiges Dorf und willst die Bauern dort von den Vorteilen der Dreifelderwirtschaft überzeugen. Was erklärst du ihnen?*

20 Ein anderes Leben im Kloster

1 *Zisterziensermönche* (Buchmalerei aus dem 13. Jahrhundert). Der 1098 gegründete Orden legte seine Klöster in einsamen und unwirtlichen Gegenden an.

Zeitreise multimedial Mittelalter/Frühe Neuzeit: Lebensformen – „Leben im Kloster"

Kloster
Anlage aus einer Kirche, Wohn- und Wirtschaftsgebäuden. Hier lebten und leben die Mönche und Nonnen nach festen Regeln. Geleitet wird ein Kloster von einem Abt bzw. einer Äbtissin.

Ein Leben für Gott

Vor 1500 Jahren gründete Benedikt von Nursia in Süditalien ein Kloster. Er und seine Glaubensbrüder wollten hier, ungestört von anderen Menschen, Gott dienen. „Ora et labora – bete und arbeite", lautete die Regel. Die Mönche verpflichteten sich, auf Besitz zu verzichten, nicht zu heiraten und anderen Menschen Gutes zu tun.
Nach dem Vorbild der Benediktiner entstanden in Europa viele Klöster. Auch Frauen gründeten Klöster und lebten als Nonnen nach den gleichen Regeln wie die Mönche.

Ein Leben in Armut?

Das fromme Leben der Nonnen und Mönche beeindruckte viele Menschen. Reiche Männer und Frauen schenkten den Klöstern Land und manchmal auch Geld. Als Gegenleistung sollten die Nonnen und Mönche für sie beten. So kam es, dass viele Klöster reich wurden.
Manche Mönche und Nonnen lebten bald nicht mehr nach den strengen Regeln des heiligen Benedikt. Sie aßen und tranken viel, bauten prunkvolle Kirchen und benahmen sich wie vornehme Damen und Herren. Deswegen zogen diejenigen Mönche und Nonnen aus ihren Klöstern fort, die wieder nach den alten Regeln in Armut leben wollten. Sie gründeten an anderen Orten neue Klöster und gaben ihren Gemeinschaften neue Namen.

Ein strenger Tagesablauf

Der elfjährige Claudio ist vor einem Jahr ins Kloster gekommen. Nicht, weil er unbedingt Mönch werden wollte, sondern weil sein Vater, ein Graf, ihn so gut versorgt wusste. Als Jüngster von sechs Söhnen konnte Claudio nämlich kaum noch etwas erben. An vieles im Kloster kann sich Claudio nur schwer gewöhnen: Nachts um zwei Uhr ruft die Glocke zum Gebet. Die Mönche stehen vom Nachtlager im Schlafsaal auf und gehen durch den Kreuzgang in die Kirche. Gegen die Kälte zieht sich Claudio die Kapuze weit ins Gesicht.
Um sechs Uhr ist Tagesbeginn. Wieder nehmen alle im Chorgestühl Platz. Beim Morgengesang antwortet der Chor dem Vorsänger. Ein Mönch überprüft, dass nicht einer der Brüder schläft.
Nach der Morgenmesse folgt im Kapitelsaal, wo sich alle versammeln, eine Belehrung über das Klosterleben. Junge Mönche wie Claudio können ein kleines Frühstück einnehmen. Dann beginnt die Arbeitszeit: In der beheizten Schreibstube sitzen Mönche am Schreibpult und schreiben kostbare Bücher ab. Andere unterrichten Schüler, lesen in der Bibel und in wissenschaftlichen Büchern. Manche Brüder arbeiten im Garten oder auf den Feldern. Das Mittagessen, die erste Mahlzeit, besteht aus Fisch und Bohnen; Fleisch gibt es in strengen Klöstern nicht. Am Nachmittag geht die Arbeitszeit weiter, wieder unterbrochen von zweimaligem Chorgebet. Nach dem Abendessen gehen die Mönche noch einmal zum Abendgebet in die Kirche. Meist haben die Mönche den Tag schweigend verbracht.

Q 2 *Aus den Klosterregeln des Benedikt von Nursia, 6. Jahrhundert:*

4. Das sind die Werkzeuge der guten Werke: Den Leib züchtigen, der Sinneslust nicht nachgeben, das Fasten lieben! Arme erquicken, Nackte bekleiden, Kranke besuchen, Tote begraben, in der Trübsal zu Hilfe eilen, Trauernde trösten! (...)

5. Gehorsam ohne Zögern ist der vorzüglichste Grad der Demut. Wer den Oberen gehorcht, gehorcht Gott (...)

48. Müßiggang ist ein Feind der Seele. Deshalb müssen sich die Brüder zu bestimmten Zeiten der Handarbeit und zu bestimmten Zeiten wiederum der Lesung göttlicher Dinge widmen.

66. Wenn möglich, soll das Kloster so angelegt sein, dass alles Notwendige, das heißt Wasser, Mühle, Garten und Werkstätten (...) sich innerhalb der Klostermauern befinden.

Q 4 *Das Kloster Maulbronn,* das zwischen Stuttgart und Karlsruhe liegt, wurde von den Zisterziensern im 12. Jahrhundert gegründet. Es ist wie eine kleine Stadt aufgebaut: ① Klostertor, ② Herberge, ③ Wagnerei, ④ Schmiede, ⑤ Ställe, ⑥ Mühle, ⑦ Bäckerei, ⑧ Kornspeicher, ⑨ Pferdestall, ⑩ Küferei, ⑪ Vorrats- und Kelterhaus, ⑫ Verwaltung, ⑬ Haus für Knechte und Mägde, ⑭ Kirche, ⑮ Kreuzgang, ⑯ Brunnen, ⑰ Speisesäle, ⑱ Schlafsaal, ⑲ Kapitelsaal. Dahinter lagen Schule, Krankenhaus und Friedhof.

Q 3 *Schulalltag in einem Benediktinerkloster um 1000. Der Abt Aelfric unterhält sich mit seinen Schülern:*

Lehrer: Was hast du Schüler zu tun?

Schüler: Ich habe das Gelübde des Mönchs abgelegt und singe jeden Tag die sieben Stundengebete zusammen mit den Brüdern und beschäftige mich mit Singen und Lesen. Zwischendurch aber möchte ich lernen die lateinische Sprache zu sprechen.

Lehrer: Was isst du den Tag über?

Schüler: Ich esse noch Fleisch, weil ich zur Schule gehe.

Lehrer: Was isst du außerdem?

Schüler: Kohl und Eier, Fisch und Käse, Butter und Bohnen.

Lehrer: Was trinkst du?

Schüler: Bier, wenn ich es habe, oder Wasser.

Lehrer: Wo schläfst du?

Schüler: Im Schlafsaal mit den Brüdern.

Lehrer: Wer weckt dich zum Gebet um 2 Uhr nachts?

Schüler: Manchmal höre ich das Zeichen und stehe auf; manchmal weckt mich mein Lehrer unsanft mit dem Stock.

Q 5 *Schreibender Mönch* (Buchmalerei aus dem 12. Jahrhundert).

1. *Erstelle den Tagesplan eines Mönches (VT, Q3). Was findest du besonders hart?*
2. *Bestimme die Tätigkeiten der Mönche (VT, Q1, Q2, Q5).*
3. *Obwohl die Mönche arm leben sollten, wurden die Klöster reich. Erkläre dies (VT, Q4).*
4. *Aus welchem Grund wurden Adelstöchter und -söhne wie Claudio ins Kloster gegeben?*

21 Projekt
Gutes aus der Klosterküche

„Col ris“
Pudding aus Pfannkuchen und Semmelwürfeln (modernisiertes Rezept für 9 Personen).

Pfannkuchen:
100g Mehl, 1/4 l Milch, 2 Eier, 1 Prise Salz, etwas Butter zum Ausbacken

Eiermilch:
6 Eigelb, 2 Esslöffel Honig,
2 Esslöffel Schmalz, 2 Becher Sahne,
1 Brötchen, etwas Salz

Zubereitung:
Die Milch langsam in das Mehl rühren, bis ein glatter Teig entsteht. Dann die zwei Eier und eine Prise Salz hinzufügen. Die Butter in einer Pfanne erhitzen, den Teig portionsweise einfüllen und die Pfannkuchen so dünn wie möglich backen. Die Pfannkuchen abkühlen lassen, zusammenfalten, in kleine Streifen schneiden und in eine Keramikform legen. Nun das Brötchen fein würfeln und auf die Pfannkuchenstreifen legen. Sahne, Milch und Honig mit der Prise Salz und dem zerlassenen Schmalz verquirlen. Diese Flüssigkeit in die Form über die Pfannkuchenstreifen gießen.Die Form abdecken und den Pudding im Wasserbad etwa 40–50 Minuten garen – der „Col ris“ ist fertig. Mit frischen Früchten kann der Pudding noch verfeinert werden.

Essen und Trinken im Kloster
Befolgten die Nonnen und Mönche die Speisevorschriften im Kloster, ist es eher ärmlich zugegangen. Das einfache Essen bestand aus: Schwarzbrot, Brei, etwas Gemüsesuppe und Bier. Gewürzt wurde das Essen mit Salz und Kräutern aus dem eigenen Klostergarten. Weißbrot durfte nur an Feiertagen gegessen werden. Käse, Milch und Butter kamen nur selten auf den Tisch.
Jedoch wissen wir aus einigen Chroniken – das sind Aufzeichnungen, in denen die Geschichte der einzelnen Klöster niedergeschrieben wurde –, dass sich nicht alle Ordensschwestern und -brüder immer an die ärmlichen Speisevorschriften hielten. Wie ein „gutes Mahl“ aussah, kann man dem Rezept links entnehmen, das aus einem Kochbuch aus dem 14. Jahrhundert stammt. Ihr könnt das mittelalterliche Essen auch heute noch zubereiten.

So oder ähnlich könnte ein gedeckter Tisch im Mittelalter ausgesehen haben.

Gebackene Zwiebeln

Zutaten:
600 g Zwiebeln, 40 g Butter oder Schmalz, 1 Esslöffel Honig, 1/8 l Wasser oder Brühe, Salz, 4 Esslöffel süße Sahne, 2 Esslöffel gehackte Kräuter

Zubereitung:
Die Zwiebeln schälen und in gut 1 cm dicke Scheiben schneiden. Das Fett zerlassen, den Honig darin auflösen und die Zwiebelscheiben zugeben. Kurz anbraten, Wasser oder Brühe hinzugießen und 20–30 Minuten schmoren lassen. Salzen, mit der Sahne binden und mit den Kräutern abschmecken.

Steynbrot (Fladenbrot)

Zutaten (ausreichend für 10 bis 12 Fladen):
150 g Weizenmehl, 350 g Roggenmehl, 250 g Sauerteig (fertig vom Bäcker gekauft oder selbst gemacht), 1 Päckchen Trockenhefe oder 1 Würfel Hefe, 1 Esslöffel Salz, ca. 1/2 l lauwarmes Wasser (30 °C), 1 Teelöffel gemahlener Fenchel, 1 Teelöffel gemahlener Koriander, Fett für das Backblech, Mehl zum Bestäuben

Zubereitung:
Das gemischte Mehl wird in eine Rührschüssel gesiebt und in die Mitte eine Vertiefung eingedrückt. In die Vertiefung den Sauerteig und die nach Anweisung aufgelöste Hefe geben. Alle Zutaten werden mit etwas Mehl verrührt. Den Vorteig 30 Minuten zugedeckt an einem warmen Ort ruhen lassen. Anschließend salzen und mit dem restlichen Mehl kneten. Dabei nach und nach das Wasser zufügen und so lange den Teig bearbeiten, bis er weich und geschmeidig ist. Der Teig darf an den Fingern nicht mehr kleben. Die Gewürze unter den Teig mischen und 2 Stunden lang bei ca. 30 °C zugedeckt an einem warmen Ort gehen lassen. Den Teig nochmals kräftig durchkneten und 10 bis 12 Fladen (ca. 20 cm Durchmesser) formen. Auf ein gefettetes und bemehltes Backblech legen, den Teig fein bemehlen und mit einer Gabel mehrmals einstechen. Im vorgeheizten Backofen (Elektro 225 °C, Gas Stufe 4) ca. 30 Minuten ausbacken. Die Fladen sind gar, wenn sie beim Beklopfen der Unterseite hohl klingen. Anschließend werden sie herausgenommen und abgekühlt.

Brotsuppe

Zutaten:
1 Schwarz- oder Weißbrot, 1 1/2 l Wasser, Bratfett, 5–6 Teelöffel pulverisierte Fleisch- oder Gemüsebrühe, 100 g Hartkäse, Salz, Safran, Pfeffer, Küchenkräuter nach Wahl (Schnittlauch, Majoran, Petersilie, Dill)

Zubereitung:
Fett in einem Topf erhitzen. Das Brot zerbröseln und in den Topf geben. Die Brösel kurz anbraten. Die Brühe in kochendem Wasser auflösen, sie zum gerösteten Brot geben und aufkochen. Kurz bevor das Brot völlig zerkocht ist, gibt man den geriebenen Hartkäse dazu.

22 Auf der Burg

Hohe Mauern und Zinnen

Zwischen dem 10. und dem 14. Jahrhundert wurden überall im deutschsprachigen Raum Burgen erbaut. Zuerst waren das nur einfache Herrenhöfe, die mit hohen Holzzäunen und Erdwällen geschützt waren. Ab dem 11. Jahrhundert wurden dann richtige Burgen mit dicken, standfesten Steinmauern errichtet. Damit sie vor Feinden gut geschützt war, musste eine Burg an einem Ort liegen, der von Natur aus schwer zugänglich war: auf einem Berg, auf einer kleinen Insel oder auf einer Landzunge.

Mit der Burg wollten die Adligen zunächst einmal allen ihre Macht zeigen. Die Burg war ihr Wohnsitz und bot den Burgbewohnern und allen Menschen in der Umgebung Schutz. Außerdem verwaltete der Burgherr von hier aus seinen Besitz. Die meisten Burgen lagen so, dass man von ihnen aus einen Handelsweg, ein Tal oder einen Fluss überblicken und beherrschen konnte.

Das Leben auf der Burg

Die Burg war eine kleine Stadt für sich mit Wohnräumen, Stallungen und Verteidigungsanlagen. Im Herrenhaus wohnte die Familie des Burgherrn. Hier befanden sich der Rittersaal, Palas genannt, und die Gemächer für die Frauen und Kinder. Die Knechte und Mägde wohnten in den Nebengebäuden. Sie arbeiteten in Haus und Hof und versorgten das Vieh, das in den Stallungen untergebracht war.

Die meiste Zeit im Jahr war es finster und kalt in den Räumen der Burg. Fackeln erzeugten ein düsteres Licht. Nur wenige Räume konnten beheizt werden. Auch die Wasserversorgung bereitete den Burgbewohnern häufig Sorgen. Das Wasser musste aus tiefen Brunnen mit einer Winde an die Oberfläche geholt werden.

Besonders hart waren die Winter. Oft waren die Burgbewohner durch Schnee und Eis von der Außenwelt abgeschnitten und froren. Verglaste Fenster gab es sehr selten. Und selbst Häute vor den Fensteröffnungen konnten die Feuchtigkeit und Kälte kaum abhalten.

Eine Burg wird belagert

Wenn es Krieg gab, suchten die Bauernfamilien mit ihrem Vieh Schutz auf der Burg. Jetzt war es wichtig, dass die Lebensmittel und besonders das Wasser für lange Zeit für viele Menschen reichte. Deshalb hatten viele Burgen große Speicher, Viehställe und einen tiefen Brunnen.

Oft wurde eine Burg monatelang belagert. Im Schutze der Zinnen und Schießscharten wehrten sich die Burgbewohner mit Pfeil und Bogen oder Armbrüsten. Auch Steine, heißes Wasser und Pech schütteten sie auf die Angreifer hinab. Aber spätestens wenn die Vorräte ausgingen und womöglich noch der Brunnen versiegte, sah es schlecht für die Menschen auf der Burg aus.

D **1** *Modell einer Motte.* Diese Frühform einer Ritterburg (11./12. Jahrhundert) bestand aus einer Vorburg und dem Wehrturm auf einem 5–10 Meter hohen Erdhügel.

① Zugbrücke ② Holzpalisaden ③ Ställe ④ Strohdach ⑤ Wirtschaftsgebäude ⑥ Innenhof ⑦ Holzbrücke auf Stützen ⑧ Hölzener Wehrgang ⑨ Schindeldach ⑩ Der Turm steht auf Holzpfälen. ⑪ Erdhügel oder Motte

Q1 *Ritterleben auf der Burg nach einer Beschreibung des Ritters Ulrich von Hutten aus dem Jahr 1518:*

Die uns ernähren, sind bettelarme Bauern, denen wir unsere Äcker, Weinberge, Wiesen und Wälder verpachten. Der einkommende Ertrag ist, gemessen an der aufgewandten Mühe, geringfügig. (…) Die Burg selbst, ob sie auf dem Berg oder in der Ebene liegt, ist nicht als angenehmer Aufenthalt, sondern als Festung gebaut. Sie ist von Mauern und Gräben umgeben, innen ist sie eng und durch Stallungen für Vieh und Pferde zusammengedrängt. Daneben liegen dunkle Kammern, vollgepropft mit Geschützen, Pech, Schwefel und sonstigem Zubehör für Waffen und Kriegsgerät. Überall stinkt es nach Schießpulver; und dann die Hunde und ihr Dreck, auch das – ich muss schon sagen – ein lieblicher Duft! Reiter kommen und gehen (…). Man hört das Blöken der Schafe, das Brüllen der Rinder, das Bellen der Hunde, die Rufe der auf dem Feld Arbeitenden, das Knarren der Fuhrwerke. Ja, sogar das Heulen der Wölfe hört man in unserem Haus, weil es nahe am Wald liegt.

Der ganze Tag bringt vom Morgen an Sorge und Plage, ständige Unruhe und dauernden Betrieb. Äcker müssen gepflügt und umgegraben werden, Weinberge müssen bestellt, Bäume gepflanzt, Wiesen bewässert werden; man muss eggen, säen, düngen, mähen und dreschen. (…) Wenn aber einmal ein schlechtes Ertragsjahr kommt, wie in dieser mageren Gegend meistens, dann haben wir fürchterliche Not und Armut.

Q3 *Belagerung einer Burg* (französische Buchmalerei, 15. Jahrhundert).

Q2 *unten: Die Marksburg bei Braubach am Rhein* aus dem 12. Jahrhundert.

① äußeres Tor mit Zugbrücke, Graben
② Wehrtürme
③ Burgmauern mit Wehrgang und Schießscharten, dahinter Zwinger
④ inneres Tor
⑤ Burgvogt-Turm
⑥ Herrenhaus (Palas)
⑦ oberstes Tor
⑧ Kapellenturm
⑨ Bergfried mit Verlies
⑩ Saalbau mit Rittersaal und Kemenate (Wohnraum der Damen), darunter die Küche
⑪ Brunnen

1 *Vergleiche die frühe Burgform mit einer späteren Burg (D1, Q2). Erkläre, worauf bei dem Bau einer Burg besonders geachtet wurde.*
2 *Die Menschen auf einer Burg bereiten sich auf eine Belagerung vor. Erstelle eine Liste, was sie alles beachten müssen.*
3 *Hättest du gerne auf einer Ritterburg gelebt? Begründe deine Meinung. Lies dazu auch Q1.*

23 Ritter, Knappen und Edelfrauen

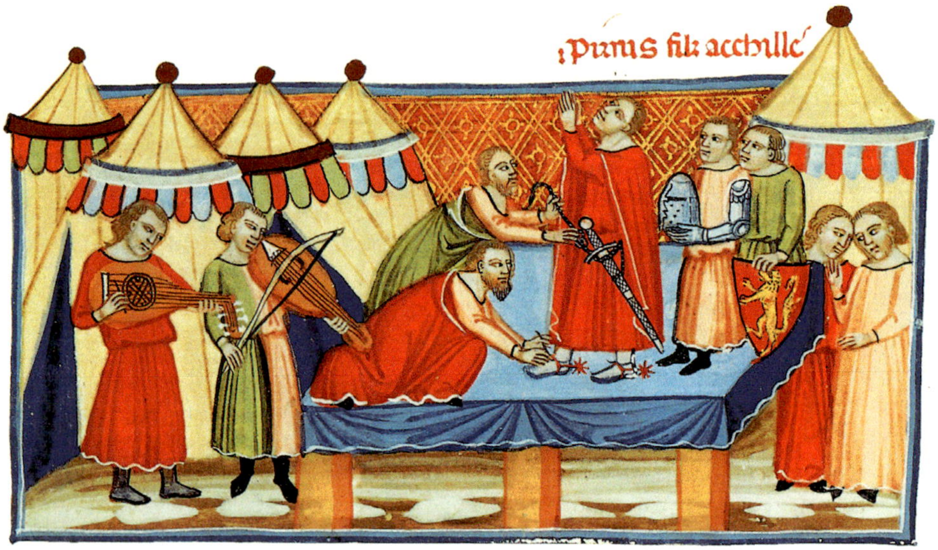

Q1 *„Schwertleite", ein Knappe wird Ritter.* Bei der Rittererhebung wurde ein Schwertsegen gesprochen: „Wir bitten dich, Herr, erhöre unsere Bitten und segne mit der Hand Deiner Majestät dieses Schwert, mit welchem sich Dein Diener zu umgürten wünscht. Segne es, damit es Verteidigung und Schutz für Kirchen, Witwen, Waisen und alle, die Gott dienen, gegen das Wüten der Heiden [Ungläubigen] sein könne. Allen, die ihnen nachstellen, möge es Furcht, Angst und Schrecken einflößen."

Das Leben als Ritter

Jeder Fürst oder König suchte sich aus seiner Grundherrschaft Männer aus, die ihm halfen, das Land zu beherrschen. Diese unfreien Dienstmannen dienten vor allem als Reiterkrieger. Der adlige Herr gab jedem Mann ein Gut mit Bauern, das er zu verwalten hatte. Von den Abgaben der Bauern ernährten sich die Krieger und bezahlten ihre teure Ausrüstung. Seit dem 12. Jahrhundert nannten sie sich „Ritter". Viele Ritter schafften es, unabhängig von ihrem Herrn zu werden. Manche bauten sich sogar eigene Burgen.

Die Ritter hatten ihrem Herrn treu zu dienen und tapfer im Krieg zu kämpfen. In Friedenszeiten hielten die Ritter Jagden und Turniere ab, um ihre Kraft und Geschicklichkeit zu trainieren. Gleichzeitig war ein Turnier auch immer ein großes Fest, das viele Menschen auf die Burg zog.

Zum Ritter geboren?

Sollte ein Junge zum Ritter erzogen werden, wurde er mit sieben Jahren auf die Burg eines anderen Ritters, meist eines Onkels oder eines Freundes, gegeben. Dort lernte er als erstes Manieren, Reiten, Schwimmen und Fechten, aber auch Singen, Tanzen und Schachspielen. Mit seinem 14. Geburtstag wurde der Junge dann zum Knappen. Nun diente er dem Burgherrn, trug ihm das Schwert und den Schild, bediente ihn bei Tisch, begleitete ihn zu Turnieren und zog mit ihm in den Krieg. Wenn er seine Sache gut machte, wurde er einige Jahre später feierlich in den Ritterstand aufgenommen.

Mädchen am Hof

Die adligen Mädchen lernten vor allem, wie sie sich als Dame zu verhalten hatten: keine langen schnellen Schritte machen, den Blick senken, wenn sie einem hohen Herrn begegneten, und keinen fremden Mann anreden. Um ihre Gäste zu unterhalten, lernten sie auch Singen, ein Musikinstrument zu spielen, Schach und andere Gesellschaftsspiele. Hinzu kam Unterricht im Lesen, Schreiben und Rechnen, denn eine Burgherrin musste die Ländereien allein verwalten können, wenn ihr Mann in den Krieg zog. Auch wurden junge Frauen in die Heilkunst eingewiesen, so dass sie Kräuter bestimmen, Salben herstellen und Kranke pflegen konnten. Oft waren die jungen Frauen viel gebildeter als ihre Ehemänner. Geheiratet wurde übrigens früh: Schon mit dreizehn waren viele Mädchen Ehefrauen.

Q 2 *Szenen aus dem Ritterleben zeigen diese Buchmalereien (Manessische Liederhandschrift, 14. Jahrhundert);* links: Der Ritter Walter von Klingen besiegt einen Gegner im Turnier; rechts: Der Markgraf von Brandenburg und seine Frau beim Schachspiel.

Q 3 *Benimmregeln auf der Burg. Aus „Tanhusers Hofzucht", um 1250:*

Wenn ihr euch zum Essen setzt, so sollt ihr sprechen: „Segne es uns Jesus Christus!" Gedenket Gott zu allen Zeiten und vergesst beim Essen nicht die Armen und Waisen. Kein edler Mann soll aus dem Schöpflöffel trinken noch aus Schüsseln. Auch soll sich niemand während des Essens über die Schüsseln legen und dabei schnaufen und schmatzen. Gar mancher beißt von seinem Brotstück ab und taucht es dann wieder nach bäurischer Sitte in die Schüssel, ja mancher legt den Knochen, den er benagt hat, wieder in die Schüssel. (…)

Niemand esse, wenn er den Mund noch voll hat; mancher bläst auch in den Trank, doch sollte man solchen Mangels an Zucht frei sein. (…) Ehe man trinkt, wische man den Mund ab, damit nicht Fett an den Trank komme. (…) Man stochere nicht mit den Messern in den Zähnen herum und schiebe nicht die Speise mit den Fingern auf den Löffel. (…) Man rede nicht mit vollem Mund, esse nicht so gierig, dass man sich in die Finger beißt. Vor dem Essen aber wasche jeder seine Hände.

Q 4 *Bericht von einem Turnier aus dem 13. Jahrhundert:*

Als am Montag die Sonne aufging, wurde die Messe abgehalten. Dann drängte sich in den Straßen die Schar der Knechte (…). Hell erklang der Ruf der Herolde durch die Stadt: „Ziehet aus, ihr edlen Ritter, ziehet aus mit frohem Mute! Denn die Boten der Frauen nehmen euch wahr. Ziehet hinaus aufs Feld mit Freuden, wo der Preis liegt für die um Minne Werbenden!" (…) Erst am Abend endete das Turnier. Nun badeten die Ritter. Mancher war erschöpft; den einen verband man, einem anderen legte man Salben auf, mancher schlief wie tot. (…) Am anderen Tag mussten die, welche in Gefangenschaft gefallen waren, zu den Juden gehen, um gegen hohe Pfänder Geld zu ihrer Auslösung zu erhalten. Wer aber etwas gewonnen hatte, war frohen Mutes.

1. *Prüfe, ob Söhne von Rittern auch gleich Ritter waren (VT).*
2. *Vervollständige: Zu einem Leben als Ritter gehörte … (VT, Q1, Q2, Q4).*
3. *Vergleiche, wie Knappen und wie Edelfräulein erzogen wurden. Welche Fertigkeiten mussten sie beherrschen? (VT, Q2, Q3)*

24 Städte entstehen und wachsen

Stadt
Im Gegensatz zum Dorf ist dies eine größere Siedlung von Händlern und Handwerkern, die für die umliegenden Dörfer einen Mittelpunkt darstellt. Im Mittelalter besaßen die Städte eigene Stadtrechte. Sie hielten Märkte ab, prägten Münzen und errichteten eine Stadtmauer.

Zeitreise multimedial Mittelalter/Frühe Neuzeit: Lebensformen – „Städte entstehen"

Städteboom

Um das Jahr 1000 lebten die meisten Menschen in kleinen Dörfern auf dem Land. Doch ab dem 11. Jahrhundert entstanden in Mitteleuropa fast explosionsartig viele Städte, die schnell wuchsen. Bis 1400 waren es rund 4000, das sind ungefähr so viele Städte, wie es heute gibt. Wie kam es zu diesem „Städteboom"?

Zum einen war die Bevölkerung insgesamt gewachsen, denn die Bauern konnten immer mehr Menschen mit Nahrungsmitteln versorgen. Zum anderen wurden durch die verbesserten Geräte und Arbeitsweisen weniger Menschen für die Feldarbeit benötigt. So fanden manche Bauern auf dem Land kein Auskommen mehr. Sie zogen deshalb mit ihren Familien in die Städte, um dort als Handwerker ein neues Einkommen zu gewinnen.

Q1 *Überlingen im Jahr 1630* (Kupferstich des Schweizer Künstlers Matthias Merian d. Ä.)

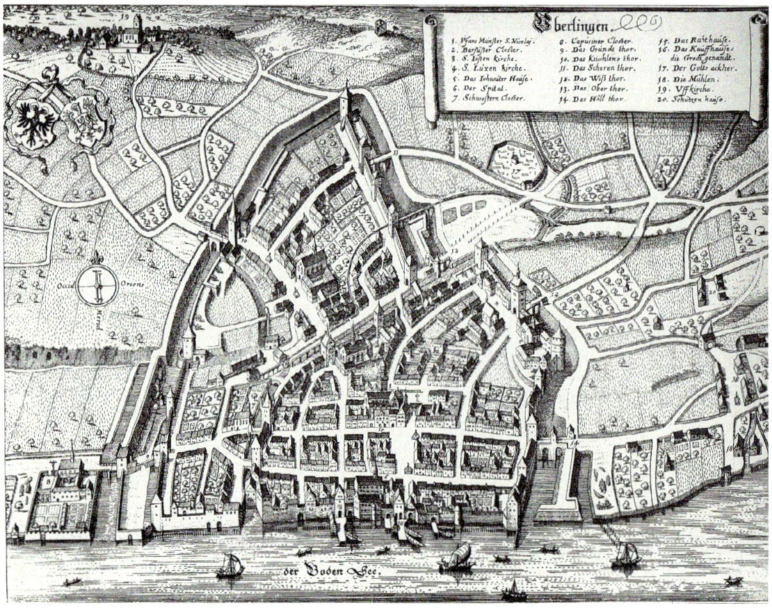

„Stadtluft macht frei"

Auf dem Land lebten die meisten Menschen als unfreie Bauern. Die Leute in einer Stadt dagegen waren frei. Jeder konnte Eigentum erwerben, niemand musste Frondienste leisten. Viele Menschen flohen daher aus der Grundherrschaft in die nächste Stadt, um hier ein neues Leben zu beginnen. Doch ganz leicht war die Flucht nicht. Erst wenn ein Bauer ein Jahr und einen Tag in der Stadt lebte, ohne dass sein Grundherr ihn zurückgeholt hatte, war er ein freier Mann.

Von der Marktsiedlung ...

Es war kein Zufall, an welchen Orten Städte entstanden. Handwerker und Kaufleute siedelten sich vor allem in der Nähe von Burgen, Klöstern und Bischofssitzen an. Denn hier wurden geschickte Handwerker benötigt und Händler fanden Käufer für ihre Waren. Auch an Pilgerstraßen, an Kreuzungen wichtiger Handelswege, an seichten Flussstellen („Furten") und Häfen siedelten sich Menschen an. Dies waren günstige Orte, um Waren an durchreisende Kaufleute, adlige Herrschaften oder an die Bäuerinnen und Bauern der Umgebung zu verkaufen.

... zur Stadt

Die Bewohner der Marktsiedlungen waren vielen Gefahren ausgesetzt. Am größten war die Angst vor plündernden Kriegern, Räubern und Dieben. Deshalb suchten die Bewohner den Schutz von Königen, Fürsten, Bischöfen und Äbten. Der wurde ihnen gern gewährt, denn die Schutzherren erhielten dafür Steuergelder von den Städten. Stolz waren die Stadtbewohner, wenn ihnen vom Landesherrn das Stadtrecht verliehen wurde. Dann bauten sie sich auf dem Marktplatz ein Rathaus und eine Kirche. Um ihre Häuser errichteten die Bewohner eine hohe Stadtmauer mit Wehrtürmen und bewachten Stadttoren.

Q 2 *Die Gründungsurkunde von Freiburg im Breisgau wurde zum Vorbild für viele Städte im 12. Jahrhundert:*

Es sei den lebenden und zukünftigen Geschlechtern bekannt, dass ich, Konrad (Herzog von Zähringen), auf meinem Besitz einen Markt eingerichtet habe im Jahre des Herrn 1120. Nachdem ich Kaufleute der Umgebung zusammengerufen habe, habe ich beschlossen, diesen Markt zu gründen und einzurichten. Jedem Kaufmann habe ich ein Grundstück zum Bau eines eigenen Hauses gegeben und bestimmt, dass von jedem dieser Hausgrundstücke jährlich am Martinstag mir und meinen Nachfolgern ein Schilling Zins gezahlt werden soll. (...)

Ich verspreche all jenen, die zu meinem Markt kommen, Frieden und Schutz. Wenn einer in diesem Bereich beraubt wird und er nennt den Räuber, soll er den Schaden ersetzt bekommen. (...)

Allen Kaufleuten der Stadt erlasse ich den Zoll.

Meinen Bürgern will ich keinen anderen Vogt (Vertreter des Herzogs in der Stadt) oder Priester geben außer dem, welchen sie selbst gewählt haben.

Wenn ein Streit oder Rechtsfall entsteht, soll nicht von mir oder meinen Richtern darüber entschieden werden, sondern nach Gewohnheit und Recht aller Kaufleute, wie sie besonders in Köln geübt werden. (...)

Jede Frau wird dem Mann gleichgesetzt und umgekehrt. (...)

Jeder, der in diese Stadt kommt, darf sich hier frei niederlassen, wenn es nicht der Leibeigene irgendeines Herrn ist und diesen auch anerkennt als seinen Herrn. (...) Wenn aber ein Leibeigener seinen Herrn verleugnet, kann der Herr mit sieben Zeugen beweisen, dass der Leibeigene ihm gehört. Dann soll der Leibeigene ihm gehorchen. Wer aber über Jahr und Tag in der Stadt gewohnt hat, ohne dass irgendein Herr ihn als seinen Leibeigenen gefordert hat, der genieße von da an sicher die Freiheit.

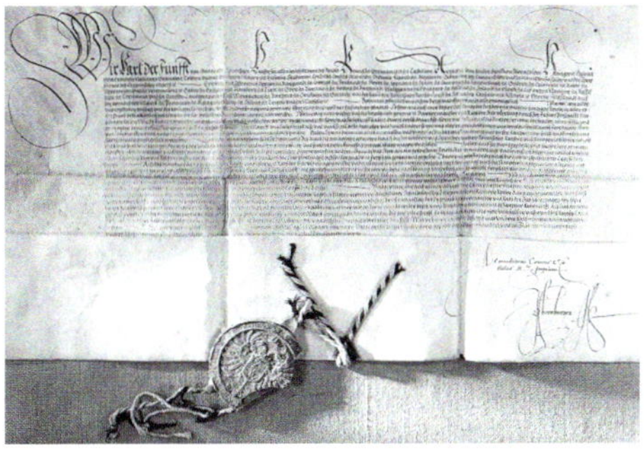

Q 3 *Die Urkunde Kaiser Karls V.* aus dem Jahr 1547, mit welcher der Kaiser der Stadt Überlingen das Marktrecht erteilte. Darin heißt es: „Wir, Karl V., von Gottes Gnaden römischer Kaiser, bekennen öffentlich mit diesem Brief und tun kund, dass ohne Wissen und Willen des Bürgermeisters und des Rats der Stadt Überlingen im Umkreis von zwei Meilen keine neuen Märkte, Korn- noch Salzkäufe abgehalten werden dürfen."

1 Erkläre anhand des VT, wo und warum im Mittelalter Städte entstanden.

2 Erläutere anhand des Grundrissplanes D1 die Entstehung und Entwicklung der Stadt Überlingen.

D 1 *Die Entwicklung der Stadt Überlingen am Bodensee:* Die drei Grafiken zeigen die Entwicklung von 800 bis etwa um das Jahr 1500. Die Lage Überlingens an der schmalsten Stelle des Bodensees begünstigte die Entwicklung der Siedlung. Auf mehreren Straßen zur Fährstelle lieferten Bauern Getreide aus dem Hinterland in das städtische Lagerhaus. Von hier verkauften es Überlinger Händler über den See in getreidearme Gebiete wie die nördliche Schweiz und Vorarlberg. Ein weiteres wichtiges Handelsgut war der Überlinger Wein; auch mit Salz wurde gehandelt.

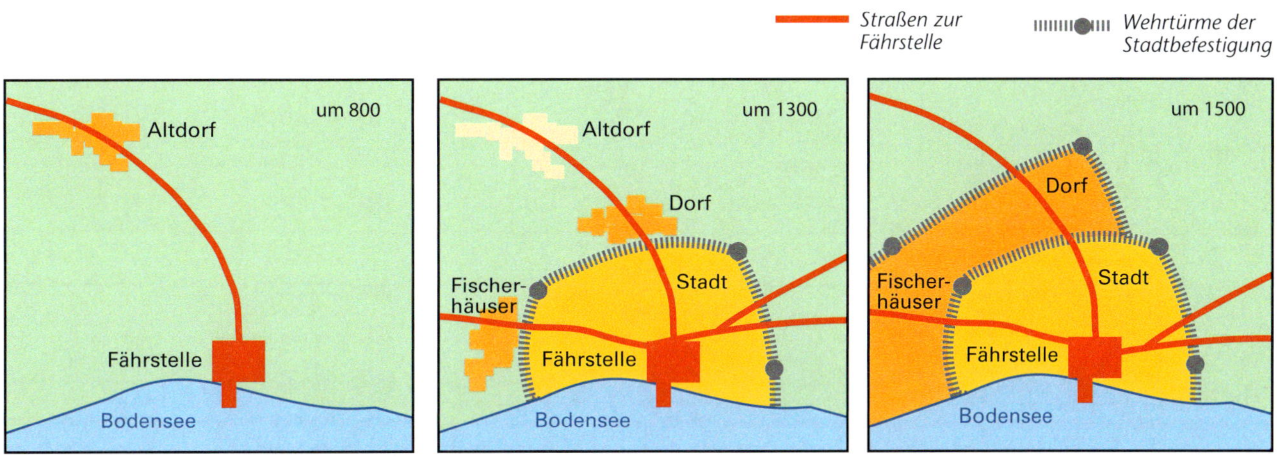

25 Methode
Stadtpläne erzählen aus der Geschichte

Über die Geschichte einer Stadt erfährst du viel, wenn du dich mit ihrem Stadtplan beschäftigst. Du kannst verschiedene Stadtviertel, Sehenswürdigkeiten und wichtige Gebäude erkennen. Das Gebiet der Altstadt ist besonders aufschlussreich, denn hier findest du die ältesten Häuser, Kirchen, Straßen und Plätze. Außerdem lässt sich meist deutlich sehen, wo die Stadtmauer verlief und Wallanlagen und Verteidigungsgräben angelegt waren. Weiterhin kannst du anhand eines Stadtplans sehen, wie sich die Stadt entwickelt und ausgedehnt hat und auch, wie die Menschen in der Stadt gelebt haben.
Machen wir einen Zeitsprung ins Mittelalter. In dieser Zeit war Nürnberg mit 30 000 Einwohnern eine der größten deutschen Städte.

D 1 *Das Wachsen der Stadt Nürnberg* und die Funktion der städtischen Gebäude zeigt diese Geschichtskarte. Im Norden liegt auf dem Felsen die Kaiserburg. Zwei Hauptkirchen wurden vom 12.–16. Jahrhundert errichtet: nördlich der Pegnitz St. Sebald mit den Gebeinen des Heiligen (eine Wallfahrtstätte), südlich des Flusses St. Lorenz. Im Stapelhaus mussten fremde Kaufleute ihre Ware einige Tage zum Verkauf anbieten. Im Zeughaus wurden die städtischen Waffen gelagert, denn jeder Stadtbewohner war verpflichtet, die Stadt im Krieg zu verteidigen.

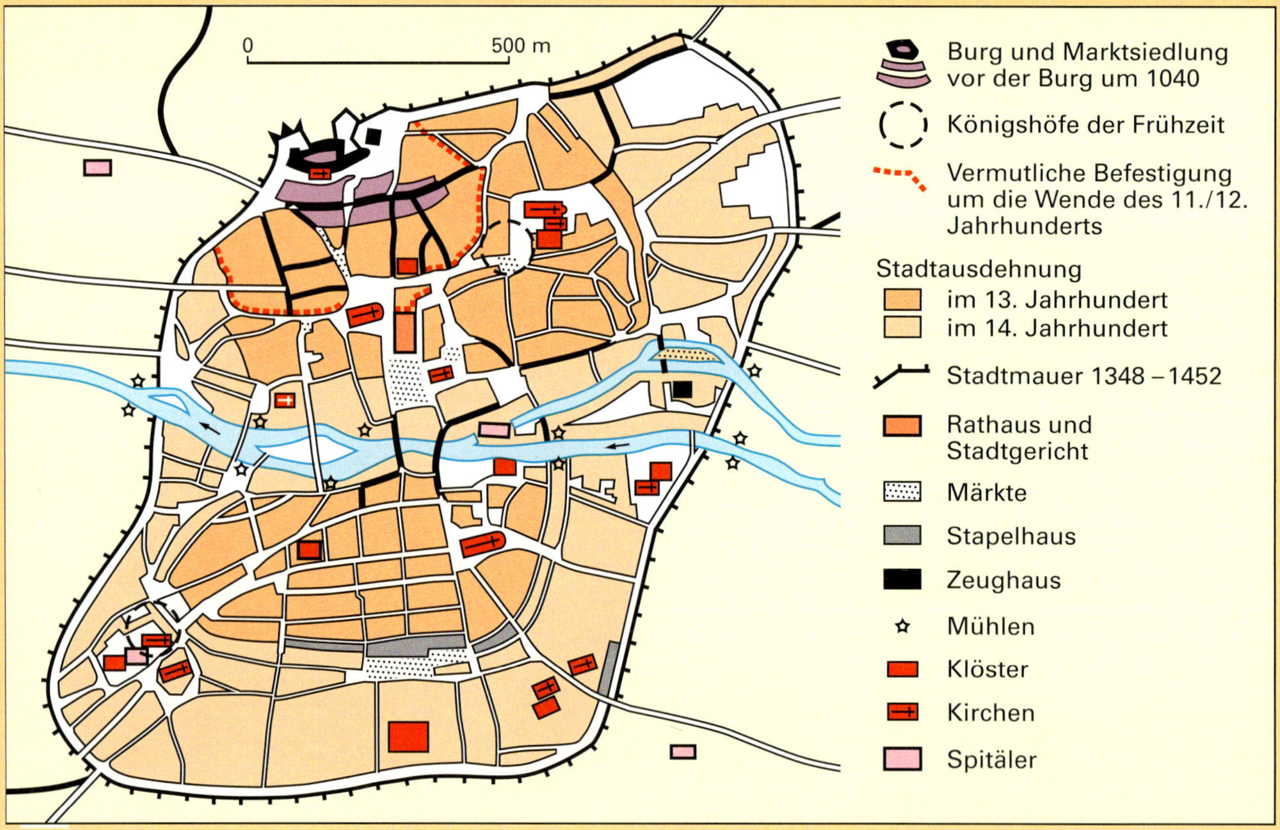

Methodische Arbeitsschritte

1. Wo liegt der älteste Siedlungskern?
2. Wie entwickelte sich die Stadt in den folgenden Jahrhunderten?
3. Welche besonderen Gebäude und Sehenswürdigkeiten erkennst du?
4. Wann wurden diese Gebäude gebaut und welche Funktion hatten sie?
5. Was sagen die Namen von Straßen, Plätzen und Vierteln über ihre (frühere) Bedeutung aus?
6. Wie verlief wohl das wirtschaftliche, kirchliche und gesellschaftliche Leben in der Stadt?

1 Untersuche die Stadtpläne von Nürnberg anhand der methodischen Arbeitsschritte.

2 Sieh auf einer Deutschlandkarte nach, wo Nürnberg liegt. Kannst du vermuten, warum die Stadt an diesem Ort entstanden ist?

3 Besorgt euch einen Plan von eurer Heimat- oder Schulstadt. Könnt ihr darin Spuren aus dem Mittelalter entdecken?

D 2 *Nürnberger Altstadt.* Diese vereinfachte Karte für Touristen zeigt wichtige Sehenswürdigkeiten und Straßen. Auf der Karte siehst du, dass viele Straßen und Gassen noch heute nach alten Berufen benannt sind. Die Meister eines Gewerbes wohnten und arbeiteten im Mittelalter in enger Nachbarschaft, meist in einer Gasse. Die Feuerhitze, die manche Berufsgruppen für ihre Öfen benötigten, konnte aber für die Stadt gefährlich werden, waren doch sehr viele Häuser aus Holz gebaut. Deshalb lebten z. B. Bäcker und Schmiede in der Nähe der Stadtmauer. Weil Gerber und Färber die Nachbarschaft durch Geruch belästigten, waren auch ihre Werk- und Wohnstätten am Stadtrand angesiedelt.

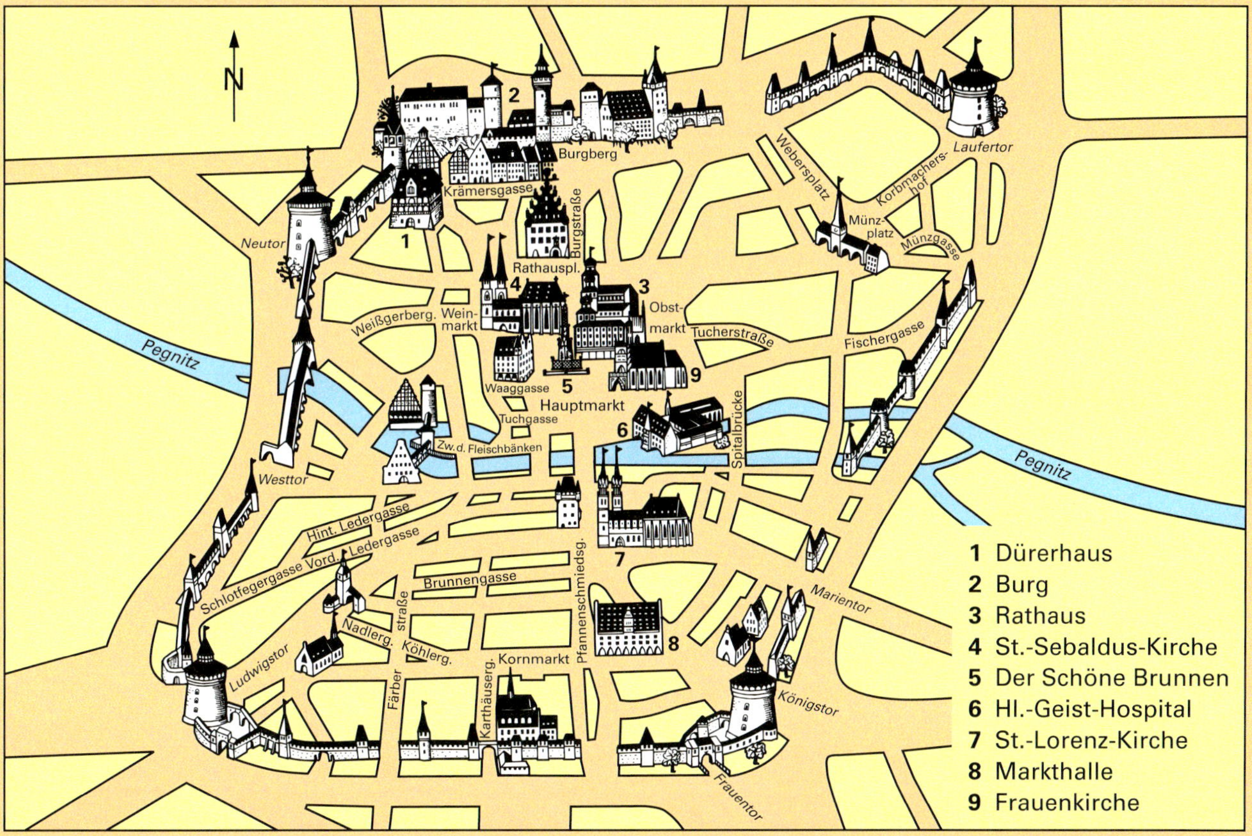

26 Auf dem Markt

Q1 *Marktplatz von Augsburg* um 1530. – Beschreibe den Platz. Beachte, was die Menschen tun und wie sie gekleidet sind.

Markt
Ort, an dem Käufer und Verkäufer zu bestimmten Zeiten ihre Geschäfte abschlossen. Weltliche und geistliche Fürsten gründeten und schützten Märkte (Marktrecht).

Der Markt ist der Mittelpunkt

Bisher hatten die Menschen auf dem Land fast alles, was sie zum Leben brauchten, selbst hergestellt. Das änderte sich in der Stadt. Ein Schuster fertigte nur Schuhe und musste deshalb Kleider und Lebensmittel einkaufen. Den anderen Handwerkern ging es ähnlich. Der Markt, wo viele verschiedene Waren ausgetauscht wurden, war also für alle Stadtbewohner lebensnotwendig. Auf Dauer ließ sich der Tausch von Waren aber nicht mehr wie auf dem Land mit Eiern oder Hühnern „bezahlen". So setzten sich allmählich Geldmünzen als Zahlungsmittel durch. Das Recht, Münzen zu prägen, wurde einer Stadt vom Kaiser verliehen.

Markttag

Schon frühmorgens drängten sich die Menschen auf dem Marktplatz in der Mitte der Stadt. Wenn die Marktfahne aufgezogen war, konnte der Handel beginnen: Bäuerinnen und Bauern aus der Umgebung hatten ihre Stände aufgeschlagen. Laut schreiend boten sie ihre Waren an: Eier, Honig, Geflügel, Zwiebeln, Rüben, Wachs und anderes von Feld und Hof. An einer anderen Ecke stellten die Handwerker ihre Ware aus. Wer Töpfe, Körbe, Tonwaren oder anderes Geschirr brauchte, fand es hier. Lag die Stadt an einer der großen Handelsstraßen oder an einem Fluss wie dem Neckar, war das Angebot natürlich noch größer: Fernhändler verkauften Salz und Heringe, Tuche, Seide, Pelze, Waffen und manchmal sogar Pfeffer und andere Gewürze aus dem Orient.

Die Stadt lebt vom Markt

Nicht in jeder Stadt durfte Markt gehalten werden. Dazu benötigten die Bürger das Marktrecht. Es wurde ihnen vom Landesherrn, manchmal auch vom Kaiser, verliehen. Oft durfte im Umkreis der Stadt kein anderer Markt abgehalten werden. Auf dem Markt musste sich jeder an die Marktordnung halten. Kein Streit durfte mit Waffen ausgetragen werden, denn es herrschte Marktfriede.
Je mehr Waren in der Stadt verkauft wurden, desto höher waren die Einnahmen für die Stadtkasse. Auch viele Stadtbewohner lebten vom Markt: nicht nur Handwerker und Kaufleute, sondern auch Lastenträger, Gaukler, Bettler und Herbergsbesitzer.

Q2 *Auszug aus der Markt- und Gewerbeordnung für die Stadt Landshut, 1256:*

1. Wir verbieten, Schwerter und Dolche innerhalb der Stadt zu tragen. Und so oft Leute getroffen werden, die Schwerter tragen, so oft werden sie der Stadt 6 Schillinge und dem Richter 60 Pfennige zahlen.

2. Wenn einer (der ein Schwert trägt) kein Geld besitzt, wird ihm die Hand abgeschlagen werden.

4. Wucherer[1], Vorkäufer[2], Gesellschaften, die in der Volkssprache Einung[3] heißen, verbieten wir unter Strafe von 5 Pfund[4] und erklären sie außerdem für rechtlos.

5. Wir verordnen, $2^1/_2$ Pfund Rindfleisch für einen Schilling zu verkaufen und ebenso viel Hammelfleisch und drei Pfund Ziegenfleisch. Die Leute, die es anders machen, werden der Stadt 6 Schillinge und dem Richter 60 Pfennige zahlen.

10. Wir verordnen, dass kein Kauf außerhalb des öffentlichen Marktes stattfindet, was die Leute betrifft, die der Stadt Waren zuführen (…)

14. Wir verordnen, dass unsere Bürger den Eimer Römerwein für 5 Schillinge ausschenken, die Fremden aber für ein halbes Pfund und 10 Pfennige. Den besten Frankenwein werden sie für 75 Pfennige, den mittleren für 55 Pfennige ausschenken. Wer zwei Weine zugleich ausschenkt oder mischt und wer das Maß nicht an den Tisch trägt, wird der Stadt 6 Schillinge und dem Richter 60 Pfennige zahlen.

20. Lotterbuben in jeder Art, fahrende Schüler[5] mit langem Haar halten wir fern. Die Leute, die sie über eine Nacht hinaus beherbergen, verurteilen wir zu 1 Pfund.

1 Jemand, der hohe Zinsen verlangt.
2 Jemand, der Waren aufkauft, um sie teurer zu verkaufen.
3 Zusammenschluss von Kaufleuten, um gemeinsam höhere Preise durchzusetzen.
4 1 Pfund Pfennige = 20 Schillinge = 240 Pfennige. Wie viel der Pfennig wert war, hing von seinem Gewicht ab.
5 Studenten, unterwegs von oder zu einer Universitätsstadt.

Q3 *Stadtwaage in Nürnberg.* Der Wiegemeister (Mitte) wiegt den Stoffballen eines Kaufmanns (rechts) um den Zoll festzulegen. Sein Gehilfe (links) setzt die Gewichte.

Q4 *Brotmaß am Freiburger Münster.* Wenn sich ein Bäcker nicht an die vorgeschriebenen Maße hielt, wurde er hart bestraft.

1. *Zähle die Vorteile einer Stadt auf, wenn sie das Markt- und das Münzrecht besaß.*
2. *Erläutere, was alles in der Marktordnung geregelt wird (Q2).*
3. *Erkläre, warum die Stadtwaage und das Brotmaß für den Handel damals wichtig waren (Q3, Q4).*
4. *Stell dir vor, du führst einen Freund, der zum ersten Mal in der Stadt ist, über den Markt. Erzähle, was um euch herum geschieht.*

27 Zünfte, Meister und Gesellen

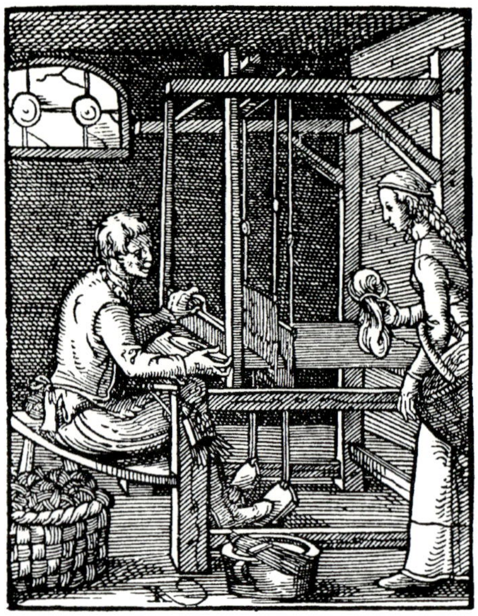

1 *Werkstatt eines Webers (Holzschnitt aus dem 16. Jahrhundert)*

Zunft
aus dem Mittelhochdeutschen: „Regel des Zusammenlebens; was sich ziemt". Die Meister eines Handwerks schlossen sich genossenschaftlich zur Zunft zusammen. Sie legten die Zahl der Betriebe, die Ausbildung, Preise und Herstellung der Güter fest. Außerdem versorgte die Zunft die Hinterbliebenen eines verstorbenen Meisters.

Ohne Handwerker geht es nicht

In der mittelalterlichen Stadt waren die Handwerker gefragte Leute. Für das leibliche Wohl der Bürger sorgten Metzger, Bäcker und Bierbrauer. Natürlich wurden auch Schneider, Schuster, Weber, Zimmerer und Bauleute gebraucht. Um die Stadt zu verteidigen, waren geschickte Waffenschmiede, Kettenhemd- und Eisenhandschuhmacher unentbehrlich.
Die Anforderungen der Stadtbewohner und Bauern an das Handwerk stiegen. Deshalb spezialisierten sich Handwerker, wenn sie auf bestimmten Gebieten besondere Fähigkeiten erworben hatten. Im Schmiedehandwerk arbeiteten beispielsweise Huf- und Nagelschmiede, aber auch Löffel-, Pfannen- und Goldschmiede.

Die Zünfte

Alle Meister, die das gleiche Handwerk ausübten, gehörten einer Zunft an. Jede Zunft hatte ihre Zunftordnung. Darin war festgehalten, wie man Meister wurde, wie viele Meister es in der Zunft geben und wie viele Gesellen und Lehrlinge ein Meister einstellen durfte. Auch über Menge, Qualität und Preise der Erzeugnisse gab es Vorschriften.
In der Kirche hatten die Zünfte oft ihren eigenen Altar und verehrten einen Heiligen als ihren Schutzpatron. Auch im Kriegsfall traten die Zünfte als Gemeinschaft auf: Jeder Berufszweig verteidigte einen bestimmten Abschnitt der Stadtmauer.

Im Hause des Meisters

Die Werkstatt lag im Erdgeschoss des Fachwerkhauses. Hier arbeitete der Meister mit den Gesellen und Lehrlingen. Seine Frau führte den Haushalt und verkaufte die Waren. Nur in wenigen Berufen, so bei den Garnmachern, konnten auch Frauen Meisterinnen werden. Die Gesellen und Lehrlinge sowie Mägde und Knechte lebten in Kammern unter dem Dach. Die Familie des Meisters wohnte im ersten Stock.
Handwerker, die denselben Beruf ausübten, hatten ihre Werkstätten in einer Straße. Namen wie Gerberstraße oder Weber- und Schustergasse erinnern noch heute daran.

Lehrjahre

Sollte der Sohn eine Lehre beginnen, dann schloss sein Vater mit dem Meister einen Vertrag ab. In einem Lehrvertrag aus dem Jahre 1406 steht: „Meister Marten soll meinen Sohn die ganzen fünf Jahre anständig kleiden, wie es die Zunft verlangt. Für die Lehre will ich dem Meister sechzehn Gulden an Lehrgeld aushändigen."
Hatte der Lehrling die Ausbildung beendet, nahmen die Gesellen ihn in ihre Gemeinschaft auf. Der neue Geselle ging oft zunächst auf Wanderschaft, um in der Fremde Berufserfahrungen zu sammeln. Viele Männer blieben ihr Leben lang Gesellen, denn Meisterstellen waren selten. Außerdem musste man ein Meisterstück anfertigen und einen Geldbetrag an die Zunftkasse zahlen.

Q 5 *Zunftzeichen*
Welche Handwerke sind jeweils dargestellt?

Q 2 *Amtsbrief der Zunft der Garnmacherinnen. In nur wenigen deutschen Städten existierten Frauenzünfte, z. B. in Köln. Dort beschloss der Rat 1397:*

1. Wenn eine Frau oder ein Mädchen das Garnamt in Köln lernen will, so muss sie eine Lehrzeit von mindestens vier Jahren durchmachen, damit sie lernt, bestes Kaufmannsgut herzustellen. (…)

2. Wenn eine Frau oder ihre Tochter ein Lehrmädchen eingestellt hat, dann muss sie das innerhalb von acht Tagen der Zunft melden und den Namen des Mädchens dort eintragen lassen, damit man jederzeit einwandfrei nachweisen kann, dass es seine Lehrzeit erfüllt hat, wenn es sich später einmal niederlassen und seinen Beruf selbstständig ausüben will. (…)

3. Wenn eine Frau (…) sich selbstständig machen will, so sollen die Frauen, die darauf vereidigt sind, ihre Arbeit prüfen, ob es sich um Kaufmannsgut handelt oder nicht. Ist die Arbeit so, dass man sie dem Kaufmann übergeben kann, so darf sie ihren Beruf ausüben, nachdem sie zwei Gulden Eintrittsgebühr bezahlt hat; die Tochter einer Meisterin zahlt die Hälfte.

Q 3 *In Nürnberg konnte ein Lehrling unter folgenden Bedingungen das Lehrverhältnis beenden:*

Wenn der Meister oder seine Leute einem Lehrling mit dem Essen Abbruch tun. Wenn der Lehrling keine Schlafgelegenheit, wie sie einem Lehrling zusteht, erhält. Wenn der Meister, seine Gesellen, Kinder oder jemand anders den Lehrjungen übermäßig oder in ungebührlicher Weise mit Fäusten, Hämmern oder anderem, wie dies oftmals vorkommt, gefährlich schlagen oder zu schlagen gestattet, so dass er am Leib Schaden erleidet. Wenn der Meister dem Lehrling mehr Arbeit auferlegt oder ihn längere Zeit arbeiten lässt, als es im Handwerk üblich ist. Wenn der Lehrling durch den Meister oder dessen Frau so sehr mit Hausarbeiten, Kinderhüten und anderem belastet wird, dass er an seinem Leib Schaden erleidet und nicht in der Werkstatt sein kann und in der Erlernung seines Handwerks behindert wird.

Q 4 *Schusterwerkstatt und Laden.*

1. *Stelle die Aufgaben einer Zunft zusammen (VT, Lexikon).*
2. *Erläutere, ob eine Zunft eine reine Wirtschaftsgemeinschaft war.*
3. *Beschreibe genau das Aussehen und die Tätigkeiten der Personen auf den Bildern Q1 und Q4. Welche Aufgaben haben Meister und Meisterin, Gesellen und Kinder? Wie sind Laden und Werkstatt eingerichtet?*
4. *Vergleiche die Ausbildung eines Handwerkers im Mittelalter und heute. Was hat sich verändert, was ist gleich geblieben (VT, Q3)?*

28 Wer regiert die Stadt?

1 *Rathaus und Marktplatz von Mosbach* im Neckar-Odenwald-Kreis. Das Rathaus, der Sitz der Stadtregierung, wurde 1554/58 erbaut. Mosbach wurde als Stadt erstmals 1241 urkundlich erwähnt. Wie andere Städte hatte auch Mosbach eine Reihe von Rechten, beispielsweise das Gerichts-, Münz-, Markt- und Zollrecht, bevor es das Stadtrecht erhielt.

Stadtherren bestimmen

Anfangs standen die Städte unter der Herrschaft eines Fürsten, Grafen oder eines Bischofs. Diese Stadtherren gewährten der Stadt Schutz, hielten Gericht und verliehen das Markt- und das Münzrecht. Dafür verlangten sie aber Abgaben und Steuern von den Bürgern.

Städte werden unabhängig

Mit der Zeit wurden die Städte immer wohlhabender. Vor allem die Fernkaufleute brachten viel Geld in die Stadt. Diese Fernhändler waren es gewohnt, ihre Angelegenheiten selbst zu regeln. Dies wollten sie nun auch in den Städten tun.
Manche Städte konnten sich von ihrem Schutzherrn einfach freikaufen. In anderen Städten mussten die Kaufleute und Handwerker um ihre Freiheit kämpfen, wie in Köln und Lübeck, wo der Bischof und der Herzog gestürzt wurden. Manche Städte erhielten auch direkt vom Kaiser den Freiheitsbrief. Als freie Reichsstädte waren sie nur dem Kaiser unterstellt und besaßen besondere Vorrechte.

Stadtrat und Bürgermeister

In den freien Städten regierten nun die wohlhabenden Kaufleute, Fernhändler und andere reiche Stadtbürger. Sie wurden Patrizier genannt. Nur Patrizier konnten in den Stadtrat gewählt werden. Auch der Bürgermeister wurde aus ihrer Mitte ernannt.
Stadtrat und Bürgermeister regelten das Leben in der Stadt. So führte der Bürgermeister den Vorsitz im Gericht, bewahrte die Schlüssel der Stadttore auf und befahl im Kriegsfall über das Stadtheer. Der Stadtrat erließ die Gesetze für die Stadt, beispielsweise die Marktordnung und die Kleiderordnung. Die Patrizier hatten sich so eine mächtige Stellung erkämpft. Keine anderen Stadtbewohner konnten mitregieren oder etwas gegen die Entscheidungen des Stadtrats unternehmen.

Zünfte wollen an die Macht

In vielen Städten wurden die Handwerker unzufrieden damit, wie der Stadtrat regierte. Immerhin zahlten auch sie Steuern und wollten dafür in der Stadt mitbestimmen. In vielen Städten forderten die Zünfte, dass sie eigene Leute in den Rat schicken konnten. An manchen Orten gingen die Zünfte mit Gewalt gegen die Patrizier vor und schafften es, an die Macht zu kommen. In den Städten, in denen jetzt die Handwerker regierten, wanderten die Patrizier allerdings häufig mitsamt ihrem Vermögen aus.
Letztlich wurden die deutschen Städte sehr unterschiedlich regiert. Über manche herrschte ein Fürst oder Bischof, in einigen Städten regierten die Patrizier, in anderen die Zünfte und manchmal regierten auch Patrizier und Zünfte gemeinsam.

Q2 *Wer darf im Rat sitzen? Der Herzog von Sachsen, Heinrich der Löwe, bestimmte als Stadtherr über Lübeck um 1167:*

Wählt man jemanden in den Rat, der soll zwei Jahre darin sitzen, im dritten soll er frei sein, man kann ihn aber bitten, den Rat zu besuchen. Wir bestimmen auch, dass niemand in den Rat komme, der nicht ehelich, von freier Geburt und niemandes Eigentum sei, auch darf er bei keinem Herrn irgendein Amt bekleiden. Er soll von gutem Ruf sein, und auch seine Mutter muss frei und niemandes Eigentum gewesen sein. Er darf keines Geistlichen oder Pfaffen Sohn sein und soll liegendes Eigentum [Grundbesitz] innerhalb der Mauern haben, er darf zu seinem Eide nicht gezwungen sein und seine Nahrung nicht mit Handwerk erworben haben.

Q3 *Kämpfe um das Stadtregiment. Ein Chronist berichtet über Auseinandersetzungen zwischen Bischof und Bürgern in Straßburg:*

[Am 8. März 1262] zogen die Straßburger aus mit all ihren Berittenen und dem halben Fußvolk. Sie nahmen Steinmetzen und andere Werkleute mit und brachen den Kirchturm zu Mundolsheim ab. Der war gar fest und hoch gemauert, und man fürchtete, der Bischof werde sich dort festsetzen und die Straßen sperren. (...) (Der Bischof zog daraufhin) sein Kriegsvolk zusammen, gegen 300 Reiter und 5000 Mann zu Fuß. Mit denen zog er von Dachstein gegen die Stadt heran, um den Bürgern eine Schlacht zu liefern. (...) Als die Straßburger das merkten, schickten sie Boten zurück. Die liefen durch die ganze Stadt und riefen, der Bischof rücke heran. Da ließ man die Glocken Sturm läuten, und alle Bürger zogen aus gegen den Bischof. (...) Es war so viel Volks, dass man vor lauter Menschen kaum den Erdboden sehen konnte. (...) [Der Bischof verlor den Kampf, konnte fliehen, starb aber bald darauf.] Nach seinem Tode verhandelten die Domherren mit den Bürgern, und der Friede wurde geschlossen. So kam dieser Krieg zu Ende. In ihm erfochten und erwarben die Bürger für die Stadt Nutz und Ehre, für sich selbst aber und ihre Nachkommen große Freiheit und großes Glück. Denn hätte der Bischof die Rechte gewonnen, auf die er in der Stadt Anspruch zu haben vermeinte, so wäre Straßburg sein eigen worden und in seiner Gewalt gewesen.

Q4 *Über einen Bürgeraufstand in Köln berichtet die Chronik 1369:*

Die Weber von Köln rotteten sich zusammen und forderten vom Rat die Herausgabe eines Mannes, der in Haft lag, und setzten ihre Forderung unter Androhung von Gewalt durch. (...) Hierauf hielten die Weber eine Versammlung und berieten, wie man den guten [= reichen] Leuten die Macht nehmen könne. (...)

Es musste nach dem Willen der Weber gehen. Der neue Rat wurde in folgender Weise gebildet: 15 Männer wurden aus den Geschlechtern [der Patrizier] gewählt, wie das von alters her Sitte war; daneben wurde noch ein weiterer Rat erkoren, der zählte 50 Mitglieder. In diesem Rat waren viele Zünfte vertreten. Gott schlage mit Krankheit, die solches ersannen.

Q5 *Zunftvertreter übernehmen 1368 die Herrschaft von den Patriziern in Augsburg* (Malerei aus dem Ratsbuch von Augsburg). Je ein Vertreter der Weber, Bäcker, Kürschner, Metzger, Kaufleute und Bierbrauer betritt die Ratsstube, in der die Patrizier sitzen.

1. *Beschreibe, wie die Städte im Mittelalter regiert wurden.*
2. *Lies die Textquellen Q3 und Q4. Wer kämpfte gegeneinander und was wollten die Gruppen erreichen?*
3. *Welche Bestimmungen stellte Heinrich der Löwe für den Stadtrat auf (Q2)? Kannst du dir denken, mit welcher Absicht er das tat?*
4. *Bereitet in Partnerarbeit ein Streitgespräch über die Regierung der Patrizier vor und spielt es in der Klasse.*

29 Auch Ratten machen Geschichte

Q 1 *Bei Pestepidemien* bestattete man die Toten möglichst schnell in Massengräbern (Darstellung aus Tournai in Belgien, um 1350).

TIPP

Von dem düsteren Jahr 1348 erzählt dieses Buch: „Im Schatten des schwarzen Todes" (Harald Parigger, dtv junior, 2001).

Der „schwarze Tod"

Im Oktober 1347 lief ein Handelsschiff von der Halbinsel Krim in den sizilianischen Hafen Messina ein. Doch statt kostbarer Waren aus Ost- und Mittelasien bot das Schiff den Menschen im Hafen einen grauenvollen Anblick: Überall auf dem Deck lagen Leichen, daneben noch Lebende, die mit glasigen, fiebrigen Augen den Tod erwarteten. Herbei geeilte Ärzte stellten bei den Toten und Totkranken schwarze Schwellungen unter den Armen und an den Lenden fest. Helfen konnten sie den Menschen nicht mehr, vielmehr breitete sich der „schwarze Tod" in Windeseile in der ganzen Stadt und von dort über ganz Europa aus. Wer von der Seuche infiziert war, den überkamen Erbrechen, Eiterbeulen und hohes Fieber.

Auf Karren wurden die Toten zusammengesammelt und in Massengräbern verscharrt. Angst und Panik erfasste die Menschen in Dörfern und Städten, denn niemand wusste, woher die Seuche kam und was man dagegen tun konnte. Jeder dritte Einwohner in Europa fiel der Pest zum Opfer, die Städte wurden entvölkert, ganze Landstriche verödeten. Erst vier Jahre später, 1351, hörte das große Sterben allmählich auf.

Eine Strafe Gottes?

Im 14. Jahrhundert dachte man, giftige Dämpfe aus Indien und Arabien hätten die Pest nach Europa gebracht. Vor der vergifteten Luft versuchten sich viele Menschen zu schützen, indem sie reinigende Kräuter verbrannten oder sich Mund und Nase verhüllten. Andere glaubten, Gott hätte die Pest über die Menschen geschickt, um sie für ihre Sünden zu bestrafen. Männer und Frauen zogen in Büßergruppen durch das Land, sangen Klagelieder und geißelten sich selbst. So hofften sie Gott in seinem Zorn zu besänftigen. Doch immer wieder wurde auch nach Sündenböcken gesucht, denen man die Schuld an der Seuche geben konnte. Oft traf es die jüdischen Einwohner eines Ortes: Dafür, dass sie angeblich einen Brunnen vergiftet hätten, wurden sie angegriffen, vertrieben oder sogar umgebracht.

Es stank zum Himmel

Heute wissen wir, dass der sehr ansteckende Pestbazillus durch Flöhe übertragen wird, die von Ratten auf die Menschen überspringen. Doch es waren nicht die Rattenflöhe allein, die ansteckende Krankheiten wie Pest, Cholera und Typhus in den Städten verbreiteten. Ansteckung und Seuchen drohten auch sonst, denn in den mittelalterlichen Städten lebten die Menschen auf engstem Raum zusammen und es gab noch keine Kanalisation oder Müllabfuhr. Hausmüll und Essensreste wurden vor die Haustüren geschüttet, wo ihn Schweine, Gänse und Hühner, aber auch Ratten fraßen. Abwässer und Fäkalien flossen einfach auf die Straße oder in den Stadtbach und verunreinigten die Brunnen. Besonders im Sommer herrschte ein unerträglicher Gestank in den Gassen. Dies alles war ein idealer Nährboden für Krankheitserreger, die dann von Ratten, Läusen, Flöhen und Wanzen auf die Menschen übertragen wurden.

Q2 *Wie die Pest in Florenz wütete, beschrieb der italienische Dichter Giovanni Boccaccio (1313–1375) in einer Erzählung:*

Etwa zu Frühlingsanfang des genannten Jahres begann die Krankheit schrecklich und erstaunlich ihre verheerenden Wirkungen zu zeigen. Dabei war aber nicht, wie im Orient, das Nasenbluten ein offenbares Zeichen unvermeidlichen Todes, sondern es kamen zu Anfang der Krankheit gleichermaßen bei Mann und Weib an den Leisten oder in den Achselhöhlen gewisse Geschwulste zum Vorschein, die manchmal so groß wie ein gewöhnlicher Apfel, manchmal wie ein Ei wurden, bei den einen sich in größerer, bei den andern in geringerer Anzahl zeigten und schlechtweg Pestbeulen genannt wurden. (...)

Aus diesen und vielen anderen ähnlichen und schlimmeren Ereignissen entstand ein allgemeiner Schrecken, und mancherlei Vorkehrungen wurden von denen getroffen, die noch am Leben waren. Fast alle strebten zu ein und demselben grausamen Ziele hin, die Kranken nämlich und was zu ihnen gehörte, zu vermeiden und zu fliehen, in der Hoffnung, sich auf solche Weise selbst zu retten. Einige waren der Meinung, ein mäßiges Leben, frei von jeder Üppigkeit, vermöge die Widerstandskraft besonders zu stärken. (...) Andere aber waren der entgegengesetzten Meinung zugetan und versicherten, viel zu trinken, gut zu leben, mit Gesang und Scherz umherzugehen, in allen Dingen, soweit es sich tun ließe, seine Lust zu befriedigen und über jedes Ereignis zu lachen und zu spaßen, sei das sicherste Heilmittel für ein solches Übel. (...)

Wir wollen davon schweigen, dass ein Mitbürger den andern mied, dass der Nachbar fast nie den Nachbarn pflegte und die Verwandten einander selten oder nie besuchten; aber mit solchen Schrecken hatte dieses Elend die Brust der Männer wie der Frauen erfüllt, dass ein Bruder den andern im Stich ließ, der Onkel seinen Neffen, die Schwester den Bruder und oft die Frau den Mann, ja, was das Schrecklichste ist und kaum glaublich scheint: Vater und Mutter weigerten sich, ihre Kinder zu besuchen und zu pflegen, als wären es nicht die ihrigen. In dieser allgemeinen Entfremdung blieb den Männern und Frauen, die erkrankten – und ihre Zahl war unermesslich –, keine Hilfe außer dem Mitleid der wenigen Freunde, die sie nicht verließen, oder dem Geiz der Wärter, die sich durch einen unverhältnismäßig hohen Lohn zu Dienstleistungen bewegen ließen.

Q3 *Wie alt wurden die die Menschen in einer mittelalterlichen Stadt?*

Auf dem Friedhof St. Johann in Schaffhausen aus dem 12. bis 15. Jahrhundert sind die Skelette der Verstorbenen untersucht worden. Danach starben zwischen dem 20. und 40. Lebensjahr doppelt so viele Frauen wie Männer. Lesehilfe: Fast die Hälfte aller Beerdigten starben zwischen der Geburt und dem 10. Lebensjahr.

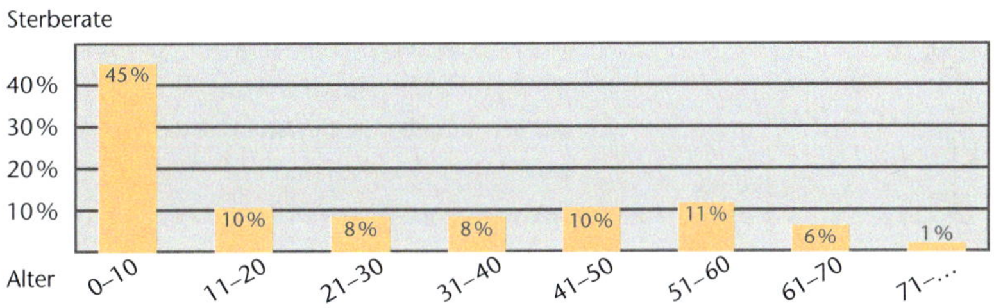

Q4 *Ehgraben und darüber ein Abtritt (Toilette).* Ehgräben dienten in den Städten als Kloake und Grundstücksgrenze (Buchmalerei, 15. Jahrhundert).

1 *Beschreibe die Lebensbedingungen in den mittelalterlichen Städten (VT, Q3, Q4).*

2 *Erläutere, wie sich die Pest über ganz Europa ausbreiten konnte.*

3 *Suche Gründe für die verschiedenen Reaktionen der Menschen auf die Pest (Q2).*

4 *Sammelt Material über Seuchen, die es heute noch gibt. Erforscht ihre Ursachen und wie sie bekämpft werden.*

30 „Stadtluft macht frei" – und gleich?

Das Bürgerrecht
In den meisten Städten besaßen nur die Patrizier und die Handwerksmeister das Bürgerrecht, denn dazu musste man ein Grundstück, ein Haus und ein gewisses Vermögen besitzen. Wer wenig besaß, konnte auch nicht das Bürgerrecht erwerben. Handwerksgesellen und Lehrlinge galten nicht als Bürger, ebenso wenig wie die vielen Knechte, Mägde, Fuhrleute, Lastenträger und Tagelöhner, die in den Häusern der Meister und Patrizier arbeiteten.

Frauen in der Stadt
Frauen besaßen nur in Ausnahmefällen das Bürgerrecht, nämlich dann, wenn sie selbstständig Handel oder ein Gewerbe betrieben. Ansonsten hatten die Frauen keine politischen Rechte und konnten daher kein Amt im Stadtrat oder im Gericht übernehmen. Aber sie waren frei. Dazu gehörte, dass sie Besitz erben und vererben konnten. Auch ihren Ehemann durften sie sich selbst aussuchen. Aber meistens verheirateten die Eltern ihre Töchter mit einem „passenden", also standesgemäßen und möglichst wohlhabenden Mann.
Auch wenn die Handwerker- und Kauffrauen nicht gleichberechtigt waren, so hatten sie doch ihr Auskommen. Anders war das bei den Mägden: Sie arbeiteten im Haus einer wohlhabenden Familie, manchmal auch in der Werkstatt eines Handwerkers und auf Baustellen. Ihr Lohn war gering und vor Entlassung waren sie nicht sicher.
Einen schlechten Ruf hatten die Dirnen, „Hübschlerinnen" genannt, und die Frauen, die in den Badehäusern arbeiteten. Die reichen Frauen legten deshalb großen Wert darauf, auch „nach außen" nicht mit einer Magd oder gar Dirne verwechselt zu werden. Dafür sorgten die Kleiderordnungen des Stadtrats. Darin war genau vorgeschrieben, wer sich wie kleiden durfte.

Arme und Ehrlose
Richtig gut ging es nur den Familien der reichen Oberschicht. Viele Handwerker dagegen erwirtschafteten oft nur mühsam genug zum Leben. Wenn das Geschäft schlecht ging oder der Familienvater starb, konnte eine Familie schnell zu den armen Leuten gehören. Und davon gab es viele in der Stadt: die Tagelöhner und Lohnarbeiter, die keine feste Anstellung hatten, sondern sich jeden Tag neue Arbeit suchen mussten. Wer keine Arbeit fand oder zu krank und zu alt zum Arbeiten war, dem blieb nichts anderes übrig, als zu betteln. In schlechten Zeiten lebte fast die Hälfte der Stadtbewohner von Almosen.
Bettler und Obdachlose gehörten zu den recht- und ehrlosen Menschen, ebenso Spielleute, Gaukler, Musikanten und Dirnen. Auf diese Leute sahen alle anderen Stadtbewohner herab. Sie konnten leicht aus der Stadt verwiesen werden und durften vor Gericht nicht als Zeugen auftreten. Zu den „Unehrlichen" zählte auch der Henker, der außerhalb der Stadt wohnen musste.

Q 1 *Kieler Kleiderordnung, 1417 vom Stadtrat erlassen:*

Keine Frau darf gekrauste Tücher tragen und mehr als zwei Mäntel haben, die mit Pelzwerk gefüttert sind. Sie darf auch keinerlei Geschmeide mit teurem Gestein und Perlen an allen ihren Kleidern tragen, wenn ihr Mann an die Stadt nicht mindestens 400 Mark Silber zu versteuern hat. Wenn eine Frau dessen überführt wird, so soll das der Stadt mit mindestens 10 Mark gebessert [wieder gutgemacht] werden.

Dieselbe Strafe trifft den Übertreter der weiteren Bestimmungen: Wenn der Mann der Stadt für mindestens 200 Mark Silber Steuern zahlt, so darf seine Frau für eine Mark Silber an allen ihren Kleidern tragen. (...)

Wenn der Mann zwar Steuern zahlt, aber nicht für 100 Mark, so darf seine Frau keinerlei Geschmeide tragen. Insbesondere darf keine Bürgersfrau Pelzwerk unten an ihren Kleidern tragen.

Insbesondere wird empfohlen, dass keine Dienstmagd Spangen, Scharlachtuch und vergoldete Geschmeide trägt, die mehr als 8 Schillinge [= $^1/_2$ Mark] wert sind. Wer dagegen verstößt, soll das Geschmeide sofort abgeben und sein Dienstherr oder seine Dienstherrin sollen drei Mark Silber Strafe zahlen oder die Dienstbotin (...) aus dem Brote jagen.

Q 2 *In einem Buch aus dem 11. Jahrhundert gibt ein Vater seinem Sohn folgende Ratschläge für die Ehe:*

Wenn du eine edle Gattin heimführen willst, um mit ihr teure Kinder zu zeugen, dann suche dir eine Frau, die du kennst und niemals ohne den Rat deiner Mutter! Sobald du sie gefunden hast, ziemt es sich, sie in jeder Weise in Ehren zu halten und mit Güte zu behandeln; sei dennoch ihr Herr, damit sie sich nicht etwas herausnimmt, mit dir irgendeinen Streit zu haben; denn kein größeres Übel kann es für Männer geben, als wenn sie denen unterworfen sind, deren Herren sie sein sollten.

Q 3 *Szene in einem Badehaus* (Holzschnitt von 1498).

1 *Liste die verschiedenen Personen auf, die in einer Stadt lebten. Wer von ihnen besaß das Bürgerrecht? Wer war angesehen, wer galt dagegen als ehrlos?*

2 *Untersuche, welche Unterscheidungen die Kieler Kleiderordnung trifft (Q1). Aus welchem Grund wurden solche Kleiderordnungen erlassen?*

3 *Vergleiche die verschiedenen Lebenslagen, die auf den drei Bildern (Q4) dargestellt sind.*

4 *Stelle dir vor, du bist vom Land in eine Stadt gekommen. Berichte einem Freund, welche Hoffnungen sich erfüllt haben, aber auch, worüber du enttäuschst bist.*

Q 4 *Menschen in der Stadt* (Gemälde von Jean Bourdichon, †1521).

31 Jüdisches Leben in der mittelalterlichen Stadt

Q1 *Jüdischer Arzt behandelt einen Bischof* (Holzschnitt, 1487). Jüdische Ärzte wurden auch zu hoch stehenden Personen wie Fürsten, Bischöfe und sogar zum Kaiser gerufen. Wie alle jüdischen Männer, muss auch dieser Arzt einen speziellen Hut tragen (rechts).

Zeitreise multimedial Mittelalter/Frühe Neuzeit: Lebensformen – „Besuch im jüdischen Worms"

A-Z

Getto
italienisch „Gießerei". Eine Gießerei war 1516 der Wohnbereich der Juden in Venedig. Von hier aus verbreitete sich der Name Getto für die abgegrenzten jüdischen Wohnbezirke in den Städten Europas.

Rabbiner
„Lehrer", Bezeichnung für die Gelehrten der religiösen Gesetze in der Thora.

Eine Stadt in der Stadt

Jahrhundertelang lebten Juden und Christen in Städten wie Worms, Speyer, Mainz und Köln friedlich nebeneinander. Viele jüdische Männer und auch Frauen waren als Fernhändler, Gelehrte und Ärzte sehr angesehen. Auch trugen sie durch ihre Steuern und ihren Handel dazu bei, dass ihre Städte groß und wohlhabend wurden. Trotzdem gehörten sie als Nicht-Christen zu den Randgruppen der mittelalterlichen Gesellschaft. Sie besaßen kein Bürgerrecht, standen aber immerhin unter dem Schutz des Kaisers. Dafür zahlten sie ihm jährlich eine besondere Abgabe.

Die jüdischen Familien mussten in vielen Städten in eigenen Vierteln, den Gettos, wohnen. Dieses Viertel war durch Mauern abgetrennt und die Tore wurden abends geschlossen. Auch durften sie nur bestimmte Berufe ausüben. Untereinander konnten die jüdischen Kaufleute noch mit Waren handeln, aber mit Christen durften sie nur Geldhandel betreiben. Sie wechselten verschiedene Währungen und verliehen Geld gegen Zinsen.

Ein frommes Leben

Innerhalb der Gemeinde war die Synagoge besonders wichtig. Sie diente nicht nur als Gebetshaus, sondern auch als Schule und Versammlungsort. Die jüdischen Gemeinden unterhielten oft auch ein Krankenhaus, ein Gästehaus und eine Schule, an der Rabbiner Kinder, Jugendliche, aber auch Erwachsene in ihrer Religion unterrichteten. Viele Jüdinnen und Juden waren sehr gebildet. Schon früh lernten die Kinder Lesen und Schreiben, um die Thora, die heilige Schrift der Juden, studieren zu können. Auch die weit reichenden Verbindungen der jüdischen Fernhändler und der Gemeinden vermehrten das Wissen der jüdischen Rabbiner und Gelehrten.

Sündenböcke in Notzeiten

Die jüdischen Familien wurden wegen ihrer Religion und ihrer Bräuche von vielen christlichen Bürgern doch wie Fremde behandelt. Viele Christen misstrauten ihnen und glaubten leicht den Gräuelmärchen, die erzählt wurden: Die Juden würden Hostien verbrennen und Christenkinder töten. Auch bei Missernten und Krankheiten war gerade das einfache Volk schnell bereit, jüdischen Männern und Frauen die Schuld zu geben und seine Wut an ihnen auszulassen. So auch in den Jahren 1348/49, als die Pest in Europa wütete. Bald wurde die jüdische Bevölkerung verdächtigt, die Brunnen vergiftet zu haben, um die Christen zu töten. Das Gerücht verbreitete sich schneller als die Pest. In zahlreichen Städten raubten die aufgebrachten Menschen die Judenviertel aus, zerstörten die Häuser, erschlugen die Männer, Frauen und Kinder oder trieben sie aus der Stadt. Nach diesen Verfolgungen wanderten viele jüdische Familien nach Osteuropa aus, wo bis ins 20. Jahrhundert hinein in eigenen „Schtetln" nach ihrem Glauben lebten.

Q 2 *Eine jüdische Frau in Worms* (Stich aus dem 16. Jahrhundert). Außerhalb des Gettos mussten sich die Männer und Frauen durch bestimmte Kleidungsstücke oder Abzeichen als Juden kenntlich machen. Bei der Jüdin auf dem Bild ist es der gelbe Ring an ihrem Mantel.

Q 4 *Eines der verbreitetsten christlichen Gräuelmärchen:* Jüdischer Mord an einem Christenjungen (Scheldelsche Weltchronik, 1493).

Q 3 *Christliche Judengesetze*

a) Für die jüdische Gemeinde in der Stadt Wien erließ Kaiser Freidrich II. 1237 folgendes Gesetz:

Getreu den Pflichten eines katholischen Fürsten schließen wir die Juden von öffentlichen Ämtern aus, damit sie nicht die Amtsgewalt zur Bedrückung der Christen missbrauchen. Denn die kaiserliche Macht hat von alters her den Juden immer währende Knechtschaft auferlegt, um das jüdische Verbrechen (an Christus) zu bestrafen.

b) Beschluss einer Bischofsversammlung in Bamberg aus dem Jahr 1451:

Fortan sollen alle Juden der deutschen Kirchenprovinz auf ihrem Gewande oder Mantel vorn auf der Brust einen Ring tragen, der mindestens den Durchmesser eines menschlichen Fingers besitzt und aus gelben Fäden besteht; die Jüdinnen aber sollen gehalten sein, zwei blaue Streifen deutlich sichtbar zu tragen.

Q 5 *Von der Pest und Judenverfolgung in den Jahren 1348/1349 berichtet die Straßburger Chronik:*

Wegen dieses Sterbens wurden die Juden in der Welt verleumdet, dass sie es mit Gift, das sie in das Wasser und die Brunnen mischten, gemacht hätten. Zu Basel machte sich die Bürgerschaft vor das Rathaus auf und zwang den Rat, sodass die Ratsherrn schwören mussten, die Juden zu verbrennen, und das sie in 200 Jahren keinen Juden in die Stadt lassen.

Am 7. Januar 1349 verbrannte man die Juden in ihrem Friedhof auf einem hölzernen Gerüst. Das waren an die 2000. Die sich aber taufen ließen, die ließ man leben. Was man den Juden schuldete, das war alles abgegolten, und alle Briefe und Pfänder, die sie über Schulden hatten, wurden zurückgegeben. Das Bargeld, das sie hatten, nahm alles der Rat und teilte es unter die Handwerker. Das war auch der Grund, aus dem die Juden getötet wurden; wenn sie arm gewesen wären, (...) wären sie nicht verbrannt worden. So wurden die Juden verbrannt in allen Städten am Rhein. (...) In einigen Städten zündeten die Juden ihre Häuser selber an und verbrannten darin.

1 *Beschreibe die Stellung der jüdischen Bevölkerung im Mittelalter (VT). Welche Vorschriften machten die christlichen Herrscher den Juden (Q2, Q3)?*

2 *Erkläre den Begriff „Randgruppe" mit eigenen Worten. Finde auch Beispiele aus der heutigen Zeit.*

3 *Erläutere, wie es zu den Anschuldigungen und Verfolgungen gegen die jüdische Bevölkerung kam.*

4 *Untersuche Q5. Welchen Grund für die Verfolgungen stellt der Verfasser heraus?*

32 Abschluss
Von der Höhle bis zum Stadthaus

Der lange Weg der Menschen von der Höhle bis zum Stadthaus ist hier noch einmal aufgezeichnet. Dummerweise sind die Begriffe zu den einzelnen Bildern durcheinander geraten. Aber du schaffst es bestimmt, alles wieder in die richtige Ordnung zu bringen. Das kannst du entweder in Einzelarbeit oder in der Gruppe erledigen.

Einzelarbeit:
Zeichne die Bilder in dein Heft ab oder kopiere die Bilder und klebe sie in dein Heft ein. Nimm am besten für jedes Bild eine neue Seite.
Ordne nun die braun unterlegten Begriffe den Bildern zu und schreibe sie als Überschriften auf die jeweilige Seite in deinem Heft.
Überlege jetzt, welche Begriffe zu welcher Zeit gehören. Verfasse dann mit den Begriffen einen kurzen Text zu den einzelnen Zeitabschnitten. Am leichtesten ist das, wenn du immer ein bis drei Begriffe in einem Satz verwendest. Wenn du fertig bist, hast du eine anschauliche Geschichte über das Leben und Arbeiten in der Vergangenheit.

Gruppenarbeit:
Teilt euch in fünf Gruppen auf. Jede Gruppe erhält eine der abgebildeten „Stationen" als Aufgabe.
Nun zeichnet jede Gruppe ihr Bild auf ein DIN-A3-Blatt. Ihr könnt das Bild auch kopieren (am besten vergrößert), ausschneiden, aufkleben und ausmalen.
Sucht nun aus den braun unterlegten Wörtern den passenden Begriff zu eurem Bild heraus und schreibt ihn als Überschrift auf euer Plakat.
Überlegt jetzt, welche Begriffe zu eurer Zeit gehören. Verfasst dann mit den Begriffen einen kurzen Text zu eurem Zeitabschnitt. Am leichtesten geht das, wenn ihr immer ein bis drei Begriffe in einem Satz verwendet.
Wenn alle Gruppen fertig sind, hängt ihr die fünf Plakate in der richtigen Reihenfolge nebeneinander auf. Jede Gruppe stellt ihr Plakat der Klasse vor. Bestimmt dafür vorher eine Sprecherin oder einen Sprecher aus der Gruppe.
Jetzt habt ihr einen tollen Zeitstrahl über das Leben und Arbeiten in der Vergangenheit!

Frondienste

Germanien

„ora et labora"

Villa rustica

Kaufleute

Judengesetze

Grundherrschaft

Jungsteinzeit

Kastell

Eiszeit

Neandertaler

Metallzeit

hörige Bauern

sesshaft

Bergwerke

Faustkeil

Lehnsherren

Getto

Römisches Reich

Ständegesellschaft

Kupfer

Vasallen

Lehnwörter

Altsteinzeit

Romanisierung

Provinzen

Patrizier

Pest

Pfahlbauten

Viehzüchter

Burgen

Marktfriede

Schmuck

Höhlen

Römerzeit

Städte entstehen

Arbeitsteilung

Zünfte

Häuser

Marktrecht

Limes

Ritter

Backofen

Rentier

Waffen

Jetztmensch

Stadtrat

„Stadtluft macht frei"

Sichel

Feuer

Ackerbauern

Klöster

Sammlerinnen

Schmiede

Mittelalter

Bürgermeister

Eisen

Jäger

Tongefäße

Frühmensch

Metallhandwerker

Bronze

Webstuhl

Dreifelderwirtschaft

Kannst du dir vorstellen, dass der deutsche Bundeskanzler durch Losziehen bestimmt wird? Oder, dass ein König wie ein Gott verehrt wird? Für uns ist das eine merkwürdige Vorstellung, aber in manchen Staaten in der Vergangenheit war das ganz normal. Doch auch, wenn vieles in früheren Staaten anders war als heute, so war es immer die wichtigste Aufgabe eines Staates, das Zusammenleben der Menschen zu regeln: Gesetze müssen beschlossen, Streitigkeiten gelöst werden und die Menschen müssen in ihren Städten und Dörfern sicher leben können. Wie diese Aufgaben in Staaten vor rund 2000–5000 Jahren gelöst wurden, erfährst du auf den folgenden Seiten.

Staaten in der Antike

Ägypten um 3000–1000 vor Chr.
Kulturland, Überschwemmungsgebiet des Nil

Siedlungsgebiet der Griechen um 550 vor Chr.
Kernland und Mutterstadt
Tochterstadt

Römisches Reich 117 nach Chr.
Gebiet des Römischen Reiches
Reichsgrenze
Gallia – Name einer Römischen Provinz

3000 v. Chr.

Ober- und Unterägypten werden ein Reich; die Ägypter entwickeln eine eigene Schrift.

um 2500 v. Chr.

Die Pharaonen Mykerinos, Chephren und Cheops lassen die großen Pyramiden bauen.

ca. 1600–1000 v. Chr.

Im Neuen Reich herrschen die Pharaonen Hatschepsut, Echnaton, Tutanchamun und Ramses.

Leben und herrschen in frühen Staaten

Der griechische Feldherr Perikles war als „Stratege“ einer der höchsten Staatsmänner in Athen (Statue, 430 v. Chr.).

Pharao Mykerinos herrschte im 3. Jahrtausend v. Chr. über Ägypten (Relief, um 2480 v. Chr.).

Römische Bürger geben in der Volksversammlung ihre Stimmtäfelchen ab (römische Silbermünze, um 112 v. Chr.).

ı. 750–550 v. Chr.

ie Griechen gründen Kolonien
ı den Küsten des Mittelmeeres
und des Schwarzen Meeres.

753 v. Chr.

Der Sage nach wird in diesem Jahr die Stadt Rom gegründet.

500 v. Chr.

In Athen wird die Demokratie eingeführt; Rom wird eine Republik.

27 n. Chr.

Unter Augustus wird aus der römischen Republik eine Monarchie.

Frühe Hochkultur Ägypten

1 Ein „Geschenk" des Nils?

1 *Überschwemmte Felder:* Nach Rückgang des Nil-Hochwassers bildete sich eine dicke Schlammschicht. Die Bauern brauchten diesen „Dünger" für ihre Felder.

Nomaden
sind nicht-sesshafte Hirtenvölker, die mit ihren Herden von Weideplatz zu Weideplatz ziehen.

Ägypten besteht zum größten Teil aus heißer, trockener Wüste. Doch mitten in dieser Wüste gibt es sehr fruchtbares Ackerland mit reichlich Wasser – das Niltal. Hierhin wanderten um 5000 v. Chr. Nomaden aus der nordafrikanischen Steppe ein, sie ließen sich nieder und wurden sesshaft.
Ihre neue Heimat war aber kein Paradies. Die Menschen arbeiteten hart, um in dem feuchten Tal ihre Felder bestellen zu können. Sie mussten Sümpfe trockenlegen und Dämme gegen Hochwasser bauen.

Der ägyptische Kalender

Jedes Jahr im Sommer führte der Nil Hochwasser, wenn es in seinem Quellgebiet in Äthiopien stark geregnet hatte. Wann genau das Hochwasser kam, konnten die Ägypter berechnen: Immer wenn der Stern Sirius zum ersten Mal in der Morgendämmerung am Horizont auftauchte, folgte das Hochwasser. Die Ägypter erstellten daraufhin einen sehr genauen Kalender. Das „Niljahr" umfasste 365 Tage.

Das Volk am Fluss

Das Hochwasser brachte fruchtbaren Schlamm für die Felder mit. Deshalb erwarteten die Ägypter das Wasser jedes Jahr mit großer Hoffnung. Wenn die Überschwemmung langsam zurückging und der Schlamm auf den Feldern liegen blieb, kamen die Feldvermesser. Sie waren Beamte des Königs, die die Ackerfläche berechneten und einteilten. Anschließend teilten sie den Bauern ihre Felder zu.

Der Nil stellt Aufgaben

Um nach der Aussaat genügend Wasser für die Felder zu haben, bauten die Bauern Dämme, Kanäle und Schöpfräder. So konnten sie das Wasser auf die höher gelegenen Felder transportieren. Dabei hatten die Ägypter erkannt, dass sie die vielen Aufgaben nicht einzeln bewältigen konnten. Keiner von ihnen konnte einen Kanal alleine graben. Nur gemeinsam war es möglich, das Niltal zu bestellen und genügend Nahrung zu gewinnen. Jeder Einzelne hatte dabei einen Teil der gemeinsamen Aufgaben zu erfüllen.
Im Laufe der Zeit bildeten sich für bestimmte Aufgaben Spezialisten. War das Getreide reif, kam der Schreiber. Er führte Buch über die Ernte und legte die Steuern fest. Der oberste Scheunenverwalter war dafür zuständig, dass die Bevölkerung ausreichend versorgt wurde. Außerdem kümmerte er sich darum, dass Getreide in großen Kornkammern für Notfälle gelagert wurde. Ein anderer hoher Beamter war der, „der die Kanäle anlegt". Er musste die Bewässerungsanlagen überwachen und auch Abgaben eintreiben.

2 *Das Niltal bei Beni Nassan heute.* Der schmale fruchtbare Streifen ist zwischen einem und 20 Kilomentern breit.

Q3 *Das Schaduf,* ein Gerät, mit dem die Felder und Gärten bewässert wurden. Die Ägypter benutzten es seit ca. 1400 v. Chr. (Aquarell nach einer Wandmalerei im Grab des Ipui, Deir el-Medina, um 1240 v. Chr.)

Zeitreise multimedial Antike: Ägypten – „Der Nil"

Q4 *Über Saat und Ernte im Niltal schrieb der griechische Geschichtsschreiber Herodot im 5. Jahrhundert v. Chr.:*

Offenbar sind die Gebiete Ägyptens, die von Griechen besucht werden, Neuland und ein Geschenk des Stromes. Die Ägypter ernten den Ertrag ihres Bodens heute recht mühelos wie kaum andere Menschen. Sie haben es nicht nötig, mühevoll mit dem Pflug Furchen zu ziehen, den Boden zu hacken oder Feldarbeiten zu tun, womit sich andere plagen. Der Strom kommt von selbst, bewässert die Äcker und fließt dann wieder ab. Dann besät jeder seinen Acker und treibt Schweine darauf. Wenn er die Tiere die Saat hat festtreten lassen, wartet er ruhig die Ernte ab. Über die Natur des Flusses habe ich weder von den Priestern noch von sonst jemand etwas erfahren können. Ich hätte gern wissen wollen, warum der Fluss von der Sommersonnenwende an fast 100 Tage so wasserreich strömt und auch, warum er danach wieder zurückgeht.

Q5 *Über den Nil schrieb der Dichter Cheti um 1300 v. Chr.:*

Sei gegrüßt Nil, der aus der Erde herauskommt (…), um Ägypten zu ernähren; von Rê (dem Sonnengott) erschaffen, um alle Durstigen zu beleben. Der Gerste schafft und Emmer entstehen lässt. Ist er träge, (…) dann verarmt jedermann. Wenn er steigt, dann ist das Land in Jubel, dann ist jeder Bauch in Freuden.

Herr der Hoheit, der alles Gute bringt, der den Herden das Futter bringt, der jedem Gott Schlachtopfer zukommen lässt, der die Speicher füllt und die Scheunen weit macht, der den Armen Besitz gibt. Der Bäume wachsen lässt, der das Schilf hervorbringt durch seine Kraft.

Niemand weiß, wo seine Quelle ist, der zu seiner Zeit kommt, Ober- und Unterägypten zu füllen. Der Frieden schafft, einer, dem keine Grenzen gesetzt werden können. Nil, komm nach Ägypten, lass die Gesetze entstehen.

1. *Beschreibe, wie das Land am Nil besiedelt wurde (VT, Lexikon).*
2. *Erläutere, wie die Bauern am Nil ihre Arbeiten organisierten (VT, Q1, Q3, Q4). Wer übernahm spezielle Aufgaben?*
3. *Lies Q4 und erkläre, warum Herodot Ägypten als ein „Geschenk des Stromes" bezeichnet.*
4. *Sage dem Dichter Cheti (Q5), wo die Quelle des Nils liegt. Nimm einen Atlas zu Hilfe.*

2 Schule, Schrift und Schreiber

Phiops muss in die Schule

An einem Sommertag im Jahr 1250 v. Chr. segelt der Schreiber Duauf mit seinem Sohn Phiops auf dem Nil südwärts in Richtung Theben. Phiops soll in der Schule des Tempels von Theben zum Schreiber ausgebildet werden. Wir kennen die Namen der beiden aus einem Brief, in dem der Vater seinem Sohn die Vorzüge seines Berufes erklärt. Phiops ist acht Jahre alt. Natürlich ist er nicht davon begeistert, für einige Jahre von zu Hause weg zu sein. Der Vater hatte aber Recht. Schule, Schrift und Schreiber hatten in Ägypten eine große Bedeutung.

Eine Schrift wird notwendig

Als die Ägypter das Niltal immer dichter besiedelten und es viele spezielle Aufgaben gab, wurde es notwendig, wichtige Dinge schriftlich festzuhalten. Listen über Vorräte und Abgaben der Bauern mussten angelegt, Berichte der Beamten verfasst, Aufträge und Befehle geschrieben werden. Hierfür entwickelten die Ägypter besondere Zeichen. Sie hatten eine eigene Schrift erfunden! Dies war ein bedeutender Schritt auf dem Weg zu einer Hochkultur.

In die Schule darf jeder

Kehren wir zurück zu Duauf und seinem Sohn. Immer wieder fragt Phiops, was ihn in der Schule erwartet. Oft hat er seinem Vater beim Schreiben von Hieroglyphen zugesehen. Der Vater hat Phiops erklärt, dass es neben den Hieroglyphen auch eine einfachere Schrift für den täglichen Gebrauch gibt. Für sie verwendet man als Schreibmaterial den Papyrus.

In der Schule wird Phiops Mitschüler aus allen Gruppen der Bevölkerung treffen, das hatte ihm der Vater gesagt. Mädchen werde er nur selten sehen. Sein Vater kennt aber Frauen, die als Beamtinnen, Ärztinnen und Priesterinnen das Schreiben beherrschen. In die Schreiberschule zu gehen, war jedem gestattet. Der Vater berichtete von einem Priester, der arm gewesen war. Dank seiner Klugheit wurde er in die Schule aufgenommen und stieg zum „Dolmetscher für jedes Ausland" auf.

Der Vater erzählt ihm außerdem, dass er auch Mathematik, Bildhauerei, Malerei, Geografie und Sport zu lernen habe. Nicht alles verrät er seinem Sohn. Aus eigener Erfahrung weiß er, dass die Lehrer strengen Gehorsam verlangen und die Schüler oft schlagen.

Die jungen Menschen sollten erkennen, dass sie ein Teil der allgemeinen Ordnung seien, die nur mit strenger Disziplin zu bewahren sei. Erziehung und Lernen waren für die Ägypter ein Teil der göttlichen Ordnung.

Q 1 *Figur eines Schreibers* (bemalte Grabstatue aus Kalkstein, um 2500 v. Chr.).
Auf seinen Knien hat der Schreiber einen Papyrus aufgerollt. Mit der linken Hand hält er die Rolle, mit der rechten will er gerade schreiben. Sein straff gespannter Schurz dient ihm als Schreibunterlage.

A-Z

Hochkultur
Der Begriff wird verwendet, wenn ein Volk schon früh eine Schrift, eine Zeitrechnung, eine Verwaltung, Städte und eine von allen anerkannte Ordnung besitzt. Auch besonders herausragende Leistungen in Kunst, Literatur und Architektur machen eine Hochkultur aus.

Hieroglyphen
Diese Schriftzeichen entwickelten die Ägypter um 3000 v. Chr.

Hieroglyphen	Gegenstand	Laut	Bedeutung
	Brot	t	
	"Sandalen-riemen"	anch	leben
	Schilfrohr	i	
	Brettspiel	men	bleiben
	Wasser	n	
	Zepter	heka	Herrscher
	Korb	neb	Herr
	Mistkäfer	cheper	verwandeln/ Verwandlung
	Sonne	rê	Sonnengott

D1 *Die Hieroglyphen* entwickelten sich aus Bildzeichen.

Q2 *Der Schreiber Duauf an seinen Sohn Phiops (ca. 1250 v. Chr.):*

Ich lasse dich die Schriften mehr lieben als deine Mutter. Ich führe dir die Schönheit vor Augen; sie ist größer als die aller anderen Berufe. Kaum ist ein Schriftkundiger herangewachsen, wird man ihn grüßen. Der Steinmetz graviert mit dem Meißel in allerlei harten Steinen. Hat er die Arbeit vollendet, so versagen ihm seine Arme und er ist müde. Der Töpfer steckt in seinem Lehm; der beschmiert ihn mehr als ein Schwein. Wenn der Weber den Tag vollbracht hat ohne zu weben, wird er mit 50 Peitschenhieben geschlagen. Siehe, es gibt keinen Beruf, in dem einem nicht befohlen wird, außer dem des Schreibers; da ist er es, der befiehlt. Wenn du schreiben kannst, wird dir das mehr Nutzen bringen als alle Berufe, die ich dir genannt habe. Nützlich ist dir schon ein Tag in der Schule und eine Ewigkeit hält die in ihr geleistete Arbeit vor.

Q3 *Bericht über den Schultag eines Jungen (ca. 1200 v. Chr.):*

Mit einem „Wach auf, an deinen Platz!" wird der Junge geweckt. „Die Bücher liegen schon vor deinen Kameraden. Bring deine Kleider in Ordnung (der Junge schläft in seiner Kleidung) und zieh die Sandalen richtig an!", so fing der Tag an. Dann hieß es: „Du legst deine Aufgaben täglich ordnungsgemäß vor. Sei nicht faul! Man gibt auf: 3+3 (...). Dann fängst du an ein Buch zu lesen, rechnest und bist dabei still. Lass keinen Laut aus deinem Mund hören! Schreibe mit deiner Hand und lies mit deinem Mund! Faulenze nie oder wehe deinen Gliedern! Suche zu verstehen, was dein Lehrer will, höre auf seine Mahnungen; werde ein Schreiber!"

Q4 *Türschild des Pharaos.* Die Hieroglyphen auf diesem Metallschild besagen: „Der geliebte Sohn des Rê, Amenophis, der Gott und Herrscher von Theben, wird ewig leben." In dem ovalen Rahmen, Kartusche genannt, ist der Königsname zu finden.

1. *Erläutere, wie sich in Ägypten eine Schrift entwickelte. Wofür wurde sie benötigt?*
2. *Erkläre den Begriff „Hochkultur" mit eigenen Worten (VT, Lexikon).*
3. *Welche Hieroglyphen auf dem Türschild (Q4) kannst du erkennen und übersetzen?*
4. *Der Text Q2 wurde in Schulen als Schreibübung verwendet. Überlege, welche Wirkung er auf Schüler haben sollte. Was sagt der Text über den Beruf des Schreibers aus?*
5. *Der König hat dich zum Schreiber ernannt. Handwerker beschweren sich, dass nur sie hart arbeiten müssen. Wie verteidigst du dich? Nimm Q3 zu Hilfe.*

3 Projekt
Schreiben wie die Ägypter

Q 1 *Deutzeichen* wurden bei Namen oder Berufsbezeichnungen hinzugefügt, damit man sehen konnte, ob ein Mann oder eine Frau gemeint war (oben). Der Name eines Pharaos wurde immer mit einem Ring umgeben (unten).

Ein Besuch bei Phiops in der Schreiberschule
Bald nach der Ankunft in der Schule hatte Phiops seine ersten Unterrichtsstunden. Zunächst musste er lernen Hieroglyphen zu lesen und zu schreiben. Das war schwierig. Wir können uns das leichter machen und basteln uns eine Scheibe, mit der wir die Hieroglyphen erkennen können.

Ganz hinten im Buch findest du diese zwei Scheiben noch einmal in Schwarz-Weiß. Kopiere sie und klebe die beiden Scheiben auf passende Pappscheiben. Jetzt kannst du die Scheiben farbig gestalten. Wenn dir die Zeichen zu klein sind, kannst du die Kopien auch vergrößern. Schneide dann das kleine Fenster in der einen Scheibe aus.

Jetzt musst du die beiden Scheiben in der Mitte so befestigen, dass man sie drehen kann. Dazu machst du in die Mitte ein kleines Loch und nimmst einen Metallverschluss für Versandbeutel.
Mithilfe der Scheibe kannst du auch selber Hieroglyphen schreiben. Da Hieroglyphen Bildzeichen sind, sollten die Bilder auch gemalt werden. Ein Kugelschreiber oder Füller ist weniger geeignet.
Als Schreibgerät kannst du einen Pinsel nehmen. Die Ägypter schrieben mit roter und schwarzer Farbe. Du mischst dafür am besten schwarze und rote Tinte oder Tusche.
Papier aus Papyrus kann man sich heute in guten Bastelläden kaufen.

Q 2 *Schreibrichtung:* Die Ägypter schrieben entweder von oben nach unten (rechts), von rechts nach links (oben) oder von links nach rechts (unten). Erkennen kann man das an den Menschen- und Tierfiguren.
Sie schauen immer zum Zeilenanfang.

4 Wer herrscht am Nil?

Die ägyptische Götterwelt

Die Ägypter glaubten an viele Göttinnen und Götter. Auf Bildern sind diese Götter häufig in Menschengestalt, aber mit Tierköpfen dargestellt. Die Ägypter verehrten auf diese Weise die besonderen Fähigkeiten der Tiere, beispielsweise das scharfe Auge des Falken.

Der Pharao bewahrt die Weltordnung

Die Götterwelt war von der Welt der Menschen streng getrennt. Die einzige Verbindung zwischen Göttern und Menschen war der Pharao. Für ihn hatten die Ägypter viele verschiedene Titel. Einer ist „Lebender Horus auf Erden". Damit wurde der Pharao dem Himmelsgott Horus gleichgestellt. Weitere Titel waren „Sohn des Rê", des Sonnengottes, und „Herr von Ober- und Unterägypten".

Der Pharao war Herr und Gebieter über seine Untertanen. Da er gleichzeitig als Gott angesehen wurde, galt er als unfehlbar.

Ein Pharao schrieb seinem Sohn und Nachfolger folgende Lehre: „Halte dich fern von deinen Untergebenen, die nichts sind. Kenne keinen Freund, schaffe dir keine Vertrauten, denn es kommt nichts dabei heraus."

Der Pharao sollte sich durch nichts davon ablenken lassen, die göttliche Weltordnung, die „Maat", zu bewahren.

Zeitreise multimedial Antike: Ägypten – „Die Götterwelt der Ägypter"

Q1 *Eingeweidesarg des Tutanchamun (14. Jh. v. Chr.)* aus Gold, Halbedelsteinen und Glas. Geier und Kobra auf der Stirn waren Zeichen seiner Herrschaft. Krummstab und Geißel, eine Art Peitsche, waren Symbole für Macht und verliehen Kraft und Schutz. Der umgebundene Bart und das Kopftuch waren ebenfalls Kennzeichen der Macht.

Pharao – „Großes Haus"

Der Pharao lebte in einem prächtigen Palast, den die Ägypter „Großes Haus" nannten. In der Sprache der Ägypter hieß das „Pharao". Da diese Häuser aus Lehmziegeln und nicht wie die Pyramiden aus Stein gebaut wurden, ist von ihnen fast nichts erhalten.

Viele Diener standen dem Pharao zur Seite: Es gab die „Geheimen Räte des königlichen Schmucks", den „Diadembewacher", einen „Sandalenverwalter" oder auch einen „Haarmacher".

Eine Frau wird Pharao

Eigentlich musste der Pharao immer ein Mann sein, denn Tapferkeit und Stärke galten als männliche Eigenschaften. Doch als im Jahr 1490 v. Chr. der Pharao Thutmosis II. starb, übernahm seine Witwe Hatschepsut die Regierung. Denn ihr Sohn war noch nicht alt genug um zu regieren. Hatschepsut übergab dem Sohn aber auch nicht die Macht, als er volljährig wurde. Damit geschah etwas Unglaubliches: Eine Frau wurde Pharao. Für die Ägypterinnen und Ägypter war das ein Verstoß gegen die göttliche Ordnung. Aber Hatschepsut war ein sehr guter Pharao. „Sie ist die Meisterin der Herrschaft, ihre Pläne sind ausgezeichnet", sagte ein Ägypter über sie. Hatschepsut regierte 20 Jahre und brachte dem Land einen langen Frieden.

Q2 *Pharao Meri-Ka-Rê schrieb um 1480 v. Chr. folgende Ratschläge an seinen Sohn:*
Sei geschickt im Reden, damit du die Oberhand behältst; Reden ist erfolgreicher als Kämpfen. Ahme deine Väter nach, die vor dir gestorben sind. Sei nicht böse; freundlich sein ist gut. Zeige dich deinem Land gütig, man preist deine Güte und betet für deine Gesundheit. Mache deine Beamten vermögend, damit sie nach deinen Gesetzen handeln. Wer reich ist, ist nicht parteiisch. Sag die Wahrheit in deinem Hause, dann haben die Großen vor dir Respekt. Tu du als Pharao das Rechte, quäle keine Witwe. Hüte dich davor, ungerechterweise zu strafen. Mache keinen Unterschied zwischen dem Sohn eines Vornehmen und dem niedriger Herkunft; hole dir einen Mann wegen seiner Fähigkeiten.

Q3 *So wurde Pharao Sesostris I. gelobt:*
Er ist ja ein Gott ohne seinesgleichen; nie gab es einen, der ihn übertrifft. Über Weisheit verfügt er, trefflich ist er im Planen, wirkungsvoll im Befehlen; man zieht aus und kehrt zurück auf sein Verlangen (…). Ein Held ist er, der mit seinem Arm wirkt, ein Kämpfer, dem niemand gleichkommt (…). Auch ein Liebenswürdiger ist er, mit großer Gnade, der durch Liebe erobert hat.

Q4 *Hatschepsut, eine Frau als Pharao (Statue um 1465 v. Chr.). Nach ihrem Tod ließ ihr Sohn Thutmosis III. nahezu alle Statuen und Inschriften von ihr zerstören.*

1 Beschreibe die Stellung des Pharao im ägyptischen Staat (VT).
2 Lies Q2 und Q3. Fasse mit eigenen Worten zusammen, wie ein guter Pharao sein sollte.
3 Vergleiche die Darstellung der Hatschepsut Q4 mit der des Tutanchamun Q1. Warum hat sich Hatschepsut so darstellen lassen?
4 Überlege, warum Thutmosis III. alle Andenken an seine Mutter vernichten wollte (VT, Q4).

D1 *Ägyptische Götter*
① *Rê* sorgt für den täglichen Umlauf der Sonne. Man erkennt ihn an der Sonnenscheibe. Oft wird er mit einem Falkenkopf dargestellt, weil Falken hoch am Himmel fliegen.
② *Thot*, Gott der Weisheit und der Schreibkunst, wird mit dem Kopf eines Ibisses dargestellt.
③ *Anubis* beschützt die Toten. Vielleicht malten ihn die Ägypter mit einem Schakalkopf, weil Schakale häufig auf Friedhöfen nach Knochen suchten.
④ *Maat*, Göttin der Wahrheit und Gerechtigkeit. Sie trägt eine Pfauenfeder auf dem Kopf.

① ② ③ ④

5 Methode
Ein Schaubild verstehen

Ein Schaubild soll Informationen aus der Geschichte übersichtlich darstellen. Es richtig zu „lesen“, will jedoch gelernt sein. Hier zeigen wir dir, wie du ein Schaubild verstehen und ihm wichtige Informationen entnehmen kannst.

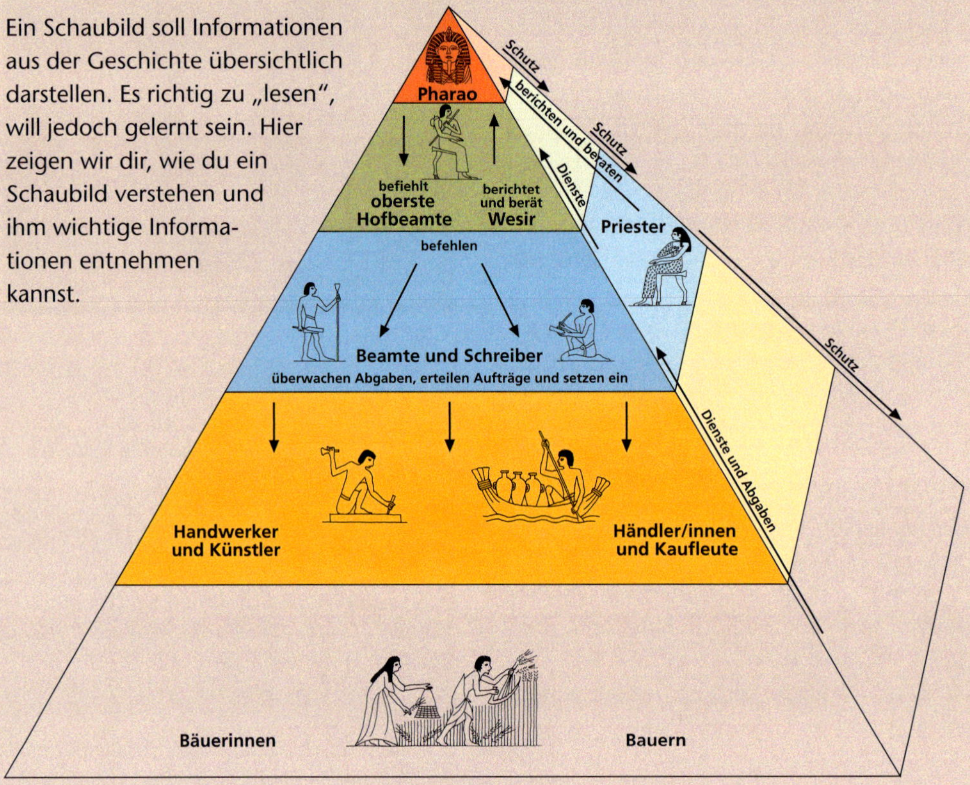

D 1 *Schaubild der ägyptischen Gesellschaft um 2200 v. Chr.*
Der Pharao nahm in der Rangordnung der Gesellschaft den ersten Platz ein. Darum ist er im Schaubild an die Spitze gesetzt worden. Alle wichtigen Entscheidungen traf er selbst und gab dem Wesir und den obersten Hofbeamten Befehle. Umgekehrt berichteten ihm der Wesir, die obersten Beamten und die Priester in den Tempeln über die Ereignisse im Reich und berieten ihn. Alle anderen Untertanen dienten ihm und mussten einen Teil ihrer Einnahmen oder Ernte als Steuer abgeben. Der Pharao war dafür verantwortlich, seine Untertanen zu beschützen und für ihr Wohlergehen zu sorgen.

Hierarchie
Das Oben und Unten bzw. Nebeneinander in einer Gesellschaft ist die Rangordnung. Die Griechen nannten das „Hierarchie“, das bedeutet „heilige Ordnung“.
Auf welcher Stufe der Rangordnung Menschen stehen, hängt z. B. davon ab, ob sie arm oder reich sind, hohes oder niedriges Ansehen oder Bildung besitzen, viele oder wenige Rechte haben oder als Frau oder Mann geboren wurden.

Methodische Arbeitsschritte

1. Stelle fest, welches Thema das Schaubild behandelt. Die Legende verrät es dir.
2. Untersuche, warum einzelne Teile des Schaubildes in verschiedenen Farben dargestellt sind.
3. An welchen Stellen werden Pfeile und Linien verwendet? Was sagen sie über die Beziehungen zwischen den Personen aus?
4. Warum eignet sich die Form einer Pyramide besonders gut, um die ägyptische Gesellschaft darzustellen? Kannst du dir noch eine andere Form vorstellen?

D 2 Mein Vater fährt im Auftrag der Verwaltung oder des Tempels mit dem Boot in ferne Länder. Er bringt Gold, Edelsteine, Weihrauch, Parfüm und Gewürze mit. Die wertvolleren Waren gehören natürlich dem Pharao. Den Rest verkauft meine Mutter auf dem Markt. Bald darf ich mit meinem Vater mitfahren.

D 3 Mein Vater ist sehr geachtet und wichtig für den Pharao. Sein Vorgesetzter ist der Wesir. Mein Vater kann lesen und schreiben, er treibt Steuern ein, kontrolliert die Arbeit der Bauern und notiert den Bestand an Vieh und Getreide. Bei guter Arbeit kann er in der Beamtenlaufbahn aufsteigen. Wir leben sehr angenehm. Nach zwölf Jahren Schreiberschule kann auch ich den Beruf meines Vaters ausüben.

D 4 Meine Mutter ist Parfümherstellerin. Duftstoffe sind in unserem Land sehr begehrt. Wir leben ganz gut, obwohl wir einen Teil des Parfüms als Steuer an die Schreiber abgeben müssen. Den Rest tauschen wir gegen Brot, Bier und manchmal Fleisch. Für eine Schreiberlehre reicht es aber nicht.

D 5 Meine Eltern gehören zu den einflussreichsten Menschen in Ägypten und beraten sogar den Pharao. Sie sorgen dafür, dass die Götter in richtiger Weise verehrt werden, und bereiten den göttlichen Pharao nach seinem Tod für seine Fahrt ins Totenreich vor. Im Lebenshaus erlerne ich alle heiligen Handlungen, Gebete und geheimen Künste, um später das Amt meiner Eltern zu erben.

D 6 Mein mächtiger Vater sorgt dafür, dass die Befehle des Pharaos ausgeführt werden. Er legt die Steuern fest und schlichtet Streitigkeiten. Bei wichtigen Entscheidungen holt der Pharao Ratschläge von meinem Vater ein. In einem Palast werde ich als sein Nachfolger von einem Privatlehrer unterrichtet.

D 7 Unsere ganze Familie bestellt die Äcker des Pharaos. Unser Dorf muss den größten Teil der Ernte bei den Beamten des Pharaos abliefern. Für uns bleibt nur wenig zum Leben. Wer seine Abgaben nicht entrichtet, wird in die Kupferbergwerke geschickt. Bei Hochwasser arbeitet mein Vater im Auftrag der Beamten auf der Pyramidenbaustelle.

1. *Erläutere anhand des Schaubildes D1, wie der Pharao regierte.*
2. *Ordne die Personen (D2–D7) richtig in das Schaubild ein. Begründe deine Entscheidung.*
3. *Suche nach Gründen, warum du die Personen in der Hierarchie weiter oben oder unten eingeordnet hast. Lies dazu auch die Erklärung zum Begriff „Hierarchie“.*
4. *Auf dieser Seite werden nur einige Berufe beschrieben. Informiere dich aus den anderen Kapiteln des Buches über weitere Personengruppen und ordne sie in das Schaubild ein.*

6 Die Pyramiden – Bauten für die Ewigkeit

Rätselhafte Pyramiden

Die berühmtesten Bauwerke Ägyptens sind die Pyramiden. Ungefähr 70 sind bis heute entdeckt worden. Schon in der Antike zählte man sie zu den Weltwundern. Um manche Pyramiden ranken sich geheimnisvolle Geschichten. Sagenhafte Schätze seien in ihnen verborgen. Grabräuber und Forscher sollen auf unerklärliche Weise im Inneren einer Pyramide ums Leben gekommen sein.

Viele Leute haben versucht den Sinn der Pyramiden zu erklären. Für die einen waren es Kornspeicher, erbaut von den ägyptischen Königen, um vor Hungersnöten sicher zu sein. Andere meinten, die Pyramiden seien als Schutz gegen die Sintflut errichtet worden. Was wissen wir wirklich?

Die Cheops-Pyramide

Die großen Pyramiden stammen aus dem dritten Jahrtausend v. Chr. Die größte ist die des Pharaos Cheops. Sie ist 147 m hoch, eine Seite ist 230 m lang. Zum Bau benötigte man ca. 2,5 Millionen Steinblöcke, von denen jeder 2,5 Tonnen wog. Ungefähr 20 Jahre lang waren tausende Ziegelmacher, Maurer, Zimmerleute, Bildhauer, Maler und Steinmetzen beschäftigt. Den Transport der Steine mussten Bauern in der Zeit leisten, in der sie wegen des Nilhochwassers nicht auf ihren Feldern arbeiten konnten.

Den Wissenschaftlern geben die Pyramiden heute kaum noch Rätsel auf: Diese Bauwerke waren Grabanlagen für die Pharaonen.

„Häuser für das ewige Leben"

Die Ägypter nannten die Pyramiden „Häuser für das ewige Leben", denn sie waren fest davon überzeugt, dass es ein Weiterleben nach dem Tod gab. In der Nähe der Pyramiden fand man in großen Gruben vergrabene Schiffe, die dem toten König im Jenseits zur Verfügung stehen sollten. Nach dem Glauben der Ägypter wird das himmlische Jenseits mit Schiffen durchfahren.

Im Inneren der Pyramide befand sich die Sargkammer. An den Wänden standen Texte in Hieroglyphen, die das Begräbnis des Königs und seinen Weg ins Jenseits beschrieben. Dieser Weg war der Aufstieg des Verstorbenen in das Reich des Vaters, des Sonnengottes Rê. Die Pyramide war wohl eine steinerne Treppe für diesen Himmelsaufstieg. In der späteren Zeit wurden die Könige nicht mehr in Pyramiden, sondern in Felsengräbern im Tal der Könige bestattet.

A-Z

Pyramide
So werden die Gräber der ägyptischen Könige genannt. Das Wort bedeutete auch „Weizenbrot". Dieses hatte im alten Ägypten die Form eines Kegels.

Q 1 *Das Pyramidenfeld von Gise* mit den Pyramiden der ägyptischen Herrscher Mykerinos, Chephren und Cheops (von links nach rechts) aus den Jahren 2510 bis 2457 v. Chr. Im Vordergrund stehen kleine Pyramiden von Königinnen und Prinzessinnen. Beim Bau der Cheopspyramide sollen zeitweise bis zu 100 000 Arbeiter beschäftigt gewesen sein. Sie lebten in einer Stadt mit Werkstätten, Vorratslagern und Getreidespeichern.

D1 *Pyramidenbau – gerade oder umlaufende Rampen?*

Archäologen nehmen an, dass Rampen angelegt wurden, auf denen Mannschaften von Arbeitern die Steinblöcke mit Schlitten herbeischafften. Sand, Schlamm und Wasser dienten als Schmiermittel. Die Rampen wurden aus Steinen und Sand gebaut. Beides konnte später als Füllmaterial im Inneren der Pyramide wiederverwendet werden. Wie die Rampen ausgesehen haben, darüber streiten sich die Forscher.

① Eine gerade auf die Pyramide zulaufende Rampe hätte die Ecken und Seiten der Pyramide frei gelassen. So konnte ständig die richtige Neigung der Pyramide überprüft werden. Ab etwa 20 m Höhe wurde die Steigung für die Arbeiter unüberwindbar. Um die Steigung gering zu halten, hätte man die Rampe so lang bauen müssen, dass sie mehr Material verschlungen hätte als die ganze fertige Pyramide.

② Manche Fachleute gehen von mehreren Rampen aus, die sich von unten um die Pyramide herumwanden. Auch diese Rampen wurden ab einer bestimmten Höhe zu steil.

Wie die Pyramiden im oberen Teil bis zur Spitze gebaut wurden, ist unklar. Nach neueren Erkenntnissen arbeiteten die Ägypter mit Hebeln, Walzen, Brechstangen und Schlitten.

Zeitreise multimedial Antike: Ägypten – „Die Pyramiden"

Q2 *Über die Technik des Pyramidenbaus schreibt der Grieche Herodot (um 450 v. Chr.):*

Beim Bau der Pyramide ging man so zu Werke: Man baute sie wie eine Treppe, die manche Stufen nennen. War zunächst eine solche Stufe gebaut, wand man die übrigen Steine mithilfe eines Gerüstes aus kurzen Holzstangen hinauf. So hob man die Steine von der Erde auf den ersten Treppenabsatz. Jedes Mal, wenn der Stein auf ihn gebracht war, legte man ihn auf ein anderes Gerüst, das auf der ersten Stufe stand; von dort wurde er auf den zweiten Absatz, auf ein anderes Gerüst, gewunden. Es gab so viele Vorrichtungen wie Treppenstufen, falls man nicht die Hebevorrichtung auf jede neue Stufe setzte. Mir ist nämlich beides erzählt worden.

Q3 *Vom Bau der Cheops-Pyramide berichtet Herodot:*

[Cheops] zwang alle Ägypter für ihn zu arbeiten. Die einen mussten Steinblöcke aus den Steinbrüchen im arabischen Gebirge bis an den Nil schleifen. Über den Strom wurden sie auf Schiffe gesetzt. Andere mussten die Steine weiterziehen (...).
So wurde das Volk bedrückt. Es dauerte 10 Jahre, ehe nur die Straße gebaut war, auf der die Steine dahergeschleift wurden. Dieses Werk finde ich fast ebenso gewaltig wie den Bau der Pyramide selber. Denn die Straße ist 890 m lang, 18 m breit, an der höchsten Stelle 14 m hoch und aus geglätteten Steinen hergestellt.

1. *Welche Einzelheiten über den Pyramidenbau weiß man sicher, was kann man nur vermuten (D1, Q2, Q3)? Diskutiert die Vor- und Nachteile der beiden Modelle.*
2. *Stelle dir vor, deine Heimatzeitung hätte dich als Reporter zum Bau der Cheops-Pyramide geschickt. Verfasse einen Bericht.*
3. *Die Pyramiden gehören zu den „sieben Weltwundern". Erkundigt euch nach den anderen sechs.*

7 Der Weg ins Jenseits

Mumien geben Rätsel auf

In den letzten 200 Jahren hat man in Ägypten nicht nur im Tal der Könige oder in Pyramiden, sondern auch in einfachen Gräbern eine große Zahl von sorgfältig einbalsamierten Körpern gefunden. Sie ruhten in Särgen, von denen manche aus edlem Holz oder sogar aus Gold gefertigt waren. Warum haben die Ägypter ihre Toten so aufwändig hergerichtet, dass sie noch bis in unsere Zeit gut erhalten geblieben sind?

Q1 *Mumie in einem reich bemalten Sarg.* Diese Priesterin aus Theben wurde in einem Sarg in Menschengestalt bestattet (1,83 m lang, um 1000 v. Chr.).

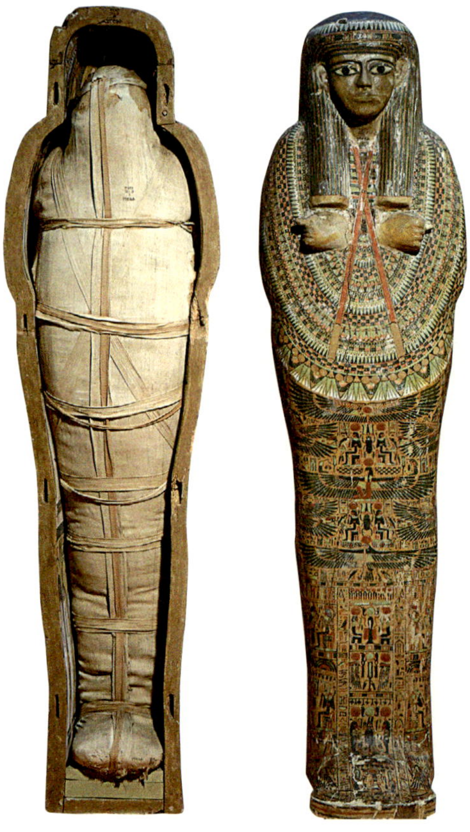

Mumie
Mumien sind einbalsamierte Körper verstorbener Menschen und Tiere. In einem aufwändigen Verfahren wurde der Körper vor Verwesung geschützt. Die Ägypter machten das aus religiösen Gründen, denn sie glaubten an ein Weiterleben nach dem Tod. Auch heilige Tiere wurden so behandelt.

Tod und Trauer

Wenn ein Ägypter gestorben war, begann für die Familie die Zeit der Trauer. Die Männer rasierten sich nicht mehr, die Frauen beschmierten ihr Gesicht mit Schlamm. „Klageweiber", die von den Trauernden bezahlt wurden, liefen laut schreiend durch die Straßen und riefen: „Wehe, das Unglück!" Der Leichnam wurde dann zu den Einbalsamierern gebracht. Die Toten der armen Leute wurden in Binsenmatten gewickelt und in der Erde verscharrt. Für einen Pharao oder hohen Würdenträger kam dagegen nur ein Mumienbegräbnis infrage.

Körper für die Ewigkeit

Die Vorbereitungen dauerten bis zu 70 Tagen. Zuerst wurde dem Verstorbenen mit Haken das Gehirn durch die Nasenhöhle entfernt. Dann wurden alle Organe mit Ausnahme des Herzens aus dem Körper genommen und in besonderen Gefäßen, den Kanopenkrügen, einzeln einbalsamiert. Das Innere des Leichnams rieb man mit Natronsalz ein. Damit wurde dem toten Körper das Wasser entzogen. Nur so konnte er vor dem Verwesen bewahrt werden. In einem weiteren Arbeitsgang wurde der Körper mit duftendem Harz gefüllt.
Wenn nach ca. 40 Tagen der Leichnam vollständig ausgetrocknet war, stopfte man Füllmaterial (z. B. Papyrus) in den Körper, damit der Tote wieder die natürliche Form erhielt. Zum Schluss wurde er mit langen Leinenstreifen umwickelt. Nachdem der Tote in einen Sarg gelegt worden war, wurde er in einem Trauerzug zum Nil getragen. Ein Boot fuhr ihn dann zum Westufer, zur Stadt der Toten. Hier wurde der Sarg ins Grab gelassen. Jetzt stand der Tote auf der Schwelle zum Jenseits. Bevor er es aber betreten durfte, musste er sich vor dem Totengericht verantworten. Das galt auch für einen verstorbenen Pharao.

Q 2 *Totengericht (aus dem Papyrus des Hunefer, um 1300 v. Chr.)*

① Der Gott Anubis mit dem Schakalkopf, der Wächter der Toten, führt den verstorbenen Hunefer zu dem Gott Osiris.
② Das Herz des Hunefer wird auf der Waage gegen die Maatfeder, das Zeichen für Ordnung und Wahrheit, gewogen. Anubis überwacht die Waage.
③ Der Gott Thot notiert das Ergebnis des Wägens auf einer Tafel.
④ Der falkenköpfige Gott Horus führt den Verstorbenen nun vor den Thron des Osiris zur Urteilsverkündung.
⑤ Oben sitzen Götter als Richter und fällen das Urteil, ob Hunefer ins Jenseits eingehen kann. Wenn die Waage nicht im Gleichgewicht ist, wird die Fresserin (das Ungeheuer mit Krokodilskopf und dem Körper eines Löwen) zu ihrem Recht kommen. Andere Richter haben ähnliche Namen, z. B. Knochenbrecher oder Därmeverschlinger.

Zeitreise multimedial Antike: Ägypten – „Die Sargkammer des Sennedjem"; „Das Leben im Jenseits"

Q 3 *In einer Pyramide fand man diesen Totenspruch für einen Pharao:*

Hallo, erhebe dich, o Pharao! Nimm deinen Kopf, sammle deine Knochen, raff deine Glieder zusammen, schüttle die Erde von deinem Fleische! Empfange dein Brot, das nicht schimmelt, und dein Bier, das nicht schal wird! Du stehst an der Tür, die die Menschen fern hält. Der Gott Chontamenti[1] kommt zu dir und ergreift deine Hand. Er geleitet dich zum Himmel zu deinem Vater Geb[2]. Er jubelt bei deinem Nahen, er umarmt dich, er küsst dich. Er setzt dich an die Spitze der unvergänglichen Sterne. Die [Götter] preisen dich. Gerste ist für dich gedroschen, Emmer[3] ist für dich gemäht. Erhebe dich, o Pharao! Du sollst nicht sterben!

[1] Chontamenti führt die Verstorbenen in den Himmel.
[2] Geb ist der Vater der Götter.
[3] Emmer ist eine alte Weizenart.

Q 4 *Dienerfiguren, so genannte Uschebtis,* wurden dem Verstorbenen mit ins Grab gegeben. Sie sollten ihm die Pflichten abnehmen, falls ihn die Götter zur Arbeit riefen (Theben, um 1250 v. Chr.).

1. *Sicher kannst du erklären, warum die Ägypter den Pharao besonders sorgfältig mumifizierten.*
2. *Was sagt der Pyramidenspruch Q3 über die Vorstellungen der Ägypter vom Jenseits aus? Wie empfanden die Ägypter den Tod?*
3. *Erzähle die Handlung auf dem Bild Q2 nach. Finde eine Überschrift für jeden Bildabschnitt.*
4. *Vergleiche die Jenseitsvorstellungen der Ägypter mit denen anderer Religionen (z. B. Christentum oder Islam).*

Das antike Griechenland

8 Wie lebten die frühen Griechen?

Sagen
überliefern Erzählungen aus längst vergangenen Zeiten. Wirklich Geschehenes ist oft mit bloß Erdachtem vermischt. Die berühmtesten griechischen Sagen hat der Dichter Homer im 8. Jahrhundert v. Chr. verfasst. Die „Ilias" schildert den Kampf der Griechen vor Troja, die „Odyssee" berichtet von der Irrfahrt des Odysseus über das Mittelmeer.

Polis
bedeutete ursprünglich „Burg" oder „Stadt". Später nannten die Griechen ihre Stadtstaaten „Polis". Jede Polis hatte ihr eigenes Gebiet, ihre eigene Bevölkerung und eigene politische Einrichtungen. In den meisten Poleis lebten nicht mehr als 2000 bis 3000 Einwohner. Von „Polis" leitet sich unser Wort „Politik" ab: das, was alle angeht.

Ein beliebtes Reiseziel

„Eine Reise nach Griechenland – das bedeutet Sonne, Meer und traumhafte Landschaft." So wird in einem Reiseprospekt das gebirgige Land an der Südspitze der Balkanhalbinsel angepriesen, das auch viele deutsche Touristen besuchen. Sie genießen das warme, trockene Klima an den Stränden des Mittelmeeres, aber sie besichtigen auch Tempel, Theater und Sportstätten, die über 2000 Jahre alt sind.
Auch im Alltagsleben begegnen wir Dingen, die aus der Welt der Griechen stammen. Ob wir von Atom, Alphabet oder Demokratie reden, benutzen wir Wörter, die aus der griechischen Sprache vor über 2000 Jahren kommen.
Wer waren die Menschen, denen wir noch heute so vieles verdanken?

Die frühen Griechen

Im zweiten Jahrtausend v. Chr. verließen Völker ihre Heimat an der Donau und am Schwarzen Meer. Sie wanderten nach Süden und unterwarfen die Urbevölkerung des griechischen Festlandes. Mächtige Fürsten herrschten von stark befestigten Burgen aus. Sie führten Kriege gegeneinander oder verbündeten sich zu Eroberungszügen.
Aus dieser kriegerischen Zeit stammen viele Sagen. Vielleicht kennt ihr die Abenteuer des Odysseus, der zehn Jahre über das Meer irrt und von Stürmen und Ungeheuern bedroht wird.

Die Griechen und das Meer

Diese Sage lässt uns ahnen, welche Furcht die Menschen hatten, wenn sie sich mit ihren kleinen Schiffen auf das Meer hinaus wagten. Eine ideale „Brücke" zwischen Griechenland und der heutigen Türkei waren die Inseln des Ägäischen Meeres, wo man auf Sichtweite zur nächsten Insel segeln konnte. Selbst benachbarte Städte erreichte man oft leichter mit dem Schiff als auf dem Rücken eines Esels oder Maultieres über beschwerliche Gebirgspfade. Die meisten Täler und Küstenebenen Griechenlands sind nämlich durch hohe Berge voneinander getrennt.

Viele hundert Kleinstaaten

Das war auch der Grund dafür, dass sich in Griechenland kein so großer Staat entwickeln konnte wie Ägypten. Ein Herrschaftsgebiet war selten größer als ein Gebirgstal, eine Küstenebene oder eine Insel. Einen solchen Kleinstaat nannten die Griechen Polis. In ihrem Mittelpunkt stand meistens eine Burg, von der aus das kleine Gebiet regiert wurde. Handwerker und Kaufleute siedelten sich im Schutze der Burg an. So entstand eine Stadt, die von den Bauern des Umlandes versorgt wurde.

Q1 *Bauern ernten Oliven* (Vasenbild, 7. Jahrhundert v. Chr.).

Q2 *Ein Schmied in seiner Werkstatt* (Vasenbild, ca. 6. Jahrhundert v. Chr.)

1 Beschreibe, wie das griechische Festland und die Inseln besiedelt wurden (VT, D1). Verwende dabei auch den Begriff „Polis“.

2 Stelle dar, welche Bedeutung das Meer für die Griechen hatte. Gehe dabei auf die folgenden Dinge ein: Nähe zum Meer, natürliche Häfen, beschwerliche Landwege, Handel, Fischreichtum (D1).

D1 *Griechenland und Kleinasien – Landschaft und Besiedlung.* Was sagt die Karte über die Verteilung von Gebirgen, Ebenen und Küsten aus? Wie wirkte sich das wohl auf die Lebensbedingungen der Menschen aus, d.h. wo konnten Einwanderer siedeln, wo war dies für sie schwierig oder unmöglich? Achte auch auf den Verlauf der Küste. Was fällt dir auf?

9 „Wie die Frösche um einen Teich“

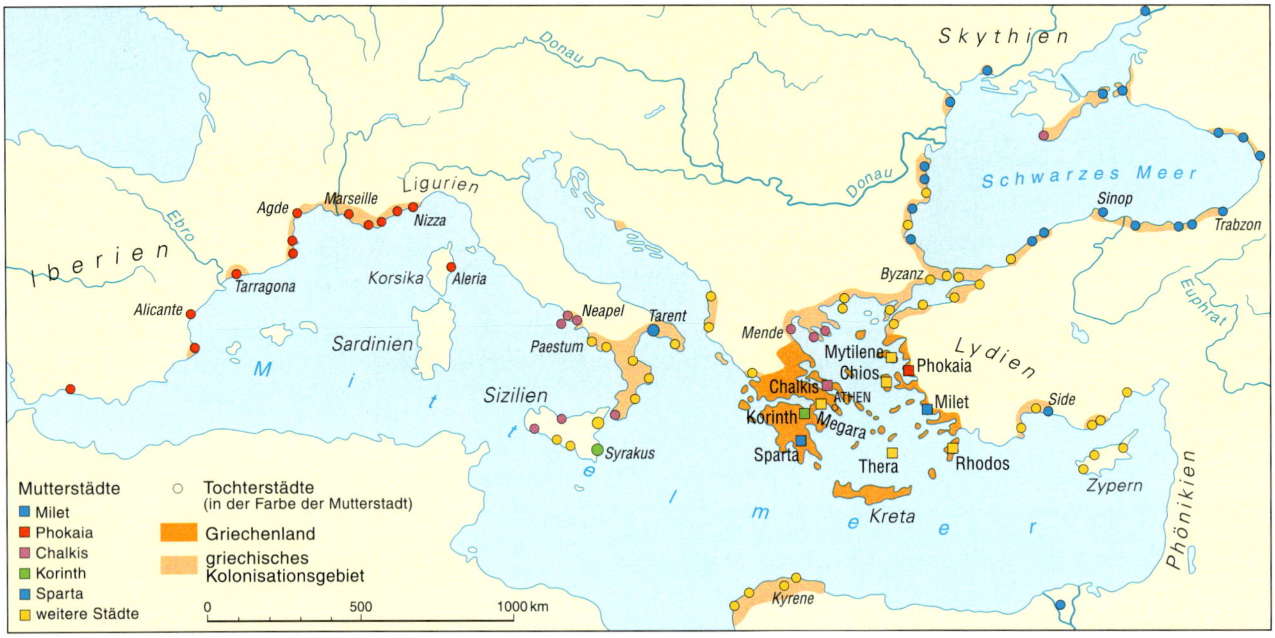

D 1 *Griechische Kolonisation* zwischen 750 und 550 v. Chr.: Bürger einer „Mutterstadt“ wanderten aus und gründeten in der Fremde eine selbstständige Kolonie. Manche „Tochterstädte“ wurden selbst zum Ausgangspunkt für weitere Neugründungen.

A-Z

Kolonisation
Griechen gründeten an den Küsten des Mittelmeeres und des Schwarzen Meeres neue Siedlungen. Diese Kolonien waren von der Mutterstadt unabhängige Staaten.

Griechen suchen eine neue Heimat

„Wir sitzen um unser Meer wie die Frösche um einen Teich.“ So beschrieb Platon, der im 5./4. Jahrhundert v. Chr. lebte, den Siedlungsraum der Griechen. Wenn du auf die Geschichtskarte oben schaust, kannst du sicher erkennen, was er damit meinte.

Was könnte die Menschen dazu veranlasst haben, ihre Heimat zu verlassen? Am Anfang trieben sicherlich Missernten und Hungersnöte die Menschen fort, insbesondere dann, wenn das Getreide bei Trockenheit verdorrte. Viele Bauernhöfe auf kargen Böden konnten auch in normalen Erntejahren ihren Besitzer und seine Familie kaum ernähren. Hatte der Bauer dann auch noch zwei oder mehr Söhne, so musste das Land wieder geteilt werden. Einen Ausweg bot für viele nur die Auswanderung. Manche suchten in der Fremde nach neuen Handelsplätzen, wo sie gute Gewinne machen konnten. Neue Geschäfte lockten auch, weil die Geldwirtschaft allmählich den Tauschhandel ersetzte. Andere gingen vielleicht auch aus bloßer Abenteuerlust von zu Hause weg.

Die Kolonisten bleiben Griechen

So gründeten die Griechen zwischen 750 und 550 v. Chr. viele Ackerbaukolonien und Handelsstädte. Alle lagen nahe an der Küste, waren also über See leicht zu erreichen. Ihre neuen Nachbarn lernten die griechische Sprache, Lebensart und Architektur kennen. Die Griechen vermittelten ihnen auch zwei entscheidende Neuerungen, die sie selbst im Osten kennen gelernt hatten: das Buchstabenalphabet und das Münzsystem.

Zu den Mutterstädten entstanden rege Handelsbeziehungen. Obwohl die Griechen über viele Stadtstaaten verstreut lebten, fühlten sie sich durch ihre gemeinsame Sprache und Kultur als ein Volk. Fremde bezeichneten sie als Barbaren. Deren Sprache hörte sich für Griechen nämlich wie „barbarbar“ an. Wer es sich leisten konnte, reiste zu den großen Festen der Götter nach Griechenland. Alle vier Jahre kamen Sportler und Besucher aus der ganzen griechischen Welt zu großen Wettkämpfen nach Olympia.

Q1 *Der Geschichtsschreiber Herodot (5. Jahrhundert v. Chr.) berichtet, wie Bürger der Insel Thera (heute Santorin) um 630 v. Chr. eine Tochterstadt gründen:*

Nun aber blieb sieben Jahre lang der Regen in Thera aus; während dieser Zeit verdorrten alle Bäume der Insel. Da befragten die Theraier das Orakel von Delphi*, und die Pythia* erinnerte sie an das Gebot des Gottes Apollon, eine Kolonie in Libyen zu gründen. Die Theraier beschlossen, dass aus allen sieben Gemeinden der Insel immer einer von zwei Brüdern auswandern sollte. Zum Anführer der Auswanderer wurde Battos bestimmt. Daraufhin fuhren sie in Richtung Libyen ab. Da sie aber keine günstigen Winde hatten, kehrten sie nach Thera zurück. Die Theraier aber schossen auf sie und ließen sie nicht landen. Notgedrungen fuhren sie wieder zurück und ließen sich auf der Insel Platea vor der libyschen Küste nieder. Hier wohnten sie zwei Jahre, aber es ging ihnen auch hier schlecht und so fuhren sie nach Delphi; nur einen einzigen Mann ließen sie zurück. Doch Pythia bestand auf der Ansiedlung in Libyen. Als Battos und seine Gefährten das hörten, fuhren sie wieder zurück. (...) Sie segelten zur Insel, nahmen den Zurückgelassenen an Bord und gingen gegenüber jener Insel in Libyen an Land. An dieser Stelle wohnten sie sechs Jahre. Dann führten die Libyer sie weiter an einen noch schöneren Ort. Dort gründeten sie Kyrene.

*Pythia war die Priesterin im Apollonheiligtum in Delphi. An dieses Orakel wandten sich die Griechen in wichtigen Fragen.

Q2 *Griechische Schiffe* auf einer Trinkschale aus dem 5. Jahrhundert v. Chr.
Zu dieser Zeit besaß die Polis Athen die meisten Handels- und Kriegsschiffe.

Q3 *Tetradrachme (=Vierdrachmenstück)* aus Athen. Die Rückseite der Münze zeigt das Wappentier der Athene. Athene ist die Schutzgöttin der Stadt. Ihr Bild ist auf der Vorderseite der Münze zu sehen. Die Inschrift ΑΘΕ steht für die ersten drei Buchstaben des Ausgabeortes: ΑΘΕΝΑΙ Ν = Münze der Athener.
Das Silber für die berühmte Athener Eulenmünze kam aus den Bergwerken von Laurion auf der Halbinsel Attika. Dort arbeiteten bis zu 20 000 Sklaven unter unmenschlichen Bedingungen.

D2 *Die ersten Buchstaben des griechischen Alphabets.* – Kannst du dir erklären, woher der Name stammt?

Α	α	a	Alpha	Η	η	e	Eta
Β	β	b	Beta	Θ	θ	th	Theta
Γ	γ	g	Gamma	Ι	ι	i	Iota
Δ	δ	d	Delta	Κ	κ	k	Kappa
Ε	ε	e	Epsilon	Λ	λ	l	Lambda
Ζ		th	Zeta	Μ	μ	m	My

1. *Warum verließen viele Griechen Ihre Heimat? (VT, Q1)*
2. *Wodurch gab es noch lange Zeit nach der Gündung einer Kolonie sehr enge Beziehungen zur „Mutterstadt"? (VT)*
3. *Bereitet ein Rollenspiel vor: Ihr lebt um 630 v. Chr. auf der Insel Thera (Q1). Eine Hungersnot droht. Einige schlagen vor, man solle aus jeder Familie einen von zwei Brüdern wegschicken. Bildet Gruppen (z. B. Mütter, Väter, Bauern, Fischer, Rat der Ältesten) und diskutiert verschiedene Möglichkeiten. Tragt eure Vorschläge in einer Ratsversammlung vor.*

10 Götter und Helden der Griechen

Zeitreise multimedial
Antike: Griechenland
– „Die griechischen Götter"

Q1 *Die Abenteuer des Odysseus* hat der Dichter Homer geschildert; Vasenmaler haben sie auf Tongefäßen dargestellt. Odysseus war einer der griechischen Helden vor Troja. Seine Heimfahrt dauerte zehn Jahre. Das linke Bild zeigt, wie Odysseus mit seinem Schiff an der Insel der Sirenen vorbeifährt. Diese geflügelten Meerjungfrauen locken Seeleute mit Zauberliedern an, um sie zu töten. Odysseus verschließt seinen Gefährten die Ohren mit heißem Wachs. Er selbst will die Gesänge hören. Zur Sicherheit lässt er sich am Mast festbinden, damit er das Schiff nicht in Gefahr bringt. Auf dem rechten Bild begegnet Odysseus der sechsköpfigen Schlange Skylla. Er kann sie zwar besiegen, verliert aber sechs seiner Gefährten.

Streit der Göttinnen

Drei Göttinnen waren einmal darüber in Streit geraten, wer von ihnen die Schönste sei. Da der Göttervater Zeus sich weigerte, dies zu entscheiden, ließen sie sich von dem Götterboten Hermes zum trojanischen Königssohn Paris führen, um ihn als unparteiischen Schiedsrichter zu fragen. Jede der Göttinnen versprach ihm reiche Gaben: Hera bot Macht und Ruhm, Athene Weisheit und Aphrodite versprach ihm Helena, die schönste Frau der Welt. Paris entschied sich für Aphrodite, die ihm dann half, Helena, die Frau des Königs Menelaos von Sparta, zu entführen. Die Geschichte hatte Folgen: Unter Führung des Königs Agamemnon von Mykene brach ein griechisches Heer nach Troja auf, um die Schande zu rächen, welche den Griechen zugefügt worden war. Es folgte ein zehnjähriger erbitterter Krieg. Am Ende gelangten die Griechen mithilfe einer List in die stark befestigte Stadt und zerstörten sie. Das erzählt uns eine Sage, die der Dichter Homer vermutlich im 8. Jahrhundert v. Chr. aufgeschrieben hat.
Dass in diesen Sagen zumindest ein wahrer Kern steckt, bewies der deutsche Forscher Heinrich Schliemann 1870. Er fand Troja nach der Beschreibung Homers und grub die antike Stadt aus.

Eine Welt voller Götter

Von Homer erfahren wir, dass die Griechen viele Götter hatten, die sie sich mit menschlichen Eigenschaften vorstellten: Sie feierten und stritten miteinander, waren eifersüchtig und begingen Ehebruch. Häufig verließen sie den Berg Olymp, wo sie wohnten, um sich in die Angelegenheiten der Menschen einzumischen.
Viele Göttergeschichten boten den Menschen Erklärungen für Dinge, die ihnen rätselhaft waren: Wenn Zeus zornig war, ließ er den Donner rollen, und gegen Schuldige schleuderte er Blitze. Die Griechen fürchteten die Götter und versuchten sie durch Opfer günstig zu stimmen. Jede Stadt, jeder Landstrich und jede Quelle stand unter dem Schutz mindestens einer Gottheit. Wer eine Furt durchquerte, betete zum Flussgott, wer die Saat ausbrachte, opferte der Göttin des Ackerbodens. Familien beteten gemeinsam an kleinen Altären oder Schreinen zu den Hausgöttern. Diese sollten Unglück abwenden und Diebe fern halten.
Fast in der ganzen Mittelmeerwelt war der Glaube verbreitet, man könne von den Göttern die Zukunft oder das eigene Schicksal erfahren. Das berühmteste Heiligtum für solche Fragen war in Griechenland das Orakel des Apollon in Delphi.

Zeus (Jupiter)

Hera (Juno)

Apollon (Apollo)

Hermes (Merkur)

Hades (Pluto)

Artemis (Diana)

D1 *Die olympische Familie – so nennt man die Hauptgötter der Griechen nach ihrem Wohnort, dem Berg Olymp im Norden Griechenlands. Die römischen Namen der Göttinnen und Götter stehen in Klammern. Ihre Aufgaben und ihre Bedeutung für die Menschen kannst du erfahren, wenn du die folgenden Aussagen richtig zuordnest:*

1 Der Göttervater ist auch Himmelsgott; sein Zeichen ist der Adler. Als Wettergott schickt er Gewitter und Stürme.

2 Die Göttermutter trägt einen goldenen Haarreif. Als Beschützerin der Ehe und Familie hasst sie die Geliebten ihres Gatten Zeus.

3 Die Göttin der Liebe betrachtet sich gern im Spiegel. Sie ist mit ihrem Bruder Hephaistos verheiratet.

4 Der Götterbote eilt mit Flügelschuhen. Er ist der Beschützer der Reisenden, Kaufleute und Diebe. Die Seelen der Toten geleitet er in die Unterwelt.

5 Der Gott des Krieges ist ein Sohn des Zeus und der Hera. Er liebt den wilden Kampf, aber auch Aphrodite.

6 Der Gott der Unterwelt herrscht im düsteren Reich der Verstorbenen. Sein Begleiter ist der Höllenhund Zerberus.

7 Die Göttin der Weisheit und die Lieblingstochter des Zeus ist als Beschützerin Athens eine wehrhafte Dame.

8 Der Gott der Schmiedekunst ist ein Sohn des Zeus und der Hera. Wenn er in der Glut Feuer speiender Berge Waffen schmiedet, langweilt sich seine Frau Aphrodite.

9 Der Gott des Weines hat nichts gegen einen Rausch und liebt frohe Feste.

Ares (Mars)

Dionysos (Bacchus)

Aphrodite (Venus)

Athene (Minerva)

10 Die Göttin der Fruchtbarkeit und des Getreides ist eine Schwester des Zeus. Ihre Tochter Persephone ist mit dem Totengott verheiratet. Immer wenn sie bei Hades in der Unterwelt lebt, trauert die Mutter und es wird Winter. Mit ihrer Rückkehr hält der Frühling Einzug.

11 Die Göttin der Jagd und Beschützerin der wilden Tiere ist eine Tochter des Zeus. Sie bringt Geburt und Tod.

12 Der Gott der Musik, des Dichtens und des Heilens schickt auch die Pest. Er ist der Zwillingsbruder der Jagdgöttin.

13 Der Gott des Meeres, der Erdbeben und der Pferde wühlt mit seinem Dreizack die Meere auf. Als Bruder des Zeus ist er ein sehr mächtiger Gott.

Hephaistos (Vulcanus)

Demeter (Ceres)

Poseidon (Neptun)

1 Die Römer haben die griechischen Götter übernommen, ihnen aber römische Namen gegeben (D1). Einige Namen findest du bei den Planeten wieder. Welche?

2 Warum stellt Homer die Gefahren des Meeres, wie sie in Q1 abgebildet sind, als lebendige Wesen dar?

3 Besorge dir ein Buch mit griechischen Sagen. Erzähle eine Geschichte vor der Klasse: z. B. vom Kampf um Troja oder von einem Abenteuer des Odysseus.

11 Wettkämpfe zu Ehren der Götter

D1 *Die Olympischen Spiele der Neuzeit*

1896 Athen
1900 Paris
1904 St. Louis
1908 London
1912 Stockholm
1920 Antwerpen
1924 Paris
1928 Amsterdam
1932 Los Angeles
1936 Berlin
1948 London
1952 Helsinki
1956 Melbourne
1960 Rom
1964 Tokio
1968 Mexiko
1972 München
1976 Montreal
1980 Moskau
1984 Los Angeles
1988 Seoul
1992 Barcelona
1996 Atlanta
2000 Sydney
2004 Athen
2008 Peking

Das Wettrennen der Viergespanne

„Für die Hörer unserer Sportübertragung berichten wir heute wieder live aus der Polis Olympia vom dritten Tag der Zeusspiele. Begleiten Sie mit uns den vierzehnjährigen Kleiton zum Eingang der Pferderennbahn. Für die meisten Zuschauer ist heute der große Tag gekommen: Das Wagenrennen mit dem Viergespann steht auf dem Programm. Einige schauen Kleiton neugierig an. Denn er ist beim Ringkampf der Knaben Erster geworden.

Kleitons Blick geht über die staubige Rennbahn zu den dicht gedrängten Menschenmassen hinter der Wendesäule. Dort stehen Männer aus seiner Heimatstadt Kroton in Unteritalien, die ihn bei seinen Ringkämpfen schon mächtig angefeuert haben. Es wird still. Alle schauen zum Rennleiter. In diesem Augenblick lässt er den bronzenen Delphin über der Startlinie fallen. Die Taue vor den Startplätzen senken sich, Wagenlenker schreien, die Wagen schießen los …

Elf Runden lang haben die Zuschauer ein atemberaubendes Rennen erlebt. Unter tosendem Beifall rasen die führenden Wagen zum letzten Mal am Rennleiter vorbei. Da geht ein Aufschrei durch zehntausend Kehlen. Zwei Wagen haben sich ineinander verkeilt – geborstene Räder und splitternde Achsen fliegen umher. Einer der Wagenlenker hat sich beim Sturz nicht mehr aus dem Riemen lösen können. In rasendem Galopp wird er von den wild gewordenen Rossen durch den Sand der Rennbahn geschleift. Inzwischen haben die übrigen Viergespanne die letzte Wendemarke umrundet. Unter dem Gebrüll der Zuschauer rast das siegreiche Athener Gespann mit dem Lenker Demetrios an der Zielsäule vorbei."

So ähnlich hätte ein Reporter über die Olympischen Spiele der Antike berichtet, wenn die Griechen schon das Radio gekannt hätten.

Im Heiligtum des Göttervaters

In Olympia sind Hunderte von jungen Männern zusammengekommen, um sich im sportlichen Wettkampf zu messen. Frauen sind nicht zugelassen; sogar zuschauen dürfen nur unverheiratete. Die Athleten haben hart trainiert und nach einer strengen Diät gelebt. Vor Göttervater Zeus, dem zu Ehren die Wettkämpfe stattfinden, und den Zuschauern möchte sich niemand unwürdig zeigen. Die Zuschauer sind aus den vielen hundert Kleinstaaten Griechenlands und selbst aus den entferntesten Kolonien gekommen, um Zeus zu ehren und die Sieger zu feiern. Am letzten Tag versammeln sich Sportler und Kampfrichter im Zeustempel zum Dankopfer. Auch Kleiton ist unter den Siegern, die mit weißer Stirnbinde vor dem Standbild des Göttervaters stehen.

Bald wird er mit dem Siegerkranz in seine Heimatstadt zurückkehren und von seinen Mitbürgern geehrt werden.

Q1 *Wagenrennen* (Vasenmalerei aus dem 6. Jh. v. Chr.)

Q 2 *Stadionlauf,* dargestellt auf einer Amphore aus dem 6. Jh. v. Chr. Die ersten bekannten Olympischen Spiele fanden im Jahr 776 v. Chr. statt. Vielleicht gab es damals nur einen Wettlauf der Männer.

Q 3 *Wettlauf der Frauen,* dargestellt auf einer Amphore aus dem 5. Jh. v. Chr. Frauen und Mädchen hatten in Olympia eigene Spiele. Sie fanden zu Ehren der Göttin Hera statt.

Zeitreise multimedial Antike: Griechenland – „Olympia – Spiele für die Götter"

D 2 *Der Ablauf der Spiele in Olympia*

1. Tag: Eid der Athleten und Trainer vor der Zeusstatue
2. Tag: Wettkämpfe der Knaben
3. Tag: Pferde- und Wagenrennen, Fünfkampf (Diskuswerfen, Weitsprung, Speerwerfen, Lauf, Ringkampf)
4. Tag: (Vollmond): Prozession und Opfer für Zeus, Festmahl
5. Tag: Laufwettbewerbe, Kampfsportarten (Faustkampf, Ringkampf, Allkampf), Waffenlauf
6. Tag: Siegerehrung im Zeustempel

Q 4 *Pro und kontra Olympische Spiele*

a) Der Athener Isokrates schreibt über die Olympischen Spiele im 4. Jh. v. Chr.:

Mit Recht lobt man diejenigen, welche die Festversammlung eingeführt haben. Denn ihnen verdanken wir es, dass wir uns nach Verkündung des Gottesfriedens und nach Beilegung der schwebenden Feindschaften an einem Ort zusammenfinden und den Göttern gemeinschaftliche Gebete und Opfer darbringen. Dabei erinnern wir uns der bestehenden Verwandtschaft, verbessern für die Zukunft das gegenseitige Verständnis, erneuern die alten Gastfreundschaften und knüpfen neue an.

b) Der Dichter Xenophanes (um 565–470 v. Chr.) meint dazu:

Nein, es liegt kein Sinn in diesem Brauche. Zu Unrecht wertet man leibliche Kraft höher als Wissen und Weisheit. Denn sei im Volk ein Bürger auch tüchtig im Faustkampf, mag er vielleicht auch im Ringen oder Fünfkampf sehr gut sein oder im Schnelllauf: So wird doch die Ordnung des Staates dadurch nicht besser. Wenig Gewinn erwächst daraus der heimischen Stadt.

Q 5 *Der siegreiche Athlet* erhält einen Kranz aus den Zweigen eines Olivenbaums (Vasenmalerei, um 410 v. Chr.).

1. *Welchen Sinn hatten die Olympischen Spiele für die Griechen vor allem (VT)?*
2. *Liste die sportlichen Disziplinen auf, die es in Olympia gab (D2, Q1, Q2, Q3).*
3. *Worin sieht Isokrates die Bedeutung der Wettkämpfe für die Griechen (Q4a)?*
4. *Warum sieht Xenophanes keinen Sinn im sportlichen Wettkampf (Q4b)?*

12 Welche Herrschaftsform ist die beste?

Monarchie
heißt Alleinherrschaft. An der Spitze des Staates steht ein König.

Oligarchie/Aristokratie
bedeutet die Herrschaft weniger bzw. die Herrschaft der Adligen.

Demokratie
bedeutet Volksherrschaft. Bei dieser Regierungsform bestimmen die Bürger selbst. Die Athener führten um 500 v. Chr. die erste Demokratie ein.

D1 *Die Herrschaftsformen im antiken Griechenland:*
In Athen veränderte sich die Herrschaftsform innerhalb von 200 Jahren sehr. Rot eingefärbt ist der Teil der Bevölkerung, der jeweils an der Herrschaft beteiligt war.

Wir leben in einer Demokratie

Alle vier Jahre wählen die Bürgerinnen und Bürger in Deutschland die Abgeordneten für den Deutschen Bundestag. Dort werden die Gesetze gemacht, nach denen wir uns alle richten müssen. Die Abgeordneten wählen auch den Bundeskanzler als Regierungschef. Würde uns jemand sagen, das könnte man auch einfacher haben, etwa durch Losen, hielten wir ihn schlicht für verrückt. So war es aber bei den Athenern.

Die erste Demokratie vor 2500 Jahren

Die Athener hatten als Erste in der damaligen Welt eine demokratische Staatsform eingerichtet. Dabei wollten sie auch sichergehen, dass keiner bevorzugt wurde.
Die Regierungsgeschäfte besorgte eine Gruppe von Bürgern, die jedes Jahr neu ausgelost wurde. Das war der Rat der 500. Dort wurden Vorschläge für neue Gesetze ausgearbeitet und Themen für die nächste Volksversammlung festgelegt. Dann kamen alle Bürger, die Zeit hatten und sich für die Sache interessierten, auf dem Versammlungsplatz zusammen. Sie hörten sich die Vorschläge an, berieten darüber und stimmten am Ende ab. Die Mehrheit entschied.

Waren alle gleichberechtigt?

Jeder Bürger konnte also mitreden und mit entscheiden. Er hatte sogar gute Chancen ein Amt zu bekommen, denn auch die 6000 Richter wurden ausgelost. Bei 40 000 Bürgern und einer Amtszeit von nur einem Jahr war also jeder irgendwann dabei! Athen war eine Demokratie – freilich nur für Männer. Frauen, Zugewanderte und Sklaven wurden nicht nach ihrer Meinung gefragt.

Ein bedeutender Politiker

Die Athener haben die Macht eines Einzelnen gefürchtet. Doch es gab ein Amt, das man unmöglich verlosen konnte und bei dem auch eine Wiederwahl erlaubt sein musste: das des Strategen. So nannte man einen Feldherrn. 30 Jahre lang wählten die Athener Perikles als einen ihrer Anführer im Krieg. Perikles war aber auch ein glänzender Redner in der Volksversammlung. Dadurch konnte er die Bürger bei wichtigen Entscheidungen überzeugen.
In einer erfundenen Bildergeschichte begleiten wir nun den Athener Bürger Kleon und seinen ägyptischen Geschäftspartner Eje durch die Stadt Athen. Es ist das Jahr 431 v. Chr.

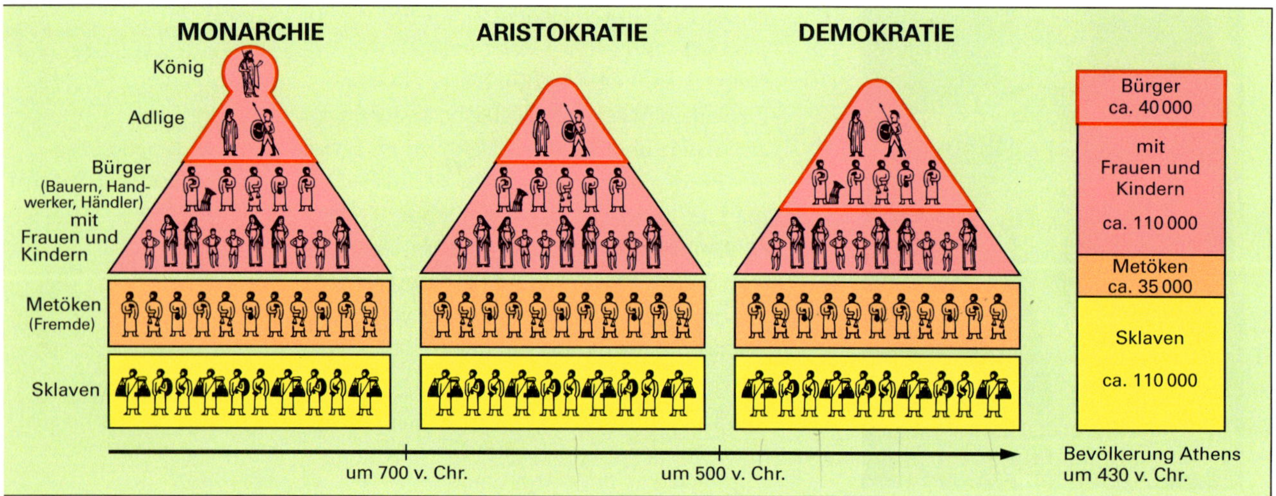

D2

Q1 *Wie das Scherbengericht funktionierte, erklärt der griechische Geschichtsschreiber Plutarch (46–120 n. Chr.):*

Am jährlichen Gerichtstag nahm jeder Bürger eine Tonscherbe, darauf schrieb er den Namen des Mannes, den er verbannen wollte. Dann brachte er die Scherbe an einen Ort auf dem Markt, der rings mit Schranken umschlossen war. Die Beamten zählten zunächst die gesamten abgelieferten Scherben; wenn weniger als 6 000 abgegeben worden waren, war die Abstimmung ungültig. Wer von der Mehrzahl aufgeschrieben worden war, den verbannten sie auf zehn Jahre. Sein Vermögen blieb ihm erhalten.

Q2 *Tonscherbe als Stimmzettel*

Diese Tonscherbe wurde in Athen gefunden. Der Namen eines bekannten Politikers ist eingeritzt; vielleicht kannst du ihn entziffern. Darunter steht, dass er der Sohn des Xanthippos war – eine Zusatzinformation, um jede Verwechslung auszuschließen.

1. *Beschreibe die wechselnden Herrschaftsformen im antiken Athen. Zu wessen Gunsten haben sich die Herrschaftsverhältnisse jeweils verändert (D1)?*
2. *Im Comic erklärt Kleon wichtige Elemente der Demokratie in Athen. Nenne sie.*
3. *Erläutere das Scherbengericht (Q1, Q2). Was hältst du von dieser Regelung?*

13 Gab es in Athen Freiheit für jeden?

Q1 *Sklaven oder Tagelöhner im Bergwerk (Terrakotta, um 650 v. Chr.).* Die Arbeit im Bergwerk war sehr hart und ungesund. Daher wurden meistens Sklaven eingesetzt. Es gab aber auch freie Menschen, die sich als Tagelöhner verdingten, weil sie im Bergwerk mehr verdienten als die Landarbeiter auf den Feldern der Bauern oder die Lastenträger im Hafen.

Sklaven – eines anderen Menschen Eigentum

Einen oder mehrere Sklaven zu besitzen, war im reichen Athen selbstverständlich. So gab es hier im 5. Jahrhundert v. Chr. zwischen 60 000 und 80 000 Sklaven. Sie gehörten einem anderen Menschen und wurden auf Märkten wie Waren gehandelt. Die meisten waren Kriegsgefangene. Auch ihre Kinder wurden nicht frei, sondern wieder das Eigentum eines reichen Griechen. Sklaven besaßen keinerlei Rechte, es war aber verboten, sie ohne Grund zu töten.

Die Lage der Sklaven war sehr unterschiedlich. Am besten hatten es die Haussklaven, die oft für die Erziehung der Kinder verantwortlich waren. Die meisten Sklaven arbeiteten jedoch als Landarbeiter oder Handwerker. Das schlimmste Los war die Arbeit in den Bergwerken.

Fremde hatten kein volles Bürgerrecht

Der Athener Hafen Piräus war der größte in ganz Griechenland. Hier liefen täglich Schiffe mit allerlei Waren ein: Vom Schwarzen Meer kamen Getreide und Sklaven, aus Ägypten Papyrus, aus Syrien Weihrauch, von der Küste Nordafrikas Elfenbein und schwarze Sklaven. Wenn die Schiffe wieder hinausfuhren, waren sie voll beladen mit Waren aus den Athener Werkstätten: mit Vasen aus dem Töpferviertel Keramaikos, Waffen und Rüstungen aus Bronze und Eisen, mit bunten Tuchen aus Schafwolle. Dazu kamen Wein und Olivenöl, getrocknete Früchte und eingelegter Fisch.

Eine so geschäftige Stadt zog viele Handwerker und Händler aus anderen griechischen Stadtstaaten und auch aus fremden Ländern an. Sie durften in Athen wohnen, arbeiten und Geld verdienen, selbstverständlich auch Steuern in die Kasse der Polis zahlen. Doch sie durften nicht an der Volksversammlung teilnehmen, ein Richteramt bekleiden oder in den Rat der 500 gelost werden. Die Metöken, so nannte man Zugewanderte, besaßen nämlich nur ein eingeschränktes Bürgerrecht.

Auch Frauen durften nicht wählen

Die Frauen der Athener Bürger waren persönlich frei. Aber sie durften nicht wählen oder gewählt werden. Wie überall in Griechenland wurde Politik auch in Athen als eine Angelegenheit betrachtet, die nur den frei geborenen Männern zustand. Dafür mussten diese allerdings auch den Staat im Krieg verteidigen.

Der größte Teil der Bevölkerung in Athen war also von der Mitbestimmung im Staat ausgeschlossen. So könnte man leicht sagen, dass Athen noch keine „richtige" Demokratie war. Doch einen demokratischeren Staat hat es bis in die Neuzeit nirgends gegeben.

Q 2 *Frau mit Kleinkind.* (Innenbild einer Schale, um 450 v. Chr.).

Q 3 *Die Ungleichheit von Mann und Frau, dazu die Meinung eines Ehemannes:*

Sie war noch nicht 15 Jahre alt, als ich sie heiratete. Die Zeit vorher hatte man fürsorglich auf sie aufgepasst, dass sie möglichst wenig sah, hörte und fragte. Ich war bei ihrem Kommen schon damit zufrieden, dass sie verstand mit Wolle umzugehen und ein Gewand anzufertigen. (...) Außerdem war sie in der Magenfrage ganz vorzüglich erzogen, was mir die wichtigste Erziehungsfrage zu sein scheint. Da beide Arten von Arbeiten nötig sind, die draußen und drinnen, schuf Gott die Natur der Frau für die Arbeiten im Hause, die des Mannes für die Arbeiten außerhalb des Hauses. Denn der Mann ist mehr dazu geschaffen, Kälte und Wärme, Märsche und Feldzüge zu ertragen. Der Körper der Frau ist weniger widerstandsfähig, deswegen ist sie besser für die Arbeiten im Hause geeignet.

Q 4 *Über die Sklaverei dachte der berühmte griechische Philosoph Aristoteles:*

Die Sklaverei ist nicht gegen die Natur. Denn überall gibt es Herrschendes und Beherrschtes. Die Seele regiert über den Körper, der Mensch beherrscht das Tier, der Herr den Sklaven. Der Sklave hat keinen Verstand. Es ist also klar, dass es von Natur Freie und Sklaven gibt und dass das Dienen für Sklaven zuträglich und gerecht ist.

Q 6 *Junges Mädchen als Dienerin* (Trinkschale, um 480 v. Chr.). Möglicherweise ist dieses Mädchen eine Sklavin, die ihrem betrunkenen Herrn behilflich ist.

D 1 *Das volle Wahlrecht für Frauen ist auch in der Neuzeit in vielen Staaten erst lange nach dem Männerwahlrecht beschlossen worden:*

Neuseeland	1893
Norwegen	1913
Russland	1917
Deutschland	1918
Österreich	1919
Polen	1919
Schweden	1919
USA	1920
Großbritannien	1928
Frankreich	1944
Italien	1945
Belgien	1948
Griechenland	1952
Schweiz	1971
Portugal	1976

Q 5 *Demokratie heute*

Im Grundgesetz der Bundesrepublik Deutschland ist die Verfassung unseres Staates festgelegt. Dort heißt es:

Art. 3: Alle Menschen sind vor dem Gesetz gleich. Niemand darf benachteiligt oder bevorzugt werden.

Art. 20,2: Die Staatsgewalt wird vom Volke in Wahlen und Abstimmungen ausgeübt.

Art. 38,1: Die Abgeordneten des Deutschen Bundestages sind Vertreter des ganzen Volkes.

Art. 38,2: Wahlberechtigt ist, wer das achtzehnte Lebensjahr vollendet hat.

1. *Welche Gruppen der Athener Bevölkerung waren benachteiligt? Schreibe auf, in welchen Punkten sie weniger Rechte hatten als die (Voll-)Bürger.*
2. *Versetze dich in die Lage eines zugewanderten Kaufmanns. Was stört dich an den Gesetzen von Athen? Wie begründest du deinen Ärger?*
3. *Zwischen der Demokratie der Athener und der Demokratie in der Bundesrepublik gibt es viele Unterschiede, aber auch Gemeinsamkeiten (Q5). Stelle sie in einer Tabelle zusammen. Nimm auch die Seite 116/117 zu Hilfe.*

14 Athen und Sparta

Athen
Stadtstaat auf der Halbinsel Attika. Die Athener lebten vor allem vom Handwerk und vom Seehandel.

Sparta
Staat auf der Halbinsel Peloponnes. Die Spartaner waren ein Leben lang Soldaten. Sie lebten von der Arbeit, die Staatssklaven für sie verrichteten. Diese wurden Heloten genannt.

Rivalen um die Vorherrschaft

Athen und Sparta waren die mächtigsten Staaten in Griechenland. Doch im Vergleich zu heutigen Staaten waren sie klein: kaum größer als Luxemburg. Beide beanspruchten für sich die Vorherrschaft in Griechenland. Im Krieg schickten die Spartaner die besten Soldaten in die Schlacht; die Athener beherrschten dagegen das Meer mit ihrer Flotte. Auch sonst waren die beiden Staaten sehr verschieden. Das verstehen wir am besten, wenn wir uns das Alltagsleben und die Erziehung anschauen.

Kindheit und Jugend in Athen

Jungen gingen vom siebten bis zum vierzehnten Lebensjahr zur Schule. Mädchen blieben etwa bis sie fünfzehn waren bei der Mutter und lernten von ihr alle häuslichen Arbeiten. Dann heirateten sie meistens.
Der Unterricht der Jungen fand bei einem Privatlehrer statt, den der Vater bezahlte. In den ersten Jahren machten sie Schreibübungen auf Wachstäfelchen, lernten lesen und etwas rechnen. Später mussten sie Gedichte und Heldensagen auswendig lernen. Wohlhabende Väter schickten ihre Söhne danach zum Gymnasion, wo sie vor allem Sport trieben. Die Griechen liebten den sportlichen Wettkampf. Mit 18 Jahren begann eine zweijährige militärische Ausbildung. Jeder Bürger Athens musste im Krieg seine Stadt verteidigen.

Sparta: ein Leben für den Krieg

Die Vorfahren der Spartaner waren um 1200 v. Chr. auf die Halbinsel Peloponnes gekommen. Sie hatten das Land erobert und die ansässige Bevölkerung versklavt. Manchmal gab es Aufstände, doch die Spartaner konnten sie immer wieder niederschlagen. Doch das hatte seinen Preis: Jeder Junge in Sparta wurde als Soldat ausgebildet, er lernte Marschlieder singen und Heldengedichte aufsagen. Mit 20 Jahren hatte er kaum mehr gelernt als zu kämpfen. Dann blieb er Soldat, bis er 60 Jahre alt wurde.

Frauen und Mädchen

Auch die Mädchen in Sparta trieben Sport. Sie übten sich im Ballspiel, Tanzen und Wettlauf, aber auch im Speerwerfen und Ringen. Die Spartaner glaubten nämlich, kräftige Frauen würden dem Staat starke Söhne gebären. Die Spartanerinnen waren sehr selbstbewusste Frauen. Da ihre Männer ständig in der Kaserne oder im Krieg waren, mussten sie die meisten Dinge selbst regeln.
Anders war es in Athen. Dort war zumindest das Leben einer wohlhabenden Frau fast ganz auf das Haus beschränkt. Wenn sie ihre Verwandten besuchte oder an einer religiösen Feier teilnahm, wurde sie von einer Sklavin begleitet. Ihr Mann ging oft schon am frühen Morgen zum Markt, kaufte ein, schloss ein Geschäft ab oder sprach mit Freunden über Politik.

Q1 *Frauen bei der Stoffherstellung* (Vasenmalerei, 6. Jh. v. Chr.). Die Herstellung von Stoffen für die Familie war in ganz Griechenland eine Sache der Frauen und Mädchen.

Q3 *Schwerbewaffnete im Kampf* (Vasenmalerei aus dem 7. Jh. v. Chr.). Die Griechen kämpften in einer festen Schlachtordnung. Viele Reihen schwer bewaffneter Fußsoldaten standen dicht hintereinander. Diese Schlachtordnung nannten sie Phalanx.

D1 *Die Polis Athen:*

594 v. Chr. teilte Solon die Bewohner von Attika nach ihrem Einkommen in vier Klassen ein und wies ihnen je nach Vermögen Rechte und Pflichten zu. Auch Nichtadlige bekamen nun Staatsämter.

Um 500 v. Chr. führte Kleisthenes die Demokratie ein. Alle Bürger durften an Wahlen teilnehmen, Ämter im Staat übernehmen und Gesetze beschließen.

480 v. Chr. siegten die Griechen unter Athens Führung über die Perser. Die Athener gründeten einen Seebund, in dem viele griechische Staaten unter Führung Athens zusammengeschlossen waren.

Um 440 v. Chr. erlebte Athen seine Blütezeit unter dem Politiker Perikles. Auf dem Burgberg Athens, der Akropolis, ließ Perikles prächtige Tempel bauen.

D2 *Die Polis Sparta:*

Um 700 v. Chr. soll der Gesetzgeber Lykurg eine neue Staatsordnung eingeführt haben. Er siedelte die Besitzer der besten Landgüter in der Stadt Sparta an und machte sie zu Berufskriegern. Ihre Äcker bewirtschafteten Staatssklaven, die so genannten Heloten. An der Spitze des Staates standen zwei Könige, die den Oberbefehl über das Heer hatten. Ihre politischen Entscheidungen trafen sie mit einem „Rat der Alten“.

Bis zum 6. Jahrhundert v. Chr. eroberten die Spartaner große Teile der Halbinsel Peloponnes und versklavten die Bewohner.

Von 431 bis 404 v. Chr. setzte sich Sparta in einem Krieg gegen Athen durch. Sparta konnte seine Vorherrschaft über Griechenland aber nur wenige Jahrzehnte behaupten.

Zeitreise multimedial Antike: Griechenland – „Ein Spaziergang durch Athen“

1. *Stelle die Herrschaftsformen von Athen und Sparta gegenüber. Wodurch unterscheiden sie sich am deutlichsten voneinander?*
2. *Erzähle von der Ausbildung eines Jungen in Athen (VT, Q2).*
3. *Drill und Disziplin machten die Spartaner für Jahrhunderte unschlagbar. Erkläre mithilfe von Q3, warum das so war.*
4. *Beschreibe den Eindruck, den du auf dieser Seite von Sparta erhältst. Lassen sich auch positive Seiten an der Staatsform von Sparta finden?*

Q2 *Unterricht bei Privatlehrern* (Schale, um 480 v. Chr.). Der sitzende Mann mit dem Stab ist der „Paidagogos“. Er war meist ein älterer Sklave, der den Schüler zu seinem Lehrer begleitete und ihm zu Hause bei seinen Übungen half. Das Musikinstrument ist eine Kithara, deren Saiten gezupft wurden.

15 Methode
Schriftliche Quellen auswerten

Von den Politikern und Philosophen der Antike sind uns viele Schriftstücke erhalten geblieben. Diese Textquellen enthalten wichtige Informationen über das Leben in den griechischen Stadtstaaten. Die Texte auf dieser Seite hat der griechische Gelehrte Plutarch um 100 v. Chr. geschrieben. In diesen Texten berichtet er über die Erziehung von Jungen und Mädchen in Sparta. Allerdings sind Textquellen nicht immer leicht zu verstehen. Um möglichst viel aus diesen Quellen „herauszuholen", müssen wir sie sorgfältig lesen und ganz bestimmte Fragen stellen.

Plutarch
Der griechische Schriftsteller Plutarch lebte von 46 bis 120 n. Chr. Er verfasste Lebensbeschreibungen berühmter Römer und Griechen, die er für politisch und erzieherisch vorbildlich hielt.

Q 1 *„Spartanische" Erziehung für Jungen:* Der Vater durfte nicht entscheiden, ob er ein neugeborenes Kind aufziehen konnte. Er musste es zu der Sprechhalle bringen, dem Ort, wo die Ältesten saßen und das Kind untersuchten. Wenn es wohl gebaut und kräftig war, ordneten sie seine Erziehung an. War es aber schwächlich und missgestaltet, so ließen sie es zur so genannten „Ablage" bringen, einem Felsabgrund am Taygetosgebirge. Sie meinten, für einen Menschen, der nicht von Anfang an gesund und kräftig heranwachsen könne, sei es besser nicht zu leben, sowohl um seiner selbst wie um des Staates willen.

Die Ammen erzogen die Säuglinge dazu, das vorgesetzte Essen zu sich zu nehmen, alleine oder im Dunkeln keine Angst zu haben, nicht zu weinen und nicht launisch zu sein. (...) Niemand durfte seinen Sohn bei sich behalten und nach seinem Willen erziehen, sondern man teilte die Jungen, so-bald sie sieben Jahre alt waren, in Gruppen ein, in denen sie miteinander aufwuchsen. So wurden sie erzogen und daran gewöhnt, dass sie beim Spiel und bei ernster Beschäftigung immer beisammen waren. Zum Führer der Horde wählten sie denjenigen, der sich durch Klugheit und Mut im Kampf auszeichnete. Ihn bewunderten sie, hörten auf seine Befehle und unterwarfen sich seinen Strafen. So bestand die Erziehung vor allem darin, Gehorsam einzuüben. Lesen und Schreiben lernten sie nur so viel, wie sie brauchten. Die übrige Erziehung war darauf gerichtet, dass sie lernten eifrig zu gehorchen, Anstrengungen zu ertragen und im Kampf zu siegen.

Sobald sie zwölf Jahre alt waren, gingen sie stets ohne Unterkleidung, bekamen nur einen Mantel im Jahr, waren am ganzen Körper schmutzbedeckt und durften weder baden noch sich salben. Sie schliefen zusammen in Gruppen auf aufgeschütteten Strohstückchen, die sie selbst zusammentrugen, indem sie die Spitzen des am Flusse Eurotas wachsenden Schilfs mit bloßen Händen, ohne Messer, abbrachen.

Methodische Arbeitsschritte

Fragen zum Text:

1. Worum geht es in dem Text? Welche Orte, Personen oder Gruppen werden genannt?
2. Gibt es Wörter oder Sätze, die du nicht verstehst? Schlage in einem Wörterbuch nach oder frage deine Lehrerin bzw. deinen Lehrer.
3. Unterteile den Text in einzelne Abschnitte und verfasse für jeden Abschnitt eine kurze Überschrift.

Fragen zum Verfasser:

4. Wer hat den Text verfasst?
5. Kannst du erkennen, an wen sich der Verfasser mit seinem Text wendet?
6. Schreibt der Verfasser über Dinge, die er selbst erlebt hat, oder woher hat er seine Kenntnisse?
7. Mit welcher Absicht mag der Verfasser den Text geschrieben haben?

Q 2 *„Spartanische" Erziehung für Mädchen:*

Lykurg[1] hat auch die Lebensführung der Frauen sorgfältig geregelt. Er sorgte dafür, dass die Körper der Mädchen durch Laufen, Ringen und Speerwerfen gekräftigt wurden. Denn er sagte sich, dass Frauen mit kräftigen Körpern auch kräftige Kinder gebären würden. Und auch bei der Geburt selbst hätten sie keine Schwierigkeiten. Weichlichkeit, Verzärtelung und alles, was er abfällig „weibisch" nannte, verbannte er. Er gewöhnte die Mädchen daran, wie die Knaben nackt ihre Aufzüge zu halten und bei bestimmten Festen zu tanzen und zu singen, und das vor den Augen junger Männer. Dass die Mädchen sich entblößten, hatte übrigens nichts Peinliches an sich. Denn es war Scham dabei und keine ungehörige Schaulust. So gewöhnten sie sich an Einfachheit und strebten nach wohlgestalteter Körperbeschaffenheit. Auch gab das der Frau Sinn und Geschmack für das stolze Selbstgefühl, dass auch sie nicht weniger als der Mann Anteil haben sollte am Streben nach Tapferkeit und Ruhm.
Zuweilen griffen die Mädchen bei ihren Umzügen durch Spottverse Leute an, die sich etwas hatten zu Schulden kommen lassen, oder sie sangen Loblieder auf würdige Personen und erweckten so den Ehrgeiz und Wetteifer unter den jungen Männern.

[1] Lykurg war ein Gesetzgeber in Sparta.

1 Untersuche die Textquellen 1 und 2 mithilfe der methodischen Arbeitsschritte.

2 Fasse zusammen, nach welchen Grundsätzen die Mädchen und Jungen erzogen wurden. Wie begründeten die Spartaner diese Erziehungsweise?

3 Vergleiche die Erziehung in Sparta mit dem Leben der Jugendlichen in Athen. Welche Unterschiede fallen dir besonders auf?

4 Sparta wurde von manchen Griechen kritisiert, von manchen aber auch bewundert. Überlege, zu welcher Gruppe du gehört hättest. Auf welcher Seite steht Plutarch?

Das Römische Reich
16 Rom – vom Dorf zur Stadt

Die Sage von Romulus und Remus
Ein grausamer Onkel wollte die Zwillinge Romulus und Remus töten. Daher ließ er sie gleich nach der Geburt in einem Schilfkorb auf dem Fluss Tiber aussetzen. So wären sie in den sicheren Tod getrieben, wenn sich das Körbchen nicht in den Zweigen eines Feigenbaums verfangen hätte. Eine Wölfin hörte das Wimmern der Knaben und zog sie wie ihre eigenen Jungen in einer Höhle auf. Später fand sie ein Hirte, der Romulus und Remus mit in seine Hütte nahm.
Als die beiden zu starken jungen Männern herangewachsen waren, wollten sie auf dem Hügel Palatin am Tiber eine Stadt gründen. Romulus errichtete einen kleinen Erdwall. So wollte er den heiligen Bezirk der Stadt markieren. Mit einem Satz sprang sein Bruder darüber, um Romulus zu verspotten. Der geriet in solchen Zorn, dass er Remus erschlug. Das soll im Jahre 753 v. Chr. gewesen sein.

Forum Romanum
Großer Platz in Rom, wo Versammlungen, Gerichtsverhandlungen und Märkte stattfanden. Auch politische Reden wurden hier gehalten.

Q1 *Die Wölfin* ist bis heute das Wahrzeichen der Stadt Rom. Diese Plastik aus Bronze entstand um 500 v.Chr., die Zwillinge hat man fast 2000 Jahre später ergänzt.

Wie war es wirklich?
Archäologen haben am Hügel Palatin tatsächlich die Reste einfacher Hütten ausgegraben, die fast 3000 Jahre alt sind. Vermutlich hatten sich verschiedene Volksstämme aus dem Norden Italiens hier um 1000 v. Chr. niedergelassen. Der Ort war sehr günstig: Das Land war fruchtbar und der Tiber ließ sich an dieser Stelle leicht überqueren. Außerdem konnte man mit Schiffen bis zum Meer fahren.
Die Menschen in den kleinen Siedlungen lebten vor allem als Hirten, Bauern und Fischer. Der mächtigste Volksstamm waren die Etrusker, von denen viele gute Handwerker und Künstler waren. Nach und nach schlossen sich die Siedlungen auf den sieben Hügeln zu einer kleinen Stadt zusammen. Die Etrusker gaben ihr den Namen Ruma. Beherrscht wurde die Stadt von einem etruskischen König.

Eine große Stadt entsteht
Nach und nach wurde Rom eine Stadt mit Häusern aus Stein, mit Tempeln für die Götter und mit Brücken über den Tiber. Ringsum war die Stadt mit Mauern und Wällen befestigt. Um 500 v. Chr. beherrschten die Römer ein Gebiet, das schon so groß war wie Hamburg heute. Außerdem gelang es den Römern, die Sümpfe zwischen den Hügeln Stück für Stück trockenzulegen. Kanäle wurden angelegt, um den Boden zu entwässern. So entstand Raum für einen großen öffentlichen Platz.
Hier, auf dem Forum Romanum, versammelten sich die Bürger und hier wurde auch Handel getrieben. Denn immer mehr Römer arbeiteten nun als Handwerker und Händler. Am Forum lag auch der Tempel. Bei wichtigen Entscheidungen beobachteten die römischen Priester den Flug der Vögel und gaben ihren Rat an den König weiter.

1 Warum ist das Wahrzeichen der Stadt Rom eine Wölfin?

2 Wie erklärten sich die Römer den Namen ihrer Stadt?

3 Rom konnte sich zur Stadt entwickeln, weil seine Lage günstig war. Schau dir die Zeichnung D2 genau an. Was war für die Bauern günstig, was für die Fischer? Welche Vorteile gab es für Händler? Wie konnten sich die Menschen vor Feinden schützen, wie vor den häufigen Überschwemmungen des Tibers?

D 1 So hat die Siedlung in Rom wahrscheinlich in ihrer Anfangszeit ausgesehen (Modell).

D 2 *Rom vor ca. 2700 Jahren.* Die Zeichnung zeigt den Platz, an dem Rom entstand. An dem Ort gab es die erste Furt, wenn man vom Mittelmeer her kam.

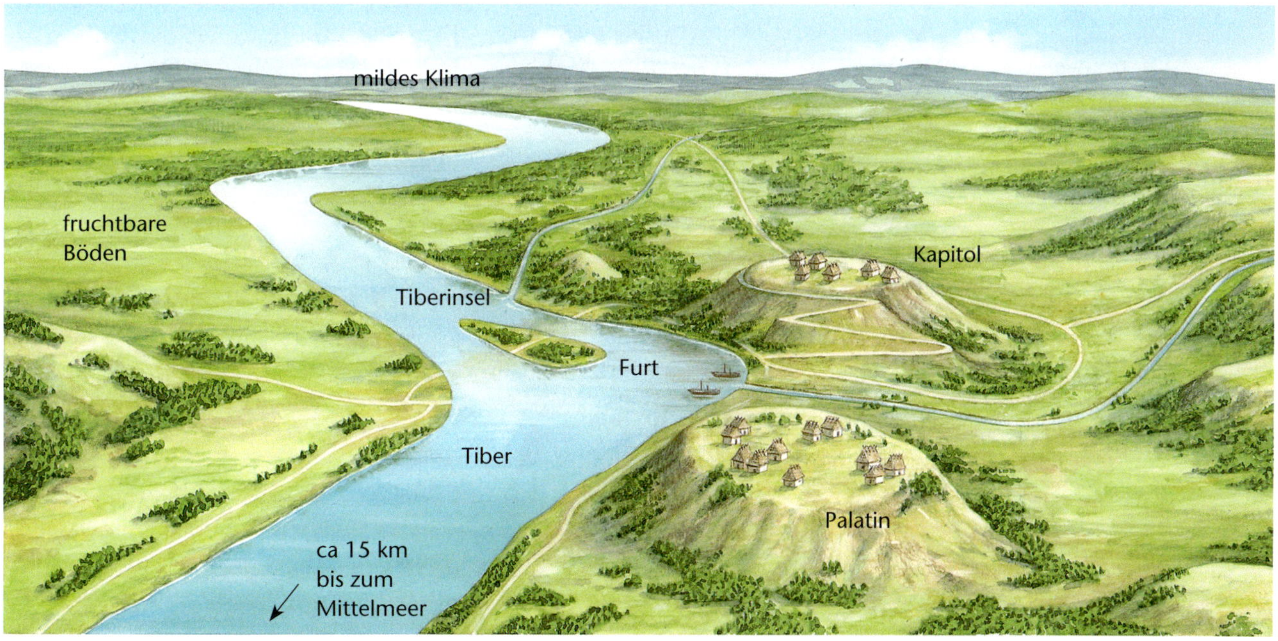

17 Eine Sache des Volkes?

Q1 *Ein Senator* (Bronzestatue eines Redners, um 80 v. Chr. angefertigt).

Im Besitz von Macht und Ansehen

Um 500 v. Chr. setzten römische Adlige den letzten König ab. Sie nannten ihren Staat jetzt Republik, das bedeutet öffentliche Sache. Doch war dieser Staat tatsächlich schon eine Sache des ganzen Volkes?

Besitz und Macht waren in Rom sehr unterschiedlich verteilt. An der Spitze standen die adligen Familien, die Patrizier. Von ihnen ging die Staatsgewalt aus. Denn sie besetzten die hohen Staatsämter, stellten im Krieg die Offiziere und leiteten als Priester die Tempel.

Die Patrizier besaßen große Landgüter, die von Verwaltern und zahlreichen Sklaven und Landarbeitern bewirtschaftet wurden. Dadurch war es den Adligen möglich, politische Ämter zu übernehmen und an den Senatssitzungen teilzunehmen. So konnten sie Ansehen und Einfluss gewinnen. Nach erfolgreichen Kriegen erhielten sie zudem neue Landgüter und Sklaven als Kriegsbeute.

Immer nur dienen?

Von den einfachen Bürgern, den Plebejern, grenzten sich die Patrizier streng ab. Denn Bürger, die ihren Lebensunterhalt durch eigene Arbeit als Bauern, Handwerker oder Händler verdienten, waren nicht besonders angesehen.

Viele Plebejer konnten gerade mit Mühe ihre Familien ernähren. Doch wenn der Senat wieder einmal einem Nachbarvolk den Krieg erklärte, mussten sie ihren Hof oder ihre Werkstatt verlassen und ins Feld ziehen. Die teuren Waffen hatten sie selbst zu bezahlen. Da die Plebejer meistens als einfache Fußsoldaten eingesetzt wurden, litten sie besonders unter den Strapazen eines Feldzuges. Einige Plebejer hatten es besser. Sie waren als Händler oder Unternehmer reich geworden. Weil sie als Reiter Kriegsdienst leisteten, nannte man sie Ritter. Aber auch sie blieben von den höchsten Staatsämtern ausgeschlossen.

Plebejer wollen mitregieren

Die Plebejer erkannten, dass der römische Staat ohne sie nicht funktionieren würde. In Friedenszeiten sorgten sie für den Wohlstand Roms und im Krieg trugen sie die Hauptlast des Kampfes. Konnte es da gerecht sein, wenn sie keine hohen Ämter übernehmen und keine Entscheidungen mit treffen durften? Um zu erreichen, dass ihre Forderungen gehört wurden, drohten die Plebejer damit, den Kriegsdienst zu verweigern.

Es dauerte fast 200 Jahre, bis die Plebejer dem Gesetz nach gleichberechtigt waren. Aber nur wenige konnten in die höchsten Staatsämter aufsteigen. Wer gewählt werden wollte, musste nicht nur ein guter Redner sein, sondern auch einflussreiche Freunde und Geld für Wahlgeschenke haben.

Daher war es für die Plebejer wichtig, dass sie eigene Versammlungen abhalten durften. Hier stimmten sie über Gesetze ab und wählten ihre eigenen Vertreter, die Volkstribune.

A-Z

Staatsgewalt
bedeutet auch Regierungsmacht. Die Person oder Partei, die in einem Staat die Politik bestimmt und die Gesetze erlässt, besitzt die Staatsgewalt.

Republik
von lat. res publica = die öffentliche bzw. gemeinsame Sache. So nannten die Römer ihren Staat.

Patrizier
waren Mitglieder adliger Familien. Sie besaßen große Landgüter und hatten viel Macht im Staat.

Plebejer
von lat. plebs = einfaches Volk. Sie besaßen das römische Bürgerrecht, waren aber oft arm.

Ritter
waren wohlhabend, aber nicht adlig. Im Krieg kämpften sie als Reiter.

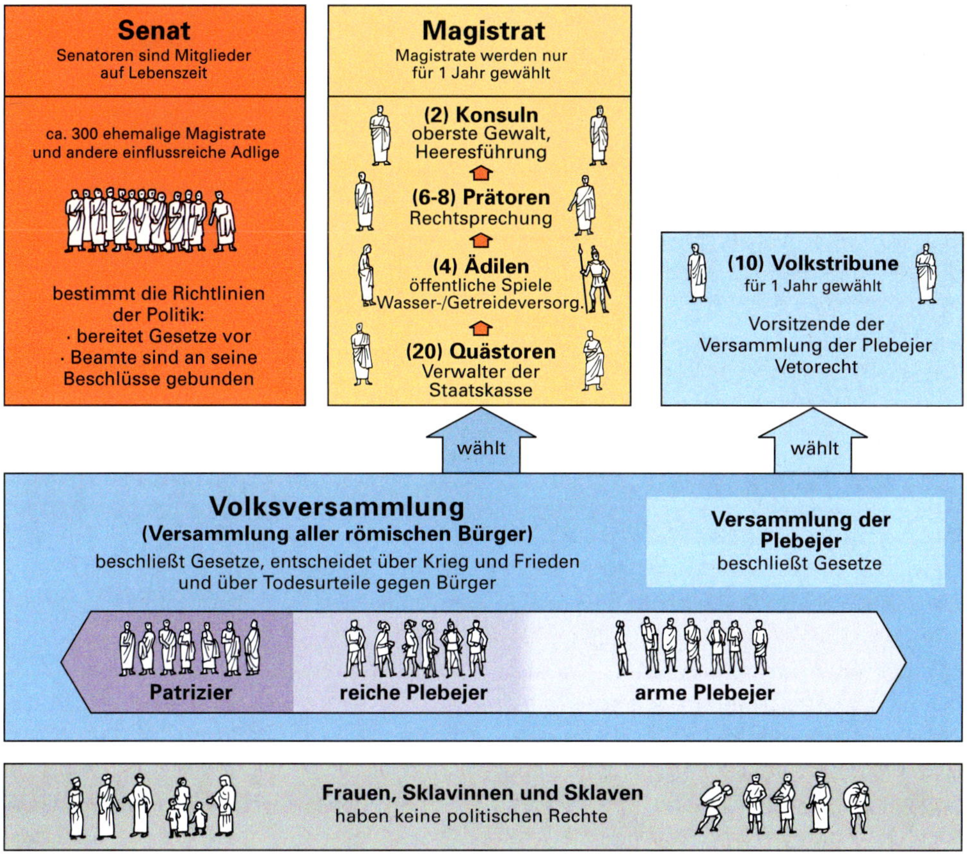

D1 *Römische Verfassung (nach 287 v. Chr.).* Die römischen Beamten bezeichnete man als Magistrat. Politiker begannen ihre Karriere als Quästor und konnten bis zum Amt des Konsuls aufsteigen. Die Volkstribune besaßen das Vetorecht. Das bedeutet, dass sie einen Beschluss des Magistrats verhindern konnten. Für Notzeiten sah die römische Verfassung ein besonderes Amt vor: das des Diktators. Der Senat ernannte ihn für ein halbes Jahr und gab ihm unbeschränkte Macht.

D2 *Schaubild zur Entwicklung der Ständekämpfe.* Nach und nach erhielten die Plebejer mehr Rechte.

494 v. Chr.	Die Plebejer halten eigene Versammlungen ab und wählen Volkstribune.
um 450 v. Chr.	Erstmals werden Gesetze auf zwölf Tafeln veröffentlicht und die Plebejer können sich darauf berufen.
445 v. Chr.	Ehen zwischen Plebejern und Patriziern sind erlaubt.
367 v. Chr.	Auch Plebejer dürfen Konsuln und Magistrate werden.
326 v. Chr.	Die Schuldknechtschaft wird verboten, die Schulden werden aber nicht erlassen.
287 v. Chr.	In den Versammlungen der Plebejer dürfen Gesetze beschlossen werden.

1 *Erläutere das Schaubild D1. Wer besitzt die Staatsgewalt? Achte auch darauf, wer mehr und wer weniger Rechte besaß.*

2 *Auch die höchsten römischen Beamten, die Konsuln, wurden nur für ein Jahr gewählt und hatten einen gleichberechtigten Kollegen neben sich. Was bezweckten die Römer damit? Diskutiert die Vor- und Nachteile dieser Bestimmung.*

3 *Bereitet ein Rollenspiel vor: Ein Patrizier und ein Plebejer kehren um 400 v. Chr. aus einem Krieg zurück. Sie sprechen darüber, was sie jeweils für den Staat leisten und welche Rechte ihnen die Republik gibt.*

18 Der römische Staat in der Krise

D 1 *Die neue Nutzung des Landes* prägte seit dem 2. Jahrhundert v. Chr. auch das Landschaftsbild Italiens. Beschreibe, was du auf dem Bild siehst. Beachte die Anordnung der Felder und die unterschiedliche Nutzungsart.

Zeitreise multimedial Antike: Rom – „Bauer in Rom"

Proletarier
(von lat. proles = Nachkomme) wurden die ärmeren römischen Bürger genannt, weil sie außer ihren Kindern kaum etwas besaßen. Sie waren zumeist arbeitslos und wohnten in billigen Massenunterkünften.

Reiche Römer – arme Römer

Tiberius Gracchus stammte aus einer vornehmen römischen Familie. Der junge Mann sah den unbeschreiblichen Luxus der Senatoren, Konsuln und der reichen Kaufleute. Diese veranstalteten gerne verschwenderische Gastmäler, bei denen man nach griechischer Sitte auf Polstern lag und sich von zahlreichen Sklavinnen und Sklaven bedienen ließ. Zwischen Marmorsäulen standen Statuen, die römische Feldherren und Offiziere als Beutestücke mitgebracht hatten.

Tiberius Gracchus sah auch, wie sich die Armenviertel der Stadt Rom immer mehr füllten. Hier lebten jene Römer, denen die vielen Eroberungen keinen Vorteil gebracht hatten, beispielsweise ehemalige Kleinbauern, deren Höfe verfallen waren, weil sie selbst Jahr für Jahr in den Krieg ziehen mussten. Andere waren ruiniert, weil billiges Getreide aus den Provinzen den römischen Markt überschwemmte.

Adlige Grundbesitzer und reiche Spekulanten kauften die Höfe zu einem Spottpreis auf und legten sie zu großen Gütern zusammen. Mit billiger Sklavenarbeit bauten sie vor allem Obst, Wein und Oliven an oder sie nutzten die Flächen, um Vieh zu halten. Wer auf dem Land blieb, wurde meist Tagelöhner oder Knecht bei den Reichen.

Brot und Spiele

Auch in Rom war es schwer, Arbeit zu finden, weil so viele Sklaven im Handwerk und Handel arbeiteten. So wurden aus Bauern besitzlose Proletarier. Allerdings waren die Reichen noch auf ihre Stimmen angewiesen, wenn sie sich um Staatsämter bewarben. Deshalb ließen die Patrizier Brot und Getreide verteilen und veranstalteten kostenlose Schaukämpfe in den Arenen.

Wer hilft den Proletariern?

Als Volkstribun schlug Tiberius Gracchus ein neues Gesetz vor: Die Grundbesitzer sollten einen Teil ihres Landes für die Besitzlosen hergeben. So könnten Arbeitslose als tüchtige Bauern leben. Wie in alter Zeit könnten sie dem Staat dann auch wieder ihre Söhne als Soldaten geben.

Die meisten Senatoren lehnten das Gesetz ab, denn sie gehörten selbst zu den Grundbesitzern. Die Volksversammlung dagegen stimmte dem Gesetz zu. Nun war Rom gespalten in Anhänger und Gegner des Tiberius Gracchus. Als Tiberius versuchte die Verfassung zu verletzen und sich ein zweites Mal zum Volkstribun wählen zu lassen, griffen seine Gegner zu Gewalt. Während einer Wahlversammlung wurden er und 300 seiner Anhänger erschlagen. Einige Senatoren machten sogar selber bei der Bluttat mit.

Q 1 *Landhaus einer reichen Familie* (Wandbild aus einer Villa in Pompeji aus dem 1. Jahrhundert n. Chr.). Reiche Römer hatten mehrere Häuser: ein Stadthaus in Rom und Villen auf dem Lande oder an der See.

D 2 *Mietshaus in Rom.* Das Modell zeigt zwei verschiedenartige Wohngebäude. Das rechte könnte von einem Kaufmann oder Bauunternehmer mit gehobenen Ansprüchen bewohnt worden sein. Vielleicht war er sogar der Eigentümer des großen Mietshauses daneben: mit kleinen Wohn ungen und engen Zimmern für arme Proletarierfamilien. Häufig stürzten solche Häuser ein, weil sie zu billig gebaut waren oder Reparaturen unterblieben.

Q 2 *Tiberius Gracchus hielt 133 v. Chr. vor der Volksversammlung eine Rede, deren Inhalt viele Römer erschütterte. Etwa 200 Jahre später schrieb sie der griechische Schriftsteller Plutarch in der folgenden Weise auf:*

Die wilden Tiere Italiens haben jedes eine Höhle, eine Lagerstätte, einen Schlupfwinkel. Doch die Männer, die für Italien kämpfen und sterben, haben nichts außer Luft und Licht. Heimatlos, ja ohne ein Dach über dem Kopf, irren sie mit Frau und Kind umher. Die Feldherren lügen, wenn sie ihre Soldaten in der Schlacht auffordern, die Gräber und Heiligtümer gegen den Feind zu verteidigen. Denn von so vielen Römern hat keiner mehr einen väterlichen Herd, keiner mehr ein Grab seiner Ahnen aufzuweisen. Nur für das schöne Leben und den Reichtum anderer müssen sie kämpfen und fallen. Sie heißen Herren der Welt, ohne auch nur ein einziges Stück Ackerland ihr eigen nennen zu können.

Q 3 *In allen eroberten Gebieten gab es römisches „Staatsland". Eigentlich sollte es allgemein an Interessenten verkauft oder verpachtet werden. Der Geschichtsschreiber Appian beschrieb, was im 2. Jahrhundert v. Chr. allerdings häufig mit dem Staatsland geschah:*

Die Reichen nämlich nahmen sich vom noch nicht verteilten Land den Großteil; mit der Zeit verließen sie sich dann darauf, dass ihnen dies niemand mehr wegnehmen werde. Sie übernahmen die ganzen anderen Güter, nämlich die den ihren nahe gelegenen kleinen Anwesen der Armen, indem sie diese teils zum Verkauf überredeten, teils mit Gewalt vertrieben. Schließlich konnten sie somit große Ländereien statt einzelner Güter bearbeiten lassen, wozu sie Sklaven als Landarbeiter und Hirten einsetzten. (…) So also wurden die Mächtigen vollends reich und die Sklaven vermehrten sich im Land, während die Zahl der freien Bauern abnahm.

1 *Beschreibe die Schwierigkeiten, vor denen der römische Staat im 2. Jahrhundert v. Chr. stand.*

2 *Welche Folgen hatte es für einen einfachen Bauern, wenn er oder sein Sohn vom Frühjahr bis zum Herbst Kriegsdienst leisten musste (VT)?*

3 *Warum konnte ein Adliger über viele Jahre an Feldzügen teilnehmen, ohne dass seine Landgüter vernachlässigt wurden (VT, Q3)?*

4 *Mit welchen Mitteln wollte Tiberius den Proletariern helfen? Welchen Nutzen hätten seine Reformen dem römischen Staat gebracht (VT, Q2)?*

19 Bürgerkriege zerreißen Rom

Römer gegen Römer

„Früher führten Volk und Senat von Rom gemeinschaftlich und ohne Hass die Staatsgeschäfte. Doch dann fing der Adel an seine Macht und seine Vorrechte zu missbrauchen. Auch das Volk begann seine Freiheiten in Willkür ausarten zu lassen. Jeder versuchte für sich zu nehmen, zu raffen und zu rauben. So wurde alles in zwei Parteien auseinander gerissen; die Republik aber ging zwischen beiden zugrunde."

So beschrieb der römische Geschichtsschreiber Sallust die Republik im 1. Jahrhundert v. Chr. Das Unerhörte war geschehen: Zum ersten Mal kämpften römische Soldaten gegeneinander.

Optimaten
(lat. „optimi" = die Besten) Politiker der Senatspartei.

Popularen
(lat. „populus" = das Volk) Politiker der Volkspartei.

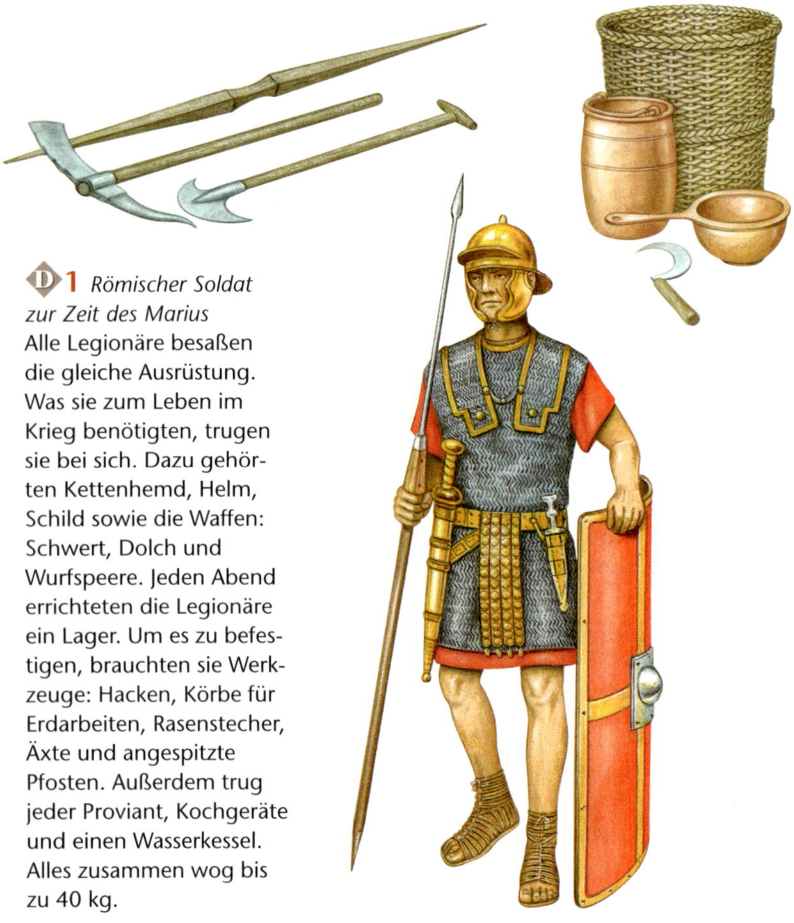

D 1 *Römischer Soldat zur Zeit des Marius*
Alle Legionäre besaßen die gleiche Ausrüstung. Was sie zum Leben im Krieg benötigten, trugen sie bei sich. Dazu gehörten Kettenhemd, Helm, Schild sowie die Waffen: Schwert, Dolch und Wurfspeere. Jeden Abend errichteten die Legionäre ein Lager. Um es zu befestigen, brauchten sie Werkzeuge: Hacken, Körbe für Erdarbeiten, Rasenstecher, Äxte und angespitzte Pfosten. Außerdem trug jeder Proviant, Kochgeräte und einen Wasserkessel. Alles zusammen wog bis zu 40 kg.

Der Staat wird Beute der Politiker

Die Kriege hatten auch die römischen Adligen verändert. Viele waren als Feldherren oder Statthalter sehr reich geworden. Mit ihrem Geld konnten die Adligen leicht für sich werben und so wieder Feldherr werden oder eine Provinz erhalten. Vielen Adligen war dazu fast jedes Mittel recht.

Dazu kam, dass sich die römischen Adligen und führenden Politiker in zwei Gruppen aufgespalten hatten: Die Popularen wollten Reformen für die einfachen Bürger durchsetzen. Ihnen gegenüber standen die Optimaten. Sie lehnten Änderungen ab, weil sie die Macht des Senats und der Besitzenden erhalten wollten. Ehrgeizige Politiker bekämpften ihre Gegner in blutigen Bürgerkriegen und ließen Tausende hinrichten. Ihre Terrorbanden beherrschten die Straßen Roms.

Feldherren setzen „ihr" Heer ein

Wieso war es möglich, dass sich römische Soldaten gegen ihre eigenen Landsleute einsetzen ließen?

104 v. Chr. hatte der Konsul Marius das römische Heer neu organisiert. Denn Rom hatte nicht mehr genügend Bauernsoldaten, führte aber lange Kriege fernab der Heimat. Für das Heer wurden nun die Söhne der Proletarier benötigt. Diese konnten aber nicht selber für ihre Waffen und Ausrüstung aufkommen. Marius musste ihnen daher ein lohnendes Angebot machen: Sold, freie Verpflegung, Unterkunft und eine Versorgung im Alter.

So gewann er viele Freiwillige aus den Reihen der Proletarier für die Legionen. Diese Berufssoldaten verteidigten aber nicht mehr ihren eigenen Besitz. Sie kämpften für „ihren" Feldherrn, von dem sie Belohnung und Beute erwarteten. Der Feldherr wiederum konnte „seine" Soldaten einsetzen, um persönliche Ziele durchzusetzen.

D 2 *Das römische Heer*

… der frühen Republik (links)
Alle Bürger mit Besitz zwischen 17 und 49 Jahren konnten im Kriegsfall einberufen werden. Waffen und Ausrüstung bezahlten sie selbst. Reiche zogen beritten ins Feld. War der Feldzug beendet, kehrten die Männer nach Hause zurück.

… der späten Republik (rechts)
Nach Marius bestand das Heer mehr und mehr aus Berufssoldaten mit einer Dienstzeit von 16 Jahren. Im Krieg wie im Frieden gab es Gefechtsübungen und Märsche. Nach jedem Marsch mussten die Soldaten ein befestigtes Lager anlegen und ihr Essen selbst zubereiten. Wer auf der Wache einschlief, einen Befehl nicht sofort befolgte oder vor dem Feind davonlief, wurde hart bestraft, oft mit dem Tode.

Nach Beendigung ihrer Dienstzeit wurden die Soldaten mit einem Stück Land „versorgt“.

Die Soldaten wurden auch zum Straßen- und Brückenbau eingesetzt.

D 3 *Bürgerkriege in Rom*

Die Gracchen gegen den Senat:
133 v. Chr.: Tiberius Gracchus und ca. 300 seiner Anhänger werden erschlagen.
121 v. Chr.: Der Senat setzt Soldaten gegen Gaius Gracchus ein: Mehr als 3000 seiner Gefolgsleute werden hingerichtet.

Bundesgenossen gegen Römer:
91 v. Chr.: Die italischen Verbündeten erheben sich gegen die Römer. Im „Bundesgenossenkrieg“ erkämpfen sie sich das römische Bürgerrecht (91–88 v. Chr.).

Marius gegen Sulla:
88 v. Chr.: Konsul Sulla (Optimat) besetzt mit seinem Heer die Stadt Rom, um zu verhindern, dass Marius (Popular) Heerführer in einem Krieg in Kleinasien wird. Marius flieht. Als Sulla die Stadt verlassen hat, kehrt Marius zurück und lässt seine Gegner umbringen.
83 v. Chr.: Sulla kehrt nach mit seinem Heer nach Rom zurück, besiegt Marius und lässt 40 Senatoren und 1600 gegnerische Ritter töten.

Q 1 *Über das Vorgehen von Marius schrieb der griechische Historiker Appian, der im 2. Jh. n. Chr. in Rom lebte:*
Sie (Marius und seine Soldaten) hielten ihren Einzug in Rom, dem alle mit Schrecken entgegensahen. (…) Der Konsul Octavius floh nicht und leistete Widerstand mit einigen Soldaten. Er wurde ermordet und sein Kopf auf dem Forum aufgestellt.
Nun eilten sogleich Leute, um die Gegner unter den Rittern und Senatoren aufzuspüren. (…) Niemand durfte einen Ermordeten beerdigen. Hunde und Vögel zerrissen die Leichen adliger Männer. Auch ermordeten die Marianer eigene Leute, ohne zur Rechenschaft gezogen zu werden. Andere wurden verbannt, ihr Vermögen eingezogen, andere wurden aus dem Amt entlassen.

Zeitreise multimedial Antike: Rom – „Leben wie die Legionäre“

1. *Stelle in einer Tabelle gegenüber: Bürgerheer der frühen Republik – Berufsarmee der späten Republik (VT, D2).*
2. *Zwei arbeitslose Proletarier sprechen über ein Thema, das viele beschäftigt: Lohnt es sich Soldat zu werden? Macht daraus ein Rollenspiel: Der eine ist dafür, der andere rät ab (VT, D1, D2).*
3. *Fasse zusammen, wie es zu den Bürgerkriegen kam (VT, D3).*

20 Das Ende der Republik?

1 *Caesar mit Lorbeerkranz.* Die Münze trägt die Umschrift CAESAR DICT[ATOR] QUART[UM] („Caesar zum vierten Mal Diktator"). Sie wurde 44 v. Chr. noch vor Caesars Ermordung geprägt.

Diktator

Wenn der Republik schwere Gefahr drohte, konnte ein Diktator mit der alleinigen Regierungsgewalt beauftragt werden. Er durfte aber höchstens sechs Monate im Amt bleiben. Als Caesar sich zum Diktator auf Lebenszeit ernennen ließ, brach er die römische Verfassung.

Caesar, der siegreiche Feldherr

Im September des Jahres 46 v. Chr. feiert Gaius Julius Caesar mit einem großartigen Triumphzug seine Siege in Gallien, Ägypten und Afrika. Der Zug beginnt traditionsgemäß auf dem Marsfeld und führt über das Forum Romanum zum Tempel des Jupiter. Lange Kolonnen mit Kriegsbeute und Gefangenen werden an den Zuschauern vorbeigeführt. Schließlich nähert sich der siegreiche Feldherr auf einem vergoldeten Wagen: gekleidet in Purpur und Gold. Roms Massen jubeln dem Mann zu, der eine beispiellose Karriere hinter sich hat.

Caesar, der Machtmensch

Caesar stammte aus einer alten Adelsfamilie. Als junger Politiker der Popularen lieh er sich ungeheure Geldsummen und veranstaltete Gladiatorenkämpfe und Wagenrennen, die sich die Bürger Roms kostenlos ansehen konnten. Viele waren begeistert von dem jungen Politiker. Caesar wollte aber mehr: die höchste Macht im Staat. Dazu brauchte er starke Verbündete. Im Jahr 60 v. Chr. schlossen sich ihm die beiden wichtigsten Männer Roms an: der siegreiche Feldherr Pompeius und der schwerreiche Unternehmer Crassus. Gegen dieses „Dreimännerbündnis" konnte selbst der Senat nichts ausrichten. Die drei rissen alle Macht an sich und teilten sie untereinander auf.
Caesar wurde Konsul, danach für fünf Jahre Statthalter in Gallien, einer römischen Provinz im heutigen Frankreich. Außerdem erhielt er den Befehl über drei Legionen. In den folgenden neun Jahren eroberte er das freie Gallien bis zur Nordseeküste und bis an den Rhein. Dabei kümmerte er sich wenig darum, was der Senat von ihm verlangte oder ihm verbot. Mehrfach vergrößerte er eigenmächtig sein Heer. Er achtete aber immer darauf, dass ihm die Offiziere und Soldaten treu ergeben waren.

Ein Bürgerkrieg entscheidet

Im Jahr 49 v. Chr. bewarb sich Caesar zum zweiten Mal um das Amt des Konsuls. Dazu musste er nach Rom kommen. Der Senat forderte ihn auf, er solle zuerst sein Heer entlassen, wie es üblich war. Doch die Senatoren hassten Caesar und Pompeius hatte sich mit ihnen verbündet. Was würde geschehen, wenn er ohne seine Truppen nach Rom käme? Caesar fasste einen Entschluss: In der Nacht zum 10. Januar 49 v. Chr. zog er mit seinen Truppen Richtung Rom. Ein Bürgerkrieg begann, der vier Jahre dauerte. Am Ende hatte Caesar seine Gegner besiegt.

Rettet ein Mord die Republik?

Caesar setzte seine neue Ordnung durch. Der Senat ernannte ihn zum Diktator: erst für zehn Jahre, dann auf Lebenszeit. Bei Senatssitzungen hatte er das Recht als Erster zu reden. Wenn er auftrat, durfte er das purpurfarbene Gewand des Triumphators tragen, das eigentlich nur Jupiter, dem höchsten Gott, zustand.
Das machte viele Anhänger der alten Republik misstrauisch. Sie fürchteten, Caesar würde die Republik zerstören. Schließlich verschworen sich einige Senatoren gegen ihn und stachen Caesar im Jahre 44 v. Chr. im Senat nieder.

2 *Dolche der Mörder.* Nach dem Mord an Caesar prägten seine Mörder eigene Münzen: EID [IBUS] MAR(TIIS) „an den Iden des März" (Bezeichnung im römischen Kalender für den 15. März).

D1 *Ein Triumphzug*
So stellt sich ein Zeichner unserer Zeit einen römischen Triumphzug vor. Die Darstellung entspricht dem, was wir aus römischen Quellen wissen.

① Der Zug bewegt sich über das Forum Romanum, vorbei an den Tempeln und Staatsgebäuden.

② Senatoren und Beamte schreiten würdevoll voran. Der Zug bewegt sich an der Rednertribüne vorbei.

③ Es folgen Opferstiere mit vergoldeten Hörnern. Dahinter gehen wichtige Gefangene, zum Beispiel besiegte Könige. Später werden sie getötet oder verkauft; andere müssen im Amphitheater auf Leben und Tod gegeneinander kämpfen.

④ Der Feldherr mit rot gefärbtem Gesicht, Lorbeerkranz und Adlerzepter; der Adler gilt als Symbol des Jupiter, rot ist die Farbe des Mars. Hinter dem Triumphator steht ein Sklave und wiederholt die Worte: „Bedenke, dass du ein Mensch bist!"

Q3 *Warum war Caesar so erfolgreich? Dazu sagte der römische Politiker und Schriftsteller Cicero (106–43 v. Chr.) in einer Rede:*

Ihm war Talent, Verstand, Gedächtnis, Bildung, Sorgfalt und Umsicht gegeben. Er hat Kriegstaten vollbracht, zwar unheilvoll für den Staat, aber dennoch große Kriegstaten. Viele Jahre hatte er geplant Alleinherrscher zu werden und diesen Plan unter großen Mühen und vielen Gefahren verwirklicht. Durch Zirkusspiele, Bauwerke, Spenden und Speisungen hatte er das unerfahrene Volk auf seine Seite gezogen.

Q4 *Warum hassten viele Römer Caesar? Der römische Schriftsteller Sueton (ca. 70–143 n. Chr.) versuchte darauf eine Antwort zu finden. Er schrieb:*

Er hat sich nicht nur immer wieder zum Konsul wählen und schließlich zum Diktator (…) auf Lebenszeit ernennen lassen. Er duldete auch maßlos übertriebene Ehrungen: einen goldenen Sessel im Rathaus und Gericht. Sein Bild wurde neben denen der Götter aufgestellt, ein Monat erhielt seinen Namen. Er nahm und verlieh Auszeichnungen, wie es ihm passte. Er sagte öffentlich, die Republik sei ein Nichts.

1. *Nenne Gründe für Caesars Erfolg (VT, Q3).*
2. *Welche Beweggründe könnten Caesars Mörder gehabt haben (VT, Q4)?*
3. *Führt ein Rollenspiel durch: Auf dem Forum Romanum diskutieren Senatoren über Caesars neue Politik.*
4. *Mache dir Stichpunkte und halte einen Vortrag: Caesars Triumphzug (D1).*

21 Augustus – Kaiser oder „erster Bürger"?

Kaiser
Augustus übernahm von seinem Vater den Namen. Seine Nachfolger fügten ihrem Namen ebenfalls „Caesar", das damals wie „kaisar" gesprochen wurde, hinzu. Daraus wurde ein Herrschertitel. Noch im 20. Jahrhundert gab es in Deutschland einen „Kaiser" und in Russland einen „Zar".

Caesars Leichenfeier

Die Menschen standen dicht gedrängt auf dem Forum, als der Konsul Marcus Antonius auf der Rednertribüne neben die aufgebahrte Leiche Caesars trat. Antonius' Toga war zum Zeichen der Trauer zerrissen, das Haar ungekämmt. Vor der Totenfeier verlas er Caesars Testament, das jedem Römer etwas Geld vermachte. Dann schilderte Antonius Caesars Kriegsruhm und zählte seine Wohltaten für das römische Volk und die entlassenen Soldaten auf. Am Ende riss er Caesars blutiges Gewand hoch und zeigte auf die vielen Stellen, an denen die Dolche der Mörder eingestochen hatten. Die Wirkung war wohl berechnet. Antonius lenkte den Volkszorn gegen Senat und Adel, weil er selbst herrschen wollte.

Q1 *Das Marmorstandbild des Augustus* (63 v. Chr.–14 n. Chr.) entstand kurz nach 17 v. Chr. Augustus ist in der Pose eines siegreichen Feldherrn dargestellt. 21-mal verlieh ihm der Senat den Titel „Imperator". Auch seine Nachfolger nannten sich als Kaiser „Imperator". Barfüßig stellten die Römer sonst nur Götter dar.

Caesars Adoptivsohn

Caesar hatte aber in seinem Testament Octavian, seinen 19 Jahre alten Großneffen, zum Erben und Adoptivsohn bestimmt. Um seinen Anspruch auf das Erbe durchzusetzen, verbündete sich Octavian mit dem Senat, also auch mit Männern, die sich gegen seinen „Vater" verschworen hatten. Nach dem Sieg über Antonius bot er diesem ein Bündnis an: diesmal gegen den Senat. In Rom wurden nun Todeslisten ausgehängt; Mordkommandos erschlugen fast 300 Senatoren und 2000 Ritter. Niemand wagte es mehr, für die alte Republik zu sprechen. Antonius und Octavian teilten sich die Herrschaft und das Reich.
Doch Octavian verbündete sich wieder mit dem Senat gegen Antonius. In einer großen Seeschlacht vor Griechenland besiegte er seinen Rivalen endgültig. Octavian stieg zum Alleinherrscher auf. Hunderttausende hatten dafür mit dem Leben bezahlt.

Die neue Ordnung des Augustus

Im Jahre 27 v. Chr. trat Octavian vor den Senat und erklärte feierlich, der Bürgerkrieg sei beendet, die Republik wiederhergestellt. Er gebe daher alle Vollmachten aus der Kriegszeit zurück. Nur das Amt des Konsuls behielt er. Angeblich baten ihn die Senatoren wegen der unsicheren Lage die Herrschaft zu behalten. Sie ehrten ihn mit dem Namen Augustus, was „der Erhabene" bedeutet.
In den folgenden Jahren traf Augustus alle wichtigen Entscheidungen selbst. Er bestimmte, wer Senator, Offizier oder Beamter wurde, war mehrfach Konsul und Volkstribun auf Lebenszeit. So konnte kein Gesetz gegen seinen Willen erlassen werden. Nur zum Schein blieben alle Ämter der Republik bestehen. Augustus nannte sich „princeps", „erster Bürger". In Wirklichkeit war er aber – wie schon Caesar – Alleinherrscher.

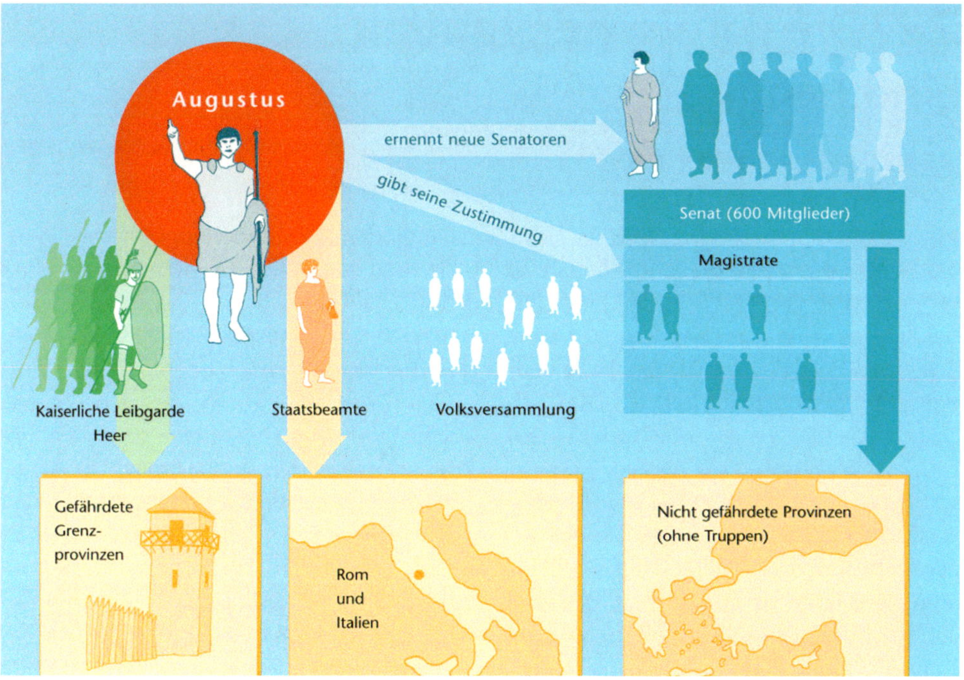

D1 *Herrschaftsform des Prinzipats.* Augustus nannte sich „princeps" („Erster"), daher spricht man vom Prinzipat, wenn man seine Herrschaft meint. Das Riesenreich der Kaiserzeit erforderte eine zentral gelenkte Verwaltung mit fachlich ausgebildeten Beamten. Die Wahlbeamten der Republik gab es weiterhin, ihre Aufgaben waren aber eher auf Rom selbst beschränkt. In den ersten 300 Jahren der Kaiserzeit übernahmen die Nachfolger des Augustus diese Ordnung.

Q2 *Aus dem „Tatenbericht" des Augustus. Über seine Herrschaft ließ Augustus im ganzen Reich die folgende Darstellung verbreiten:*

Mit neunzehn Jahren habe ich aus privater Initiative und aus eigenen Mitteln ein Heer aufgestellt. Mit diesem Heer gab ich dem Staat, der durch die Gewaltherrschaft einer politischen Machtgruppe unterdrückt wurde, die Freiheit wieder. Diejenigen, die meinen Vater ermordet haben, trieb ich in die Verbannung. So rächte ich durch gesetzmäßige, gerichtliche Verfolgung ihr Verbrechen. Und als sie dann Krieg gegen den Staat anfingen, besiegte ich sie. Ich löschte die Flamme des Bürgerkriegs; in meinem 6. und 7. Konsulat wurde mir mit der Zustimmung des Senats und der gesamten Bevölkerung die gesamte staatliche Macht anvertraut. Später aber habe ich den Staat aus meiner Machtbefugnis wieder in die Entscheidung des Senats und des römischen Volkes zurückgegeben. Für dieses mein Verdienst wurde mir auf Beschluss des Senats der Name „Augustus" gegeben. Seit dieser Zeit überrage ich alle Übrigen an Einfluss; an Amtsgewalt aber besaß ich nicht mehr als die anderen, die meine Kollegen im Amt waren.

Q3 *100 Jahre nach Augustus' Tod schrieb der römische Geschichtsschreiber Tacitus:*

Die Liebe zu seinem Vater und die schwierige Lage hat er als Vorwand genommen. In Wahrheit hat er aus Herrschsucht die Veteranen durch Bestechung aufgewiegelt. Er hat als junger Mann ohne ein Amt ein Heer aufgestellt, die Legionen des Konsuls bestochen. (...) Er hat dem Senat gegen dessen Willen das Amt des Konsuls abgerungen. Die Waffen, die er (für den Kampf) gegen Antonius erhielt, hat er gegen den Staat gerichtet. (...)
Sobald er die Soldaten mit Geschenken, das Volk mit Getreide, alle mit der Annehmlichkeit des Friedens für sich gewonnen hatte, zeigte er allmählich sein wahres Gesicht. Er zog die Befugnisse des Senats, der Beamten und der Gesetzgebung an sich, ohne dass sich jemand widersetzte. Denn die mutigsten Männer waren auf dem Schlachtfeld oder durch Ächtung umgekommen, und die übrigen Adligen waren durch Reichtum und Ämter emporgekommen, und zwar umso höher, je mehr sie zur Unterwürfigkeit bereit waren. Die Gewinner der neuen Ordnung zogen die Sicherheit der Gegenwart der Unsicherheit der Vergangenheit vor.

1. *Erläutere anhand des Schaubilds D1, wie Augustus' Herrschaft aufgebaut war.*
2. *Welche Begriffe treffen auf Augustus zu: Alleinherrscher, Diktator, geschickter Politiker, Gegner des Senats, Verbündeter des Senats, Machtmensch, König, Konsul, „princeps", Sohn Caesars, Oberbefehlshaber aller Legionen?*
3. *In Q2 sind Auszüge aus dem „Tatenbericht" des Augustus wiedergegeben. Welche Wirkung wollte der Kaiser damit erzielen? Kritisiere einige Stellen. Verwende dabei auch Aussagen aus Q3.*

22 Die römische „familia" – eine Familie?

pater familias
ist der lateinische Begriff für Familienvater, Hausvater, Familienoberhaupt.

Sklaven
waren unfreie Menschen ohne persönliche Rechte. Selbst wenn sie freigelassen wurden, erhielten erst ihre Kinder das volle Bürgerrecht.

Für alle gilt der väterliche Wille

Wenn ein römisches Mädchen heiratete, gehörte sie ab der Hochzeit zur Familie des Bräutigams. Wie alle Familienmitglieder musste auch sie dem „pater familias", dem Hausvater, gehorchen. Der Hausvater war anfangs der Schwiegervater, nach seinem Tod der Ehemann. Bei reichen Römern konnte die „familia" hundert und mehr Personen umfassen, denn auch die Sklavinnen und Sklaven gehörten dazu. Gegenüber allen hatte der „pater familias" eine unbeschränkte Gewalt. Er konnte sogar die Todesstrafe verhängen.

Frauen bekommen mehr Rechte

Im Laufe der Jahrhunderte wurde die väterliche Gewalt eingeschränkt. Um 30 n. Chr. konnte ein Vater seine Tochter nicht mehr zu einer Ehe zwingen. Frauen durften nun auch über ihr Vermögen verfügen und selbst Geschäfte abschließen, ohne dass der Ehemann zustimmen musste. Sie konnten sich auch scheiden lassen und in die Familie ihres Vaters zurückkehren.

Ihre Zeit durften die Römerinnen weitgehend so verbringen, wie sie mochten. Sie gingen ins Theater oder in den Zirkus; sie besuchten die öffentlichen Bäder oder die Lesung von Schriftstellern. Doch ein Bereich blieb ihnen verschlossen: Frauen durften weder wählen noch politische Ämter übernehmen. Frauen aus den unteren Schichten konnten von den neuen Freiheiten allerdings wenig Gebrauch machen. Sie kümmerten sich voll und ganz um den Haushalt und die Kinder, denn Sklavinnen wie die reichen Römerinnen hatten sie nicht. Oft genug mussten sie hinzuverdienen, damit die Familie überhaupt über die Runden kam.

Wie die Kinder erzogen wurden

Wenn die Kinder sieben Jahre alt waren, kamen sie zu einem Privatlehrer. Der brachte den Jungen und Mädchen Lesen, Schreiben und einfaches Rechnen bei. Nur wohlhabende Römer konnten es sich leisten, ihre Kinder über das 14. Lebensjahr hinaus zur Schule zu schicken. Mädchen wurden dann auch im Musizieren, Spinnen und Weben unterrichtet. Jungen lernten schwierige Texte zu lesen oder eine öffentliche Rede zu halten.

Der Vater wachte streng darüber, dass sie der Familie Ehre machten. Sie sollten die Vorfahren ehren, gehorsam gegenüber dem Vater sein und sowohl der Familie als auch dem Staat pflichtbewusst dienen.

Q 1 *Brautpaar bei der Eheschließung* (Steinrelief). Ein römisches Mädchen heiratete mit 14 oder 15 Jahren. Am Morgen der Hochzeit opfert die junge Braut ihr Spielzeug den Schutzgöttern des Hauses. Danach wird ihr Haar nach Art der Frauen frisiert und ein roter Schleier darüber gelegt. Die Hochzeit findet im Hause des Brautvaters statt. Vor den Eltern, Verwandten und Freunden reichen sich die Brautleute die rechte Hand. Dann tauschen sie die Ringe und sprechen die Worte: „Wo du bist, da bin ich auch."

Q 2 *Ein Vater erzieht seinen Sohn.*
Über den reichen Gutsbesitzer und Politiker Cato (234–149 v. Chr.) berichtet uns der griechische Schriftsteller Plutarch fast 300 Jahre später:

Er selbst war Lehrer seines Sohnes im Lesen und Schreiben, in der Gesetzeskunde und im sportlichen Training; er unterwies ihn nicht nur im Speerwerfen, Fechten und Reiten, sondern brachte ihm auch bei zu boxen, Hitze und Kälte zu ertragen und durch einen reißenden Fluss zu schwimmen. Er schrieb seine Geschichtsdarstellung in großen Buchstaben auf, damit der Junge zu Hause die Möglichkeit habe, aus den Taten der Vorfahren zu lernen.

Q 3 *Schmuck einer Römerin.*
Eine römische Geschichte erzählt über die adlige Cornelia, die Mutter von Tiberius und Gaius Gracchus:

Eine Frau aus Kampanien, die bei Cornelia, der Mutter der beiden Gracchen, zu Besuch war, zeigte ihr ihre Schmuckstücke; es waren die schönsten jener Zeit. Da unterhielt sich Cornelia mit ihr, bis ihre zwei Söhne aus der Schule kamen, und sagte zu ihr: „Das sind meine Schmuckstücke."

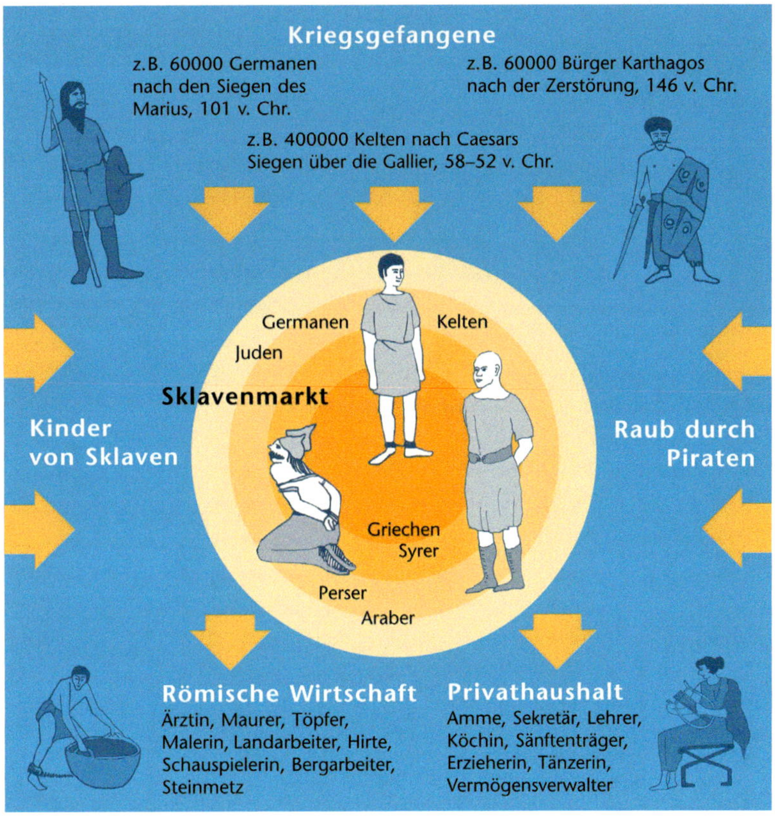

D 2 *Sklaven in Rom*
Für die Völker des Altertums war Sklaverei etwas ganz Selbstverständliches. Auf großen Sklavenmärkten wurden Menschen aus allen Gegenden und aus sehr unterschiedlichen Schichten angeboten.

D 1 *Die römische „familia".*

1. *Erkläre den Begriff „parer familias" (VT, Lexikon). Warum lässt ersich nicht einfach mit „Familienvater" übersetzen?*
2. *Vergleiche die heutige Familie mit der römischen „familia" (VT, D1). Welche Unterschiede fallen dir auf?*
3. *Welche Ziele verfolgte Cato bei der Erziehung seines Sohnes (Q2)?*
4. *Arbeite einen der beiden Vorträge aus: „Römische Mädchen und Frauen", „Die Erziehung eines Jungen". Schreibe dir Stichworte auf und trage der Klasse vor.*

23 Methode
Schriftliche Quellen auswerten

Von den römischen Geschichtsschreibern und Politikern sind uns viele Schriftstücke erhalten geblieben. Diese Textquellen enthalten wichtige Informationen über das Leben im Römischen Reich. In den Texten auf dieser Seite wird über die Sklaven in Rom berichtet. Allerdings sind Textquellen nicht immer leicht zu verstehen. Um möglichst viel aus diesen Quellen „herauszuholen", müssen wir sie sorgfältig lesen und ganz bestimmte Fragen stellen.

Sklaven – nur lebende Werkzeuge?
Nach römischem Recht galt ein Sklave als Sache, gehörte also wie Vieh, Ackergerät und Hausrat zum Besitz eines Römers. Er durfte ihn verkaufen, auspeitschen oder sogar töten – ganz wie es ihm beliebte. Wer den Sklaven eines anderen Römers so schwer verletzte, dass dieser ein Bein oder einen Arm verlor, konnte wegen „Sachbeschädigung" verklagt werden. Er musste dann „Schadenersatz" zahlen. Überall in Italien und in den Provinzen arbeiteten Sklavinnen und Sklaven. Am härtesten war es auf den Feldern und in den Weinbergen, in den Steinbrüchen und Bergwerken oder auf den Ruderbänken der Galeeren.

Sklaven wehren sich
War es ein Wunder, dass viele Sklavinnen und Sklaven ihre Unterdrücker hassten? Auf dem Lande kam es mehrfach zu Aufständen. Die Sklaven erschlugen ihre Herren, zündeten Gutshäuser an und verwüsteten die Weinberge und Olivenhaine, die sie selbst unter sengender Sonne gepflegt hatten. Doch diese Aufstände wurden meist schnell und blutig vom römischen Heer niedergeschlagen.

Q1 *Ein strenger Herr seiner Sklaven war der römische Politiker Cato (234–149 v. Chr.). Der Schriftsteller Plutarch schreibt über ihn:*
Er hielt eine große Menge Sklaven, die er aus der Menge der Kriegsgefangenen kaufte. Am liebsten nahm er solche, die noch klein waren und sich wie junge Hunde oder Fohlen erziehen ließen. (…) Jeder Sklave musste entweder arbeiten oder schlafen. Cato war denen, die gut schliefen, wohl gesonnen, weil er glaubte, dass die gutmütiger seien als die, die munter blieben. Immer versuchte er seine Sklaven in Streit untereinander zu halten, weil Eintracht unter den Sklaven in ihm Furcht und Verdacht erregte.

Q2 *Kriegsgefangene* (Mosaik aus Mauretanien, aus dem 3./4. Jahrhundert n. Chr.).

Methodische Arbeitsschritte

Fragen zum Text:

1. Worum geht es in dem Text? Welche Orte, Personen oder Gruppen werden genannt?
2. Gibt es Wörter oder Sätze, die du nicht verstehst? Schlage in einem Wörterbuch nach oder frage deine Lehrerin bzw. deinen Lehrer.
3. Unterteile den Text in einzelne Abschnitte und verfasse für jeden Abschnitt eine kurze Überschrift.

Fragen zum Verfasser:

4. Wer hat den Text verfasst?
5. Kannst du erkennen, an wen sich der Verfasser mit seinem Text wendet?
6. Schreibt der Verfasser über Dinge, die er selbst erlebt hat, oder woher hat er seine Kenntnisse?
7. Mit welcher Absicht mag der Verfasser den Text geschrieben haben?

Q **3** *Plakette und Halsband für einen Sklaven.*

Q **4** *Die Qualen der Bergwerkssklaven beschreibt der griechische Geschichtsschreiber Diodor etwa 50 v. Chr.:*

Die Sklaven, die im Bergbau beschäftigt sind, bringen ihren Besitzern unglaubliche Einkünfte. Sie selbst aber müssen unterirdisch graben, bei Tage wie bei Nacht, gehen körperlich zugrunde; viele sterben infolge der übermäßigen Anstrengungen. Denn Erholung oder Pausen in der Arbeit gibt es nicht. Aufseher zwingen sie mit Schlägen, die furchtbaren Leiden zu ertragen, bis sie elend ihr Leben aushauchen. Wenige nur, die genug Körperkraft haben, halten durch und verlängern damit nur ihre Qual. Denn erstrebenswerter als das Leben wäre für sie der Tod wegen der Größe ihres Elends.

Q **5** *Besorgt um die Gesundheit seines Sklaven Tiro zeigt sich der römische Schriftsteller, Rechtsanwalt und Politiker Cicero (106–43 v. Chr.). In einem Brief teilt er ihm mit:*

Ich habe dem Curius geschrieben, dir so viel Geld zu geben, wie du verlangen würdest. Dem Arzt muss, denk ich, etwas voraus gegeben werden, damit er sich deiner desto sorgfältiger annimmt. Du hast mir unzählige Dienste geleistet, in meinem Hauswesen, in meinen gerichtlichen Geschäften, in der Stadt, in der Provinz, in Privatangelegenheiten, in meinen öffentlichen Studien, in meinen literarischen Arbeiten. Du wirst mehr für mich getan haben als das alles, wenn ich dich gänzlich wiederhergestellt sehen werde.

1. *Untersuche die Textquellen mithilfe der methodischen Arbeitsschritte.*
2. *Fasse zusammen, wie das Leben von Sklaven im Römischen Reich aussah. Lebten alle in ähnlichen Verhältnissen?*
3. *Der Gutsbesitzer Cato (Q1) verkaufte seine Sklaven, wenn sie alt wurden, oder ließ sie einfach frei. Warum tat er das? Welche Folgen hatte das für die Freigelassenen?*

24 Abschluss
Ein Staat in der Antike

In diesem Kapitel hast du einen Staat des Altertums kennen gelernt. Du weißt, wie dieser Staat regiert wurde und welche Personengruppen es in der Bevölkerung gab. Manche dieser Gruppen hatten viele Rechte und eine wichtige Stellung im Staat, andere Personen besaßen überhaupt keine Rechte und standen „ganz unten" in der Gesellschaft.
Wie ein Staat aufgebaut ist, lässt sich gut in einem Schaubild darstellen. Auf dieser Seite kannst du ein solches Schaubild selber entwerfen. Keine Angst, das ist gar nicht so schwierig.

Entscheide dich zuerst, welchen Staat du darstellen willst: das alte Ägypten, die Polis Athen oder aber das Römische Reich, entweder zur Zeit der Republik oder zur Kaiserzeit.

Als Form für das Schaubild eignet sich am besten ein Dreieck oder auch eine Pyramide.

Bevor du mit dem Schaubild beginnst, solltest du folgende Fragen beantworten.
Die Antworten helfen dir, dein Schaubild aufzubauen:

1. Welche Personengruppen gibt es in dem Staat?
2. Welche Rechte und Aufgaben haben diese Gruppen?
3. Wer gibt Befehle, wer kann wählen, wer darf beraten, wer hat wichtige Funktionen?
4. Welche Gruppe steht höher, welche niedriger?
   Gibt es Gruppen, die auf einer Ebene, also nebeneinander stehen?
5. Welche Gruppe oder welche Person steht an der Spitze des Staates?
6. Welche Personen stehen ganz unten?
7. Wie groß sind die einzelnen Gruppen, wie breit ist also ihr Anteil in der Pyramide?

Diese Elemente kannst du in deinem Schaubild verwenden:

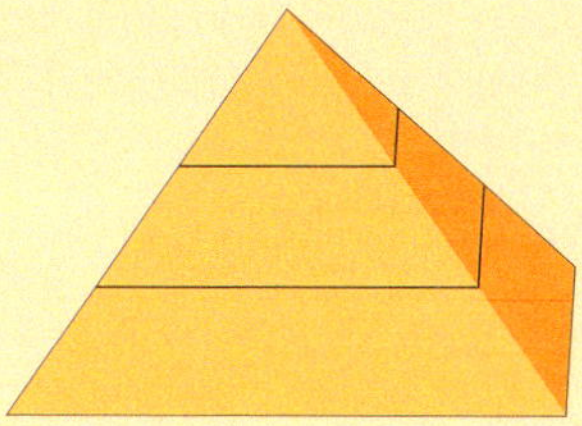

- **Waagerechte Linien** zeigen an, welche Personen und Gruppen über- und untereinander stehen, also welche Personen eine bessere oder eine schlechtere Stellung haben.

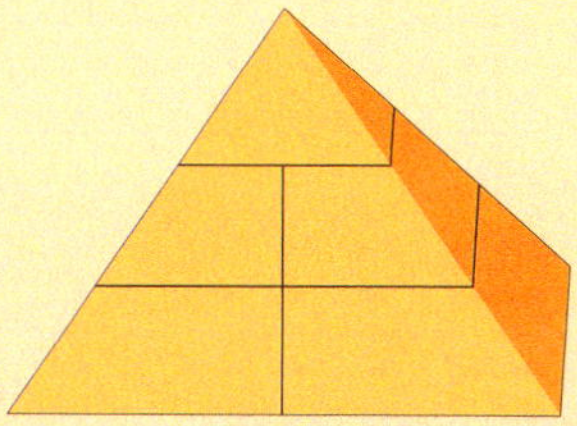

- **Senkrechte Linien** zeigen an, welche Personen und Gruppen auf einer Ebene nebeneinander stehen. Diese Gruppen unterscheiden sich zwar, haben aber die gleichen Rechte und das gleiche Ansehen.

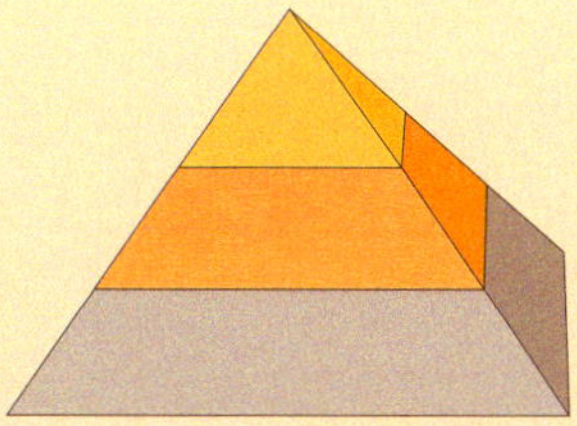

- **Farben** kennzeichnen die unterschiedlichen Gruppen.

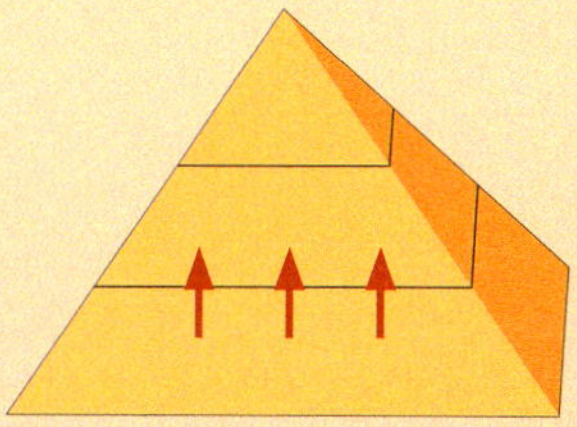

- **Pfeile nach oben** zeigen, wer wen wählt oder wer wem berichtet oder Abgaben zahlen muss.

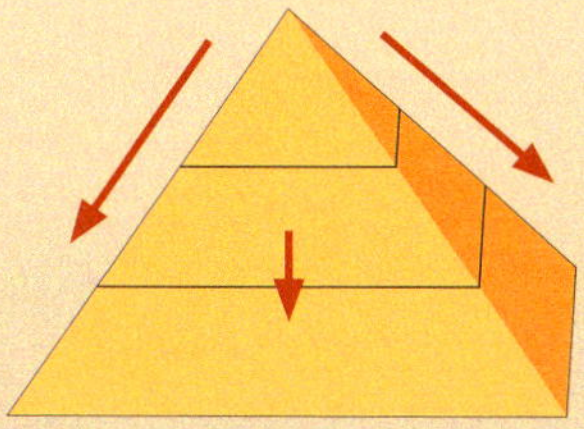

- **Pfeile nach unten** zeigen, wer wem Befehle gibt, wer wen bestimmt und wer wen kontrolliert.

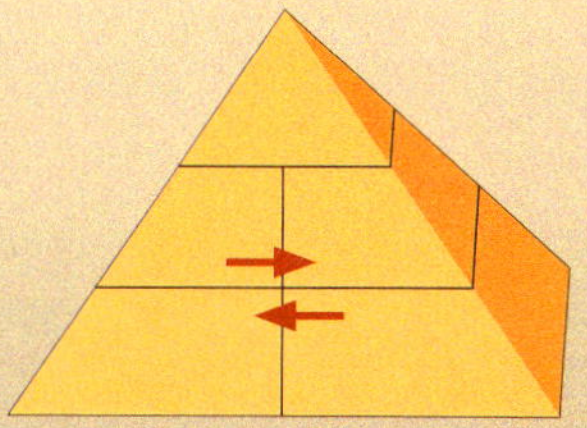

- **Pfeile nach links oder nach rechts** können bedeuten, dass zwei Gruppen sich gegenseitig berichten, sich kontrollieren oder sich beraten.

- **Symbole und Figuren** machen das Schaubild noch anschaulicher. Figuren können außerdem zeigen, wie viele Menschen zu einer bestimmten Gruppe gehören.

Frau Mann Bauer Sklavin

Krone
= Herrscher

Schwert
= Befehlsgewalt

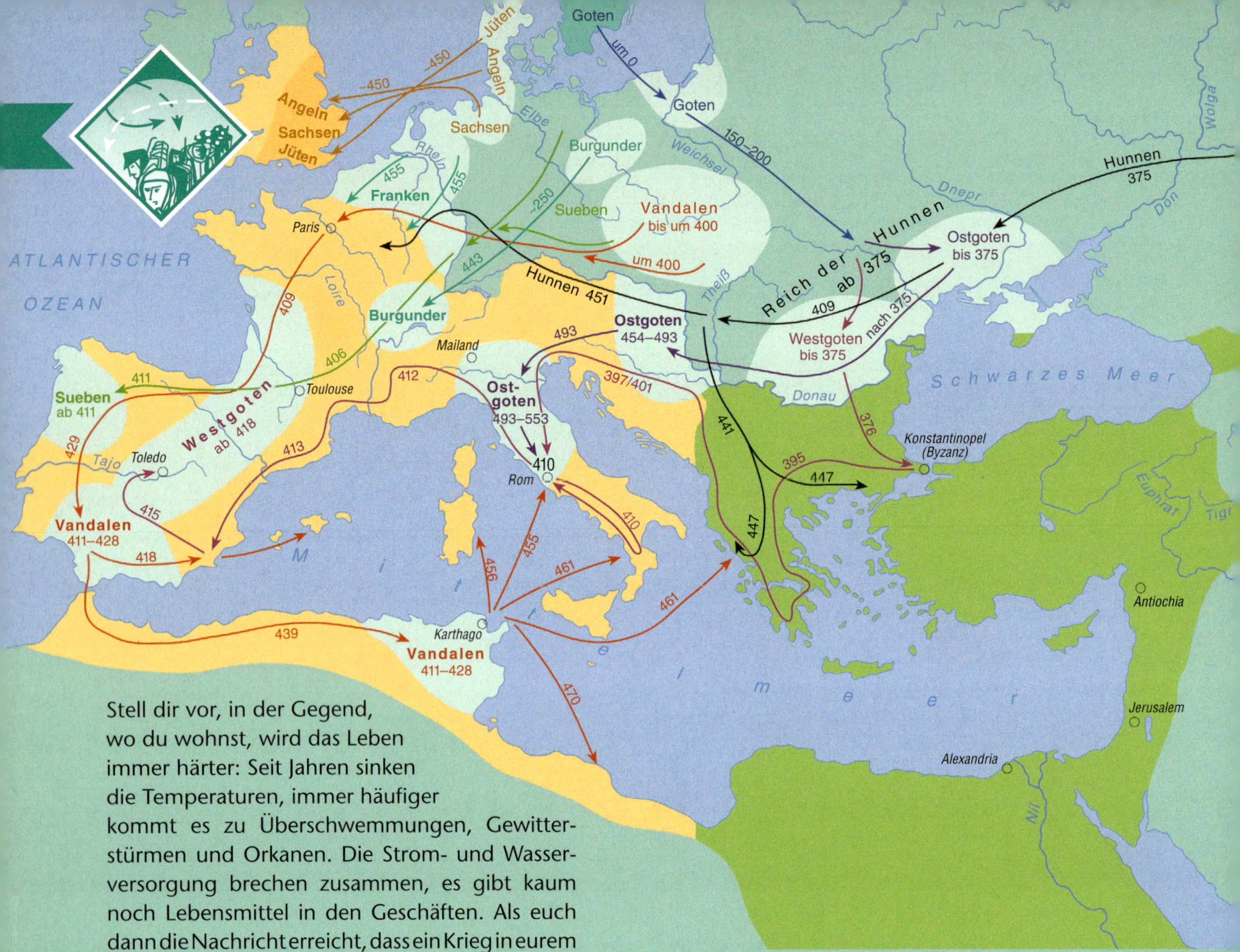

Stell dir vor, in der Gegend, wo du wohnst, wird das Leben immer härter: Seit Jahren sinken die Temperaturen, immer häufiger kommt es zu Überschwemmungen, Gewitterstürmen und Orkanen. Die Strom- und Wasserversorgung brechen zusammen, es gibt kaum noch Lebensmittel in den Geschäften. Als euch dann die Nachricht erreicht, dass ein Krieg in eurem Land begonnen hat, beschließt deine Familie zu fliehen. Ihr packt die nötigsten Sachen und macht euch auf den Weg in eine ungewisse Zukunft. Es ist schwierig, sich eine solche Situation heute vorzustellen, oder? Machen wir eine Zeitreise ins 4. Jahrhundert n. Chr. Dort werden wir sehen, wie nicht nur Familien, sondern ganze Völker ihre Heimat verließen, um woanders ein besseres, sicheres Leben zu finden.

Die Völkerwanderung bis in das 6. Jahrhundert n. Chr.

Römisches Reich nach der Reichsteilung 395:

Weströmisches Reich

Oströmisches (Byzantinisches) Reich

375 — Wanderzug mit Jahresangabe

Ostgoten 454–493 — Siedlungsgebiet

375

Die Hunnen dringen nach Europa vor und lösen die Völkerwanderung aus.

395

Das Römische Reich wird in ein West- und Ostreich geteilt.

410

Die Westgoten erobern Rom.

476

Der letzte weströmische Kaiser wird abgesetzt; damit endet das Weströmische Reich.

Von der Völkerwanderung zum Frankenreich

Dieses Mosaik zeigt wahrscheinlich einen Reiter aus dem Volk der Vandalen vor der Stadt Karthago (Mosaik, Karthago/ Nordafrika, 5. Jahrhundert).

um 500

Der Merowingerkönig Chlodwig eint die Franken und gründet ein neues Großreich.

7./8. Jahrhundert

Missionare verbreiten den christlichen Glauben in Europa.

800

Der Frankenkönig Karl der Große wird zum römischen Kaiser gekrönt.

1 Germanische Völker verlassen ihre Siedlungen

D 1 *Vandalen und Sueben* auf der Wanderung. 406 überschreiten sie den zugefrorenen Rhein (Illustration aus einem heutigen Jugendbuch).

Völker aus dem Norden

In Skandinavien, hoch im Norden Europas, lebten die germanischen Völker. Als sich dort das Klima verschlechterte, wanderten viele germanische Stämme nach Mitteleuropa und besiedelten bis ins 1. Jahrhundert n. Chr. den Raum zwischen Nord- und Ostsee, Rhein, Donau und Weichsel.

Aber auch das Leben in Mitteleuropa war hart: Das Klima war viel feuchter und kühler als heute, und das Land bestand aus ausgedehnten Mooren, Sümpfen und Wäldern. Die Menschen konnten nur in kleinen Gebieten siedeln und Felder anlegen.

Immer wieder kam es zu starken Regenfällen, langen Wintern, Überschwemmungen und Missernten. Auch laugten die Böden schnell aus, so dass es sehr schwierig wurde, alle Menschen zu ernähren. Deshalb machten sich immer wieder einige Gruppen oder auch ganze Stämme auf, besseres Land für den Ackerbau, für ihr Vieh und für die Jagd zu finden. Auf ihren Wanderungen Richtung Süden kamen sie bis an die Grenze zum Römischen Reich.

Kämpfe am Limes

Ab der Mitte des 2. Jahrhunderts versuchten verschiedene Gruppen von Germanen immer wieder, den römischen Limes zu durchbrechen. Sie hofften, im Römischen Reich angenehmer leben zu können oder wenigstens eine gute Beute in den reichen Städten zu machen. Immer öfter kam es zu Kämpfen am Limes und zu Überfällen im römischen Grenzgebiet. Doch lange Zeit konnten die römischen Soldaten die Vorstöße der Germanen abwehren.

Auf der Flucht

Das wurde anders, als 375 die Hunnen in Mitteleuropa eindrangen. Die Hunnen waren ein asiatisches Reitervolk, das ursprünglich aus der Mongolei kam. Sie waren sehr gute Reiter und gefährliche Bogenschützen. Unter ihrem König Attila zogen die Hunnen quer durch die germanischen Gebiete bis ins römische Gallien. Den germanischen Völkern blieb nur die Wahl, sich entweder den Hunnen zu unterwerfen oder zu fliehen. Riesige Menschenzüge machten sich nun auf in die Richtung des Römischen Reiches. Hier hofften sie Schutz vor den Hunnen zu finden. Man schätzt, dass Stämme wie die West- oder Ostgoten mit bis zu 100 000 Männern, Frauen und Kindern unterwegs waren.

Eine Völkerwanderung in ganz Europa

Doch die Völkerwanderung lief nicht überall gleich ab. Die Stämme im Westen wie die Franken, Alemannen und Sachsen schoben sich nur langsam in neue Gebiete vor. Auch machte sich nur ein Teil der Menschen auf, andere blieben im Heimatgebiet zurück. Anders war es bei den Völkern im Osten, die direkt von den Hunnen bedroht waren. Sie verließen ihre Heimat ganz und zogen teilweise bis Südeuropa und an die Küste Nordafrikas.

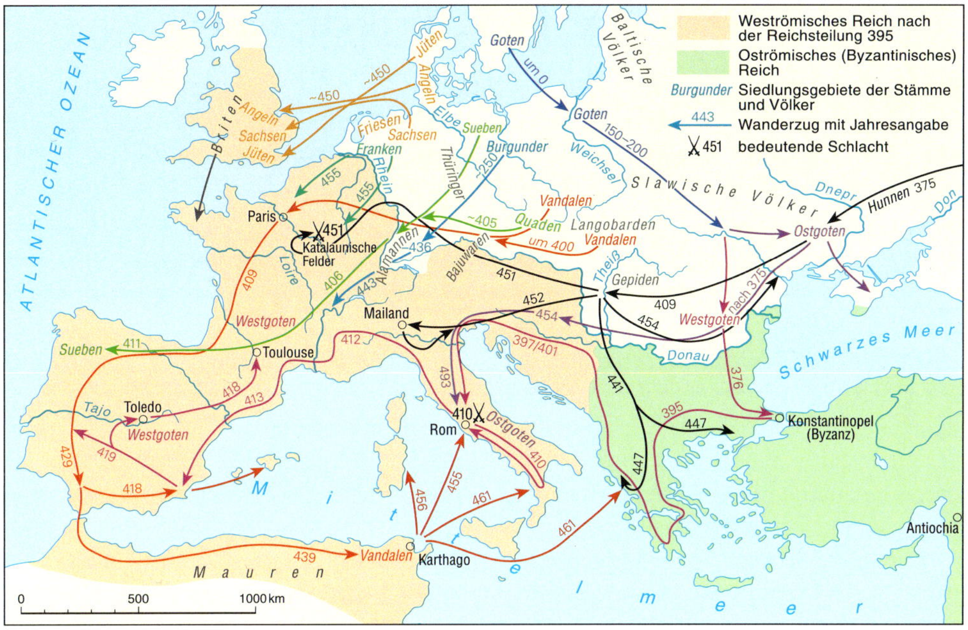

D2 *Die Völkerwanderung im 4. und 5. Jahrhundert n. Chr.*

Q1 *Über das Land der Germanen schreibt der römische Geschichtsschreiber Tacitus :*
Wer hätte auch – abgesehen von den Gefahren des schrecklichen und unbekannten Meeres – Asien oder Afrika oder Italien verlassen und Germanien aufsuchen wollen, landschaftlich ohne Reiz, rau im Klima, trostlos für den Bebauer wie für den Beschauer, es müsste denn seine Heimat sein? (…) Das Land zeigt zwar im Einzelnen einige Unterschiede; doch im Ganzen macht es mit seinen Wäldern einen schaurigen, mit seinen Sümpfen einen widerwärtigen Eindruck.

1 *Fasse zusammen, aus welchen Gründen viele germanische Völker ihre Siedlungsgebiete verließen (VT, Q1).*

2 *Durch welches Ereignis gerieten die Germanen weiter unter Druck?*

3 *Nenne die verschiedenen germanischen Völker und beschreibe ihre Wanderungen (D2).*

4 *Auf welches Gebiet strömten die meisten Wanderzüge zu (VT, D2)?*

D3 *Wohn- und Wirtschaftsgebäude von Germanen* im Freilichtmuseum in Oerlinghausen (Nachbau eines Gehöfts, wie es im 1. Jahrhundert n. Chr. beim germanischen Stamm der Cherusker aussah). In solchen Häusern lebten die Menschen mit ihrem Vieh zusammen. Die Außenwände bestanden aus Flechtwerk und waren mit Lehm bestrichen.

2 Das Römische Reich geht unter

Ein großes Reich wird schwach

Das Römische Reich steckte im 3. Jahrhundert n. Chr. in einer tiefen Krise. Daran waren vor allem politische Machtkämpfe schuld. In den Jahren 235 bis 285 regierten 22 Kaiser, einige von ihnen nur für wenige Monate. Einzelne Legionen versuchten immer wieder, ihren Heerführer zum Kaiser zu machen. Häufig gab es mehrere Kaiser, die gegeneinander kämpften.

In manchen Provinzen verschlechterte sich das Leben für die Menschen spürbar: Höhere Steuern, mehr Abgaben für die Soldaten, feindliche Überfälle und Räuberbanden führten dazu, dass die Menschen kein Vertrauen mehr in ihren Staat hatten. Hinzu kam, dass die Bevölkerung schrumpfte. Dadurch gingen die Steuereinnahmen zurück, der Handel wurde weniger und der Geldwert verfiel.

Auswege aus der Krise?

Einige Kaiser bemühten sich noch, den Verfall des Reiches aufzuhalten. So vergrößerte Kaiser Diokletian das Heer, um die Grenzen sicherer zu machen. Zum anderen versuchte er das wirtschaftliche Leben zu stärken. Aber um welchen Preis: Bauern durften ihre Höfe nicht mehr verlassen, die Söhne von Handwerkern und Kaufleuten mussten den Beruf ihres Vaters ergreifen. Wer gegen diese Gesetze verstieß, wurde hart bestraft.

Immer weniger Menschen interessierten sich für diesen Staat. Kaum einer war noch stolz darauf, römischer Bürger zu sein. So war es den meisten Menschen wohl auch fast egal, als das Römische Reich im Jahr 395 in eine östliche und eine westliche Hälfte geteilt wurde.

Germanen im Römischen Reich

Im Westreich begann eine chaotische Zeit. Germanische Völker durchbrachen die Grenzen, zogen durch das Land und ließen sich auf römischem Gebiet nieder. Im Jahr 410 erstürmten westgotische Krieger Rom und plünderten die Stadt. In weiten Teilen des Reiches brach die römische Herrschaft völlig zusammen und die Menschen in den Provinzen waren auf sich gestellt. Viele von ihnen wandten sich den germanischen Eroberern zu und versuchten gut mit ihnen auszukommen. Überall im römischen Gebiet entstanden bald neue Reiche, in denen germanische Könige herrschten.

Das Ende

Im Jahr 451 gelang Römern und Germanen gemeinsam ein militärischer Erfolg: In einer großen Schlacht konnten sie Attila vernichtend schlagen, woraufhin sich die Hunnen aus Europa zurückzogen. Doch auch, wenn die Hunnen jetzt keine Gefahr mehr für Römer und Germanen waren, hatte das Römische Reich seine Macht längst verloren. 476 setzte der germanische Heerführer Odoaker den letzten Kaiser in Rom ab. Das Römische Reich gab es von nun an nicht mehr.

Q 1 *Kampfszenen zwischen Römern und Germanen* (Darstellung an einem römischen Steinsarg, 4. Jahrhundert).

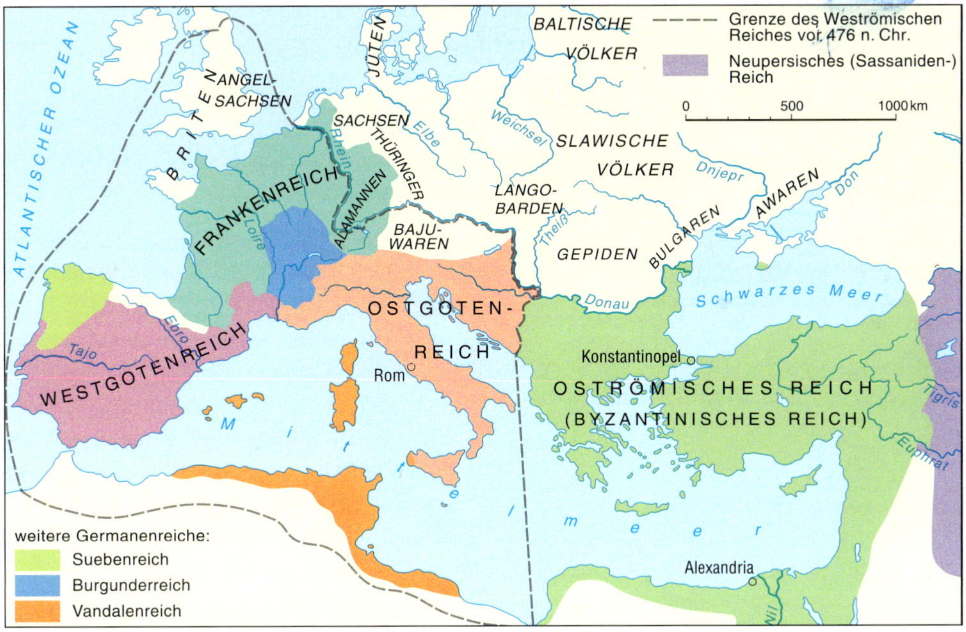

D1 *Neue Reiche in Europa um 500 n. Chr.*

Q2 *Über Kaiser Diokletian urteilt der römische Geschichtsschreiber Laktanz im Jahr 314 n. Chr.:*

Diokletian verbreitete allgemeines Verderben. Zwei Eigenschaften wirkten bei ihm zusammen (...): seine Habsucht und seine Furchtsamkeit. Er teilte das gesamte Reich in vier Teile und nahm drei Mitkaiser an. Die Heere wurden vervielfältigt, jeder versuchte eine größere Zahl von Soldaten zu besitzen, als die früheren Herrscher gehabt hatten. (...) Auch die Provinzen wurden in Stücke geteilt: Viele Statthalter mit zahlreichen Unterbeamten herrschten über jedes Gebiet und fast jede Stadt. (...)

Das Unglück traf durch neue Steuern alle: Die Menge der Steuerbeamten ergoss sich überall hin. (...) Es waren Bilder des Schreckens wie beim Einfall von Feinden. (...) Die Äcker wurden abgemessen, Weinstöcke und Bäume gezählt, jede Art von Haustieren verzeichnet, die Zahl der Bewohner vermerkt. (...) Es verminderte sich die Zahl der Tiere, Menschen starben weg, trotzdem mussten auch für die Verstorbenen die Steuern bezahlt werden. Kurz, umsonst konnte man nicht mehr leben und nicht einmal mehr sterben. Nur die Bettler waren noch übrig, von denen man nichts eintreiben konnte.

Q3 *Der Mönch Salvian (Mitte des 5. Jahrhunderts) versuchte die Krise des Römischen Reichs zu erklären:*

Arme werden ausgeplündert, Witwen seufzen, Waisen werden mit Füßen getreten. Es ist so weit gekommen, dass viele von ihnen, sogar Adlige und mit guter Bildung, zu den Feinden fliehen, um nicht unter dem Druck der staatlichen Verfolgung zu sterben. Deshalb wandern sie scharenweise entweder zu den Goten oder zu den Bagauden oder zu anderen Barbaren, und es reut sie nicht, hinübergewandert zu sein.

Q4 *Der Bischof Orientius von Auch über den Einfall der Vandalen und Sueben:*

Nicht lichter Wald, nicht hohe Gebirge, nicht reißende Flüsse, nicht feste Burgen, nicht Städte im Schutz iher Mauern konnten die barbarischen Horden aufhalten. Da lagen Menschen als Futter der Hunde, die brennenden Häuser wurden für viele zum Scheiterhaufen, der sie tötete. In Dörfern und Häusern, auf dem Land, an den Straßen und in allen Bezirken, auf allen Wegen hier und dort herrschten Tod, Schmerz, Vernichtung, Niederlage, Brand und Trauer. Ganz Gallien rauchte wie ein einziger Scheiterhaufen.

1. *Nenne Gründe für den Niedergang des Römischen Reiches seit dem 3. Jahrhundert.*
2. *Wie erklären die Chronisten in Q2 und Q3 die Krise des Römischen Reiches? Welche Vorwürfe machen sie den römischen Herrschern?*
3. *Schildere anhand von Q4, wie die Menschen in den römischen Provinzen den Einfall der germanischen Stämme erlebten.*
4. *Zeige anhand der Karte D1 die Reiche, die auf römischem Gebiet entstanden. In welchen heutigen Staaten liegen sie?*

3 Die Franken gründen ein europäisches Großreich

Q1 *Der Frankenkönig Chlodwig* lässt sich 498 als erster Germanenkönig christlich taufen (Relief auf einem Buchdeckel, Frankreich 10. Jahrhundert).

A-Z

Franken
Germanischer Stamm, wahrscheinlich vor dem 3. Jahrhundert aus mehreren kleinen Stämmen am unteren und mittleren Rhein entstanden.

Merowinger
Königsfamilie aus dem Stamm der Franken. Der Merowinger Chlodwig I. machte das fränkische Reich zur führenden Macht in Europa. Im 7. Jahrhundert verloren die Merowinger ihre Macht an die Karolinger.

Die Franken in Gallien

Im 5. Jahrhundert war das römische Weltreich zerfallen. Im Osten bestand zwar ein Teil des Reiches weiter. Aber die oströmischen Kaiser hatten keinen Einfluss mehr auf den westlichen Teil Europas. Hier herrschten mittlerweile die germanischen Völker, die in der Zeit der Völkerwanderung auf römischen Boden vorgedrungen waren. Eines dieser Völker waren die Franken. Sie hatten ursprünglich im Gebiet des heutigen Westdeutschlands und Belgiens gesiedelt, aber seit dem 3. Jahrhundert Gallien, das heutige Nordfrankreich, erobert.

„Franken" bedeutete „mutige Krieger", „Freie" oder „Adlige". Sie lebten in mehreren Stämmen, die von Königen angeführt wurden. Einer von ihnen, Chlodwig aus der Familie der Merowinger, einte um 500 gewaltsam alle Franken und unterwarf auch die benachbarten Burgunder und Westgoten.

Die meisten Gallier waren schon seit römischer Zeit Christen. Um sein Reich zu stärken und zu einen, trat Chlodwig mit seinem Gefolge zum Christentum über. So wie er sollten alle anderen Franken den christlichen Glauben annehmen. Die gallischen Äbte und Bischöfe, die große Ländereien besaßen, unterstützten den Herrscher. So gewann Chlodwig mächtige Verbündete.

Chlodwigs Nachfolger

Chlodwig teilte das Reich unter seinen Söhnen auf, die aber ständig Krieg gegeneinander führten. Das schwächte die Macht der Merowinger. Mehr und mehr bestimmten ihre obersten Hofbeamten die Politik. Diese Männer, auch Hausmeier genannt, verwalteten den königlichen Hof und führten das Heer an. Anfang des 8. Jahrhunderts gelang es einem von ihnen, Karl Martell, seine Stärke zu beweisen. Bei Poitiers besiegte er muslimische Araberheere, die das Reich von Süden her angegriffen hatten.

Das christliche Königtum

Die Merowinger waren nur noch Schattenkönige. Trotzdem hielten sie an der Macht fest, denn sie glaubten, dass sie göttliche Vorfahren hätten. Nur sie könnten deshalb Könige sein. Pippin, der Sohn Karl Martells, wollte aber die Königswürde für sich erringen. Immerhin war er ein siegreicher und mächtiger Krieger, während der Merowingerkönig Childerich ohne Macht und Gefolgsleute auf seinem Thron saß. Pippin wandte sich deshalb an den Papst, der zu dieser Zeit dringend Schutz gegen die Langobarden in Italien benötigte. Pippin war bereit, ihm zu helfen. Dafür stimmte der Papst 751 zu, dass die Merowinger abgesetzt und Pippin zum König gekrönt wurde. In zwei Kriegszügen besiegte König Pippin die Langobarden und übertrug dem Papst die von ihm beanspruchten Gebiete in Italien „für ewige Zeiten".

Drei Jahre später reiste Papst Stephan III. ins Frankenreich, um Pippin selbst zu salben. Pippins Söhne salbte der Papst gleich mit und bestimmte, dass nur noch Pippins Nachfolger Könige werden durften. Außerdem sollte die Salbung den Franken zeigen, dass das Königsheil nun vom christlichen Gott und nicht mehr von den germanischen Göttern kam.

Q4 *Gepanzerte Reiter* waren der wichtigste Teil des fränkischen Heers. Sie ersetzten bald die bisherigen Fußsoldaten. Aber die Ausrüstung war teuer, so dass die Krieger eigenes Land besitzen mussten, um sich Pferd, Panzer und Waffen leisten zu können.

Q2 *Von der Taufe Chlodwigs erzählt der Bischof Gregor von Tours (573–594):*

Die Königin ließ nicht ab in ihn zu drängen, dass er den wahren Gott erkenne und ablasse von den Götzen. Aber auf keine Weise konnte er zum Glauben bekehrt werden, bis er einmal mit den Alemannen in einen Krieg geriet. Chlodwigs Heer war nahe daran, völlig vernichtet zu werden. Als er das sah, sprach er: „Jesus Christus, gewährst du mir jetzt den Sieg über meine Feinde, so will ich an dich glauben und mich taufen lassen in deinem Namen. Denn ich habe meine Götter angerufen, aber sie sind weit davon entfernt, mir zu helfen." Als er dies gesagt hatte, wandten sich die Alemannen und begannen zu fliehen. Darauf ging Chlodwig (…) zum Taufbad.

Q3 *Über die Verhandlungen mit dem Papst wird in einer Quelle berichtet:*

Bischof Burkhard von Würzburg und Kaplan Fulrad wurden (von Pippin) zu Papst Zacharias gesandt. Wegen der Könige im Frankenreich, die damals keine königliche Gewalt hatten, sollten sie fragen, ob das gut sei oder nicht. Papst Zacharias ließ Pippin die Antwort geben, es sei besser, dass der als König bezeichnet werde, der die Gewalt innehabe und nicht der, der ohne königliche Gewalt verblieben sei. (…) Kraft seines Ansehens als Papst ließ (Zacharias) Pippin zum König machen. Pippin wurde nach der Sitte der Franken zum König gewählt und durch den Erzbischof Bonifatius gesalbt und von den Franken (…) zum König erhoben. Childerich aber, der zu Unrecht König genannt wurde, wurde geschoren und ins Kloster geschickt.

1. *Erläutere, aus welchen Gründen Chlodwig zum christlichen Glauben übertrat (VT, Q2). Welche Vorteile brachte ihm dieser Schritt?*
2. *Wie konnten die Hausmeier die Macht im Reich gewinnen (VT)?*
3. *Zeige die Schritte auf, die Pippin unternahm, um König zu werden (VT, Q3).*

4 Ein neuer Glaube in Europa

1 *Frühe Klosterbauten in Irland.* Dieses Bethaus in Gallarus auf der irischen Dingle-Halbinsel stammt aus dem 8. Jahrhundert.

A-Z

Missionar
Lehrerinnen und Lehrer wandern oder reisen in fremde Länder, um den Menschen aus der Bibel zu erzählen. Sie verbreiten den christlichen Glauben.

Das Christentum wird mächtig

Im Römischen Reich war das Christentum im Jahr 391 Staatsreligion geworden. Von da an wurden viele neue christliche Gemeinden gegründet. Dabei wurde die Gemeinde in Rom, die sich auf die Apostel Petrus und Paulus berief, höher geachtet als alle anderen christlichen Gemeinden. Bei Schwierigkeiten oder Problemen wendeten sich viele Gemeinden nach Rom, um sich vom dortigen Bischof Rat zu holen. Im 5. Jahrhundert erhielt der römische Bischof den Titel „Papst". Er war das Oberhaupt aller Christen.

Klöster entstehen

Manche Christen hatten den Wunsch, ganz für Gott und ihren Glauben zu leben. Sie verließen ihre Heimat und zogen in einsame Gegenden, wo sie als Einsiedler lebten. Andere fanden sich in Gemeinschaften zusammen und gründeten Klöster.
Andere Gläubige befolgten die Worte von Matthäus im Neuen Testament: „Gehet hinaus in die Welt, überzeugt alle Menschen vom Worte Gottes und tauft sie." Als Missionare und Missionarinnen zogen sie in ferne Gegenden, um den Menschen von Gott und Jesus zu erzählen. Dabei unternahmen sie weite Reisen bis in Gebiete, die außerhalb des Römischen Reiches lagen. So zog der Mönch Patrick nach Irland, wo er sehr erfolgreich missionierte. Irland wurde christlich und viele Klöster entstanden.

Irische Missionare bei den Franken

Von Irland aus zogen christliche Missionare zu den germanischen Franken. Vom Frankenkönig Chlodwig wird berichtet, dass er vor einer entscheidenden Schlacht geschworen habe: „Hilfst du mir, Gott, meine Feinde zu besiegen, so will ich glauben und mich und mein Volk taufen lassen." Nach dem Sieg soll der König mit mehr als 3000 Franken getauft worden sein.
Die fränkischen Adligen und der fränkische König unterstützten die christlichen Missionare. So wurden auch im Frankenreich mehrere Klöster gegründet. Von hier aus ging die Missionierung nach Norden und Osten weiter.

Der heilige Columban

Aber nicht immer hatten die christlichen Missionare sofort Erfolg. Es wird erzählt, dass der Mönch Columban etwa vierzig Jahre alt war, als er von Irland ins Frankenreich kam, um dort zu missionieren. Mit seinen Gefährten zog er durch das Land und gründete mehrere Klöster. Allerdings bekam er Ärger mit einigen Adligen. Man riet ihm, zum Bodensee zu ziehen und die Menschen dort zum Christentum zu bekehren. Columban begann seine Mission damit, dass er die heidnischen Götterbilder zerschlug und in den Bodensee warf. Doch seine Taten beeindruckten die Bewohner nicht. Sie stahlen seine Kühe und verprügelten seine Knechte. Außerdem beschwerten sich die Menschen bei ihrem Herzog, dass das Geläut der Klosterglocken sie störte und das Wild verjagte. Da verlor Columban die Geduld. Er verfluchte die „Heiden", zog nach Italien und gründete dort ein neues Kloster.

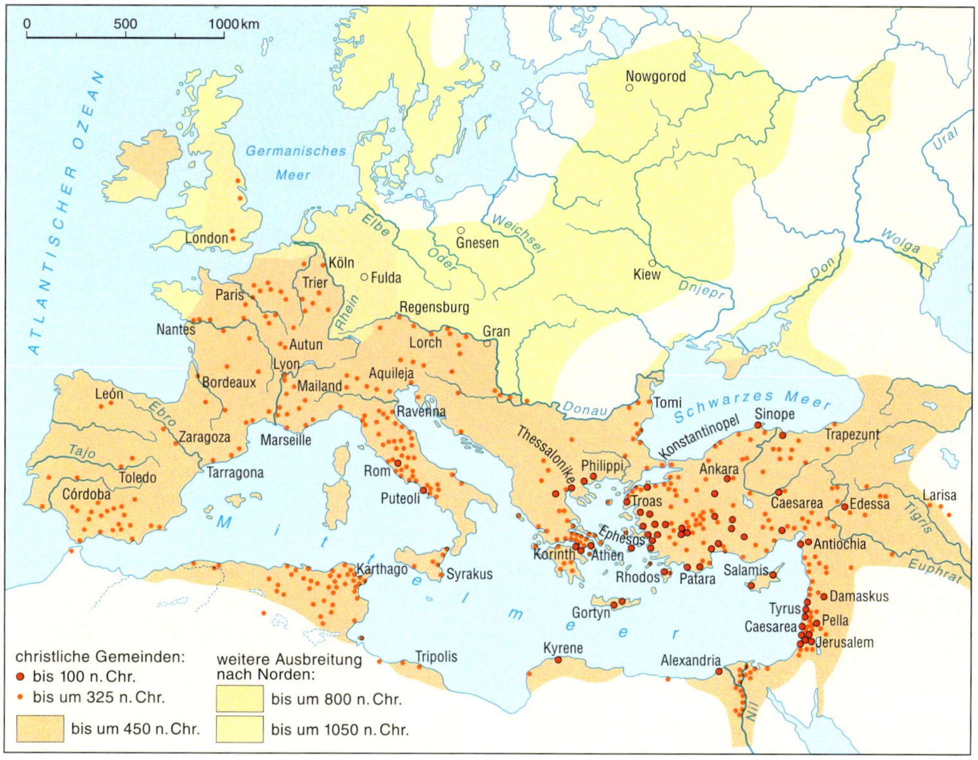

D 1 *Ausbreitung der christlichen Religion bis 1054*

Q 2 *Der irische Missionar Gallus missionierte um 600 im Bodenseeraum. Aus seiner Lebensbeschreibung:*

Das abergläubische Volk aber verehrte dort drei vergoldete Götterbilder aus Bronze. Als sich nun das Volk anlässlich eines Festes beim Tempel versammelt hatte, sprach Gallus zu ihnen mit wunderbaren Worten. Er ermahnte sie sich zu ihrem Schöpfer Jesus Christus, dem Sohne Gottes, zu bekehren. Hierauf schmetterte er vor aller Augen die weggenommenen Götterbilder an einen Felsen und schleuderte sie in die Tiefe des Sees. Ein Teil des Volkes beichtete nun seine Sünden und wurde gläubig, der andere Teil aber ging zornig weg.

Q 3 *Papst Gregor sagt den Missionaren, wie sie gegen die Heiden vorgehen sollen:*

Die Tempel der heidnischen Götter sollen nicht zerstört werden, nur die Götzenbilder darin. Dann errichte man in ihnen christliche Altäre (...). Sieht nämlich das Volk, dass seine heiligen Stätten nicht vernichtet werden, dann wird es leichter, es für den christlichen Glauben zu gewinnen (...). Man kann den Menschen nicht alles auf einmal nehmen.

Q 4 *Lioba war eine der ersten Missionarinnen.* Ihr Grab befindet sich in der Peterskirche bei Fulda.

1 Notiere die Gebiete, in denen die ersten christlichen Gemeinden gegründet wurden (D1). Beschreibe, wie sich die christliche Religion in Europa verbreitete.

2 Nenne Gründe dafür, dass die Missionare nicht immer erfolgreich waren (VT, Q2).

3 Fasse die Quelle 3 mit eigenen Worten zusammen. Wie ist deine Meinung zu Papst Gregors Taktik?

5 Methode
Bilder als Geschichtsquellen betrachten

Gemälde, Kirchenfenster, Zeichnungen, Plakate und Fotos sind wertvolle Quellen, um etwas über die Menschen aus früheren Zeiten zu erfahren. Wenn man alte Bilder genau betrachtet, kann man meistens wichtige Erkenntnisse über das Alltagsleben der Menschen, über ihre Gedanken, Gefühle, Hoffnungen und Ängste gewinnen.
Einige Darstellungen sind leicht zu verstehen, andere können unterschiedlich gedeutet werden. Dann ist es notwendig, zusätzliche Informationen, wie z. B. den Bildtitel oder die Bildunterschrift, heranzuziehen.
In einem Lexikon oder im Internet kann man unter dem Namen des Künstlers oder der dargestellten Personen nach weiteren Hinweisen suchen.
Darüber hinaus ist bei Bildern auch immer zu prüfen, ob die Darstellung verlässlich und wahrheitsgetreu ist. Denn Bilder zeigen nicht unbedingt, wie die Vergangenheit wirklich war, sondern auch, wie die Menschen ihre Wirklichkeit sehen wollten.

Q **1** *Aus dem Leben des Bonifatius* (mittelalterliche Buchmalerei aus dem Kloster Fulda, um 875). Das Bild zeigt zwei Stationen aus dem Leben eines Missionars. Als das Bild entstand, war er schon über hundert Jahre tot. Aber wer war dieser Missionar?
Sein Name ist Winfried, er wird um 673 geboren. Als junger Mann beschließt er Mönch zu werden. Mit etwa 30 Jahren wird Winfried zum Priester geweiht. Winfried ist bereits über 40 Jahre alt, als er beschließt, Missionar zu werden. Bevor er zu den Heiden zieht, pilgert er nach Rom und bittet den Papst um Unterstützung für seine Mission in Deutschland. Er erhält vom Papst einen neuen Namen: Bonifatius. Auf seiner Mission gründet Bonifatius viele Klöster. Nur die Friesen in Norddeutschland wollen nichts von ihm wissen.

Methodische Arbeitsschritte

Folgende Fragen und Arbeitsschritte helfen dir dabei, mit historischen Bildern umzugehen:

1. Betrachte das Bild in Ruhe und mache dir erste Gedanken:
   - Was zeigt das Bild?
   - Was fällt dir auf?
   - Welche Teile des Bildes sind besonders interessant?
   - Was verstehst du nicht?
2. Beschreibe das Bild genau:
   - Um welche Art von Bild handelt es sich?
   - Was ist dargestellt? Welche Situation ist bzw. welche Situationen sind auf dem Bild festgehalten?
   - Welche Farben und Formen tauchen in dem Bild besonders oft auf?
3. Versuche das Bild zu deuten. Vielleicht benötigst du hierfür zusätzliche Informationen.
   - Wer hat das Bild gemalt?
   - Was möchte der Künstler dem Betrachter mit diesem Bild mitteilen?
   - Warum hat der Maler gerade diese Personen und Ereignisse für sein Bild ausgewählt?
   - Ist die Darstellung naturgetreu?
   - Hat der Künstler in der Zeit gelebt, die er auf dem Bild dargestellt hat?

1 Betrachte das Bild anhand der Fragen unter Schritt 1. Notiere dir Stichwörter.

2 Verfasse eine ausführliche Bildbeschreibung zu Q1. Gehe dabei nach den methodischen Arbeitsschritten 2 und 3 vor.

3 Formuliere zu jeder Bildhälfte eine kurze Bildunterschrift.

4 Welche Fragen konntest du beantworten; welche bleiben offen?

5 Lies D1 für weitere Zusatzinformationen. Nun kannst du alle Fragen zum Bild beantworten.

D 1 *Zusatzinformationen zum Bild „Aus dem Leben des Bonifatius"*

Auf dem Bild werden zwei Szenen aus dem Leben des Missionars Bonifatius dargestellt. In beiden Bildhälften steht er im Mittelpunkt. Durch seinen rötlichen Mantel und den Heiligenschein hat der Maler ihn besonders hervorgehoben.
In der linken Bildhälfte tauft Bonifatius einen erwachsenen Menschen. Die Helfer stehen bereit und halten ein weißes Taufgewand. Die Stimmung ist sehr feierlich. Die Menschen schauen ernsthaft und andächtig, während Bonifatius den Segen erteilt.
Am 5. Juni 754 wurde Bonifatius in Friesland ermordet. Dieses Ereignis zeigt die rechte Bildhälfte. Von allen Seiten stürmen Krieger mit Dolchen und Lanzen auf Bonifatius zu. Bonifatius ist allein und wehrlos. Mit seinem Gebetbuch versucht er die Schwerthiebe abzuwehren.

6 Karl der Große – fränkischer König und römischer Kaiser

Q1 *Kreuzzüge gegen die Sachsen* (französische Buchmalerei, 14. Jahrhundert).

TIPP

Der Aachener Dom gehört heute zum UNESCO-Weltkulturerbe. In der Domschatzkammer sind bedeutende Kostbarkeiten seit der Karolingerzeit zu besichtigen (www.aachendom.de).

A-Z

Pfalz
(von lat. palatium = Palast)
Die Pfalz war ein meist befestigter Wohnort des Königs mit Königshalle, Kapelle und Wirtschaftsgebäuden. Über das gesamte Reich verstreut, boten viele Pfalzen dem König und seinem Gefolge Herberge.

Karl der Eroberer

Nach Pippins Tod übernahm sein Sohn Karl die Herrschaft. Karl regierte 45 Jahre lang und führte 44 Feldzüge: darunter fünf gegen die Langobarden in Italien, 18 gegen die Sachsen, sieben gegen die Araber in Spanien und einen gegen die Bayern.
Viele Kriege waren gegen Reiche und Völker gerichtet, die nicht dem christlichen Glauben angehörten. So führte Karl von 772 bis 804 einen grausamen Krieg gegen die germanischen Sachsen in Norddeutschland. Immer wieder erhoben sie sich dagegen, christianisiert und ins Frankenreich eingegliedert zu werden. Erbost über den Widerstand, ließ Karl im Jahr 782 tausende sächsische Stammesfürsten und Adlige hinrichten. Viele Sachsen mussten sich unter Zwang taufen lassen.

Karl wird römischer Kaiser

799 brach in Rom ein Aufstand von Adligen gegen Papst Leo aus. Daraufhin floh Leo ins sächsische Paderborn, wo sich auch gerade Karl aufhielt, und bat ihn um Hilfe.
Im August 800 brach Karl nach Rom auf, um Gericht über die Aufständischen zu halten. Karl blieb bis Dezember in Rom. Am Weihnachtsabend besuchte er den Festgottesdienst. Angeblich überraschte ihn hier der Papst damit, dass er ihn zum römischen Kaiser krönte. Karl war der Überlieferung nach verärgert. Immerhin hatte der Papst sich das Recht genommen, den höchsten weltlichen Herrscher einzusetzen. Außerdem musste diese Handlung den oströmischen Kaiser in Byzanz verärgern. Immerhin war dieser bisher der alleinige Kaiser in Europa gewesen.

Das neue „römische" Reich

Karl konnte einen Kompromiss herbeiführen, indem er den Titel „Kaiser, der das römische Kaiserreich lenkt, und der König der Franken" annahm. Damit betonte er, dass er auch als Kaiser zu allererst der Herrscher über die Franken war. Der Kaisertitel verlieh Karl keine neue Macht. Aber er zeigte an, dass er der höchste Herrscher in Europa und dem oströmischen Kaiser gleichgestellt war.
Doch das war nicht alles. Mit Karls Kaiserzeit begann etwas Neues in Europa. Denn Karl fühlte sich nicht nur als Nachfolger der römischen Kaiser, sonder auch als Germanenfürst. So wollte er als Kaiser christliche, römische und germanische Traditionen miteinander verbinden.

Aachen – ein zweites Rom?

Seine Aachener Pfalz ließ Karl zum prächtigen Regierungssitz ausbauen. Hatten die früheren Königshöfe noch aus einfachen Holzgebäuden bestanden, so krönte nun eine steinerne Kuppel den Palast. Für die Pfalzkapelle ließ Karl sogar schmuckvolle Marmor- und Schiefersäulen aus Oberitalien kommen. Zudem sammelte Karl Gelehrte um sich. Diese bemühten sich zum einen, die antike Kultur des alten Rom wiederzubeleben. Zum anderen ließ Karl aber auch eine Grammatik seiner germanischen Muttersprache erstellen und germanische Göttersagen und Heldenlieder sammeln.

Q2 *Reiterstandbild Karls des Großen* aus dem 9. Jahrhundert. Es ist die älteste bekannte Darstellung des Herrschers.

D1 *Das Reich der Franken 500–800*

Q3 *Über die Kaiserkrönung in Rom Weihnachten 800 berichten zwei zeitgenössische Quellen.*

a) Aus den Jahrbüchern des fränkischen Reichs:

Als der König gerade am heiligen Weihnachtstag sich vom Gebet vor dem Grab des Apostels Petrus zur Messe erhob, setzte ihm Papst Leo eine Krone aufs Haupt und das Römervolk rief: „Karl dem Erhabenen, von Gott gekrönten großen und den Frieden schützenden Kaiser der Römer, sei langes Leben und Sieg beschieden."

Und nach den lobenden Zurufen wurde er vom Papst nach der Sitte der alten Kaiser durch Kniefall geehrt und fortan Kaiser und Augustus genannt.

b) Einhard, Berater und Biograph Karls:

Karl kam also nach Rom, um die Kirche aus der großen Zerrüttung (die Aufstände in Rom gegen den Papst) zu reißen. Damals war es, dass er die Ernennung zum Kaiser (...) empfing; das war ihm zuerst so zuwider, dass er versicherte, er würde an jenem Tage, obwohl es ein hohes Fest war, die Kirche nicht betreten haben, wenn er des Papstes Absicht vorher hätte wissen können.

Q4 *Alkuin, ein Berater Karls des Großen, schrieb über die Sachsenkriege:*

Das elende Volk der Sachsen hat deshalb so oft das Taufsakrament verletzt, weil es niemals eine Grundlage des Glaubens im Herzen hatte. Doch muss man wissen, dass der Glaube freiwillig und nicht durch Zwang entsteht. Zur Taufe kann man den Menschen zwingen, nicht aber zum Glauben.

1 *Beschreibe anhand der Karte D1, wie sich das Frankenreich unter Karl vergrößerte.*

2 *Warum führte Karl so viele Kriege? Wie beurteilst du sein Vorgehen (VT, Q1, Q4)?*

3 *Welche Gründe hatte der Papst, Karl zum Kaiser zu krönen?*

4 *Vergleiche Q1 und Q4. Wie beurteilt Alkuin die Zwangstaufe der Sachsen?*

7 Abschluss

Von der Völkerwanderung zum Frankenreich

Die Völkerwanderung veränderte Europa und den Mittelmeerraum völlig: Das Römische Reich ging unter, neue germanische Reiche wie das Frankenreich entstanden.
Auch du kannst im Frankenreich bei Karl dem Großen ankommen, wenn du die Fragen auf dem Weg dorthin richtig beantwortest.
Beginne bei „Start“. Löse die Frage und folge dem Richtungspfeil, der bei der richtigen Lösung steht. Gehst du über einen Buchstaben, solltest du ihn auf einem Zettel notieren. Wenn du am Ziel angekommen bist und alle Fragen richtig beantwortet hast, musst du die gefundenen Buchstaben nur noch von hinten nach vorne lesen. Jetzt weißt du, welches Volk zwei große Reiche auf römischem Boden gründete.

Das Römische Reich war zu dieser Zeit …
- schwach und in einer Krise
- reich und mächtig

N

Wer waren keine Germanen?
- Vandalen
- Sueben
- Slawen

Die Zeit zwischen dem 3. und 6. Jh. nennt man die Zeit der …
- Völkerwanderung
- Hunnenzüge
- Römerkriege

Die germanischen Völker mussten sich entweder unterwerfen oder …
- sich freikaufen
- fliehen
- sich verstecken
- sich verbünden

395 wurde das Römische Reich geteilt, und zwar in ein …
- Haupt- und Nebenreich
- Ober-, Mittel- und Unterreich
- West- und Ostreich
- Nord- und Südreich

375 drangen die … aus Asien nach Mitteleuropa vor.
- Franken
- Hunnen
- Slawen

Der Anführer des asiatischen Reitervolks hieß …
- Attila
- Odoaker
- Rasputin
- Ivan

Was bedeutete der Name „Franke“?
- Könige
- Wilde
- Männer
- Freie

Im Römischen Reich lockte die Germanen auch …
- reiche Beute
- schöne Frauen
- guter Wein

Die Germanen verließen ihre Siedlungen und suchten …
- nettere Menschen
- besseres Land
- andere Arbeit
- größere Städte

O

Woher kamen die germanischen Völker ursprünglich?
- Großbritannien
- Skandinavien

Das Klima in Mitteleuropa war …
- kühl und feucht
- heiß und trocken
- kalt und eisig

Aus welcher Familie stammte König Chlodwig?
- Karolinger
- Hausmeier
- Merowinger

START

ZIEL

In Aachen

Wo können wir heute noch Karls Thron besichtigen?

In Paris

In Rom

Neue Städte

Was gründeten die Germanen auf römischem Gebiet?

Neue Reiche

Neue Familien

Rom niederbrannte

Das Ende des Römischen Reiches war, als …

das Reich geteilt wurde

der letzte Kaiser abgesetzt wurde

476

In welchem Jahr wurde Karl Kaiser?

800

395

Rom

Mailand

Welche Stadt wurde 410 geplündert?

Konstantinopel

Köln

E

---

krönte Karl zum Kaiser

verbannte Karl aus dem Reich

Eines Weihnachtsabends überraschte der Papst König Karl – er …

eine Ehefrau brachte Karl

sprach Karl heilig

Die Hessen

Die Sachsen

Gegen welches Volk führte der Frankenkönig Karl viele Kriege?

Die Thüringer

T

Die Gallier

Die Franken

Welches Volk gründete ein neues Großreich in Europa?

Die Sachsen

Die Araber

Israel

Italien

Viele dieser herumreisenden Gläubigen kamen aus …

Irland

Indien

Bonifatius

Johannes

Ein Missionar wurde von den Friesen erschlagen. Sein Name war …

Benedikt

Karl

Peter

Wen salbte der Papst 751 zum neuen Frankenkönig?

Pippin

Otto

Deutschland, Polen und Tschechien

Frankreich und England

Das Frankenreich lag auf dem Gebiet des heutigen …

Frankreich und Spanien

Frankreich, Deutschland und Italien

Missionare

Apostel

Ab dem 5. Jh. verbreiteten … den christlichen Glauben in Europa.

Pastoren

Märtyrer

Kirchen

Klöstern

Manche Gläubige lebten und arbeiteten zusammen in …

Einsiedlerhöfen

---

christlichen

germanischen

König Chlodwig trat zum … Glauben über.

römischen

---

verboten

bekannt

381 wurde das Christentum im Römischen Reich …

Staatsreligion

G

Papst

Bischof

Das Oberhaupt aller Christen war der …

Methodenglossar

Einen Stammbaum erstellen (S. 14)

1. Zeichne auf einem DIN-A3-Blatt deinen Familienstammbaum. Orientiere dich dabei an der Vorlage D2. (Ganz vorne im Buch findest du auch eine Vorlage zum Kopieren.) Das oberste Feld ist für dich selbst, die zwei Felder darunter sind für deine Eltern gedacht.
2. Sammle folgende Angaben von jedem Familienmitglied: den Vor- und Nachnamen, das Geburts- (*) und gegebenenfalls das Todesdatum (†), den Geburtsort, die Kinderzahl und den Beruf. Die Daten kannst du erfragen oder im Familienbuch nachschlagen.
3. Trage die Angaben in die einzelnen Felder ein. Der Stammbaum wird für den Betrachter noch interessanter, wenn du Fotos deiner Verwandten oder andere Erinnerungsstücke neben das entsprechende Feld klebst.

Vom Fund zur Rekonstruktion (S. 40)

1. Beschreibe den ursprünglichen Fund: Wieviel war von dem Gegenstand oder Gebäude erhalten und in welchem Zustand war der Fund?
2. Vergleiche die Rekonstruktion mit dem Fund. Was wurde originalgetreu wiedergegeben? An welchen Stellen hat der Archäologe etwas hinzugefügt?
3. Betrachte die Rekonstruktion kritisch: Was konnte der Archäologe wissen, wo musste er dagegen Vermutungen anstellen? Hat er vielleicht auch an manchen Stellen seine Fantasie spielen lassen?

Geschichtskarten lesen und auswerten (S. 48)

1. Über welches Thema gibt die Karte Auskunft? Beachte dafür die Überschrift und die Legende.
2. Welcher Raum wird gezeigt? Welche Orte werden hervorgehoben? Vergleiche im Geografie-Atlas, um welches heutige Gebiet es sich handelt.
3. Über welche geschichtliche Zeit informiert die Karte? Bezieht sie sich auf ein bestimmtes Jahr, auf einen kurzen oder langen Zeitabschnitt? Werden unterschiedliche Zeitstufen dargestellt?
4. Beachte die Legende. Was bedeuten die Zeichen, Farben, Linien und Pfeile in der Karte?

Stadtpläne erzählen aus der Geschichte (S. 76)

1. Wo liegt der älteste Siedlungskern?
2. Wie entwickelte sich die Stadt in den folgenden Jahrhunderten?
3. Welche besonderen Gebäude und Sehenswürdigkeiten erkennst du?
4. Wann wurden diese Gebäude gebaut und welche Funktion hatten sie?
5. Was sagen die Namen von Straßen, Plätzen und Vierteln über ihre (frühere) Bedeutung aus?
6. Wie verlief wohl das wirtschaftliche, kirchliche und gesellschaftliche Leben in der Stadt?

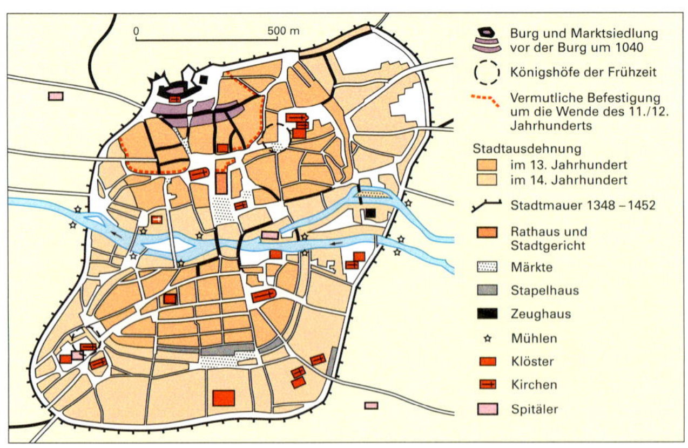

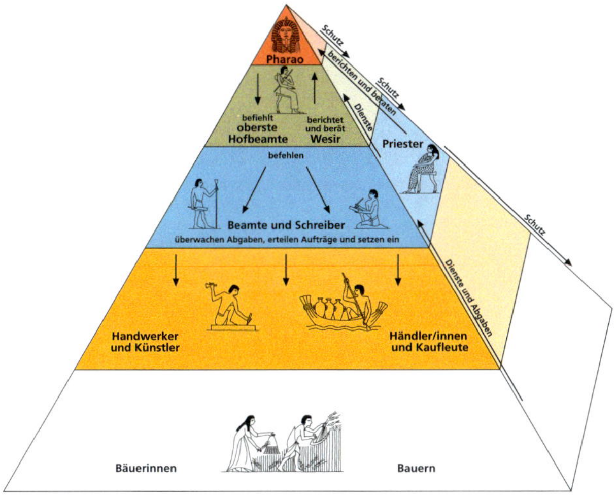

Ein Schaubild erklären (S. 102)

1. Stelle fest, welches Thema das Schaubild behandelt. Die Legende verrät es dir.
2. Untersuche, warum einzelne Teile des Schaubildes in verschiedenen Farben dargestellt sind.
3. An welchen Stellen werden die Pfeile und Linien verwendet? Was sagen sie über die Beziehungen zwischen den Personen aus?
4. Warum eignet sich die Form einer Pyramide besonders gut, um die ägyptische Gesellschaft darzustellen? Kannst du dir noch eine andere Form vorstellen?

Schriftliche Quellen auswerten (S. 122/S. 138)

Fragen zum Text:

1. Worum geht es in dem Text? Welche Orte, Personen oder Gruppen werden genannt?
2. Gibt es Wörter oder Sätze, die du nicht verstehst? Schlage in einem Wörterbuch nach oder frage deine Lehrerin bzw. deinen Lehrer.
3. Unterteile den Text in einzelne Abschnitte und verfasse für jeden Abschnitt eine kurze Überschrift.

Fragen zum Verfasser:

4. Wer hat den Text verfasst?
5. Kannst du erkennen, an wen sich der Verfasser mit seinem Text wendet?
6. Schreibt der Verfasser über Dinge, die er selbst erlebt hat, oder woher hat er seine Kenntnisse?
7. Mit welcher Absicht mag der Verfasser den Text geschrieben haben?

Bilder als Geschichtsquelle (S. 152)

Folgende Fragen und Arbeitsschritte helfen dir dabei, mit historischen Bildern umzugehen:

1. Betrachte das Bild in Ruhe und mache dir erste Gedanken:
   - Was zeigt das Bild?
   - Was fällt dir auf?
   - Welche Teile des Bildes sind besonders interessant?
   - Was verstehst du nicht?
2. Beschreibe das Bild genau:
   - Um welche Art von Bild handelt es sich?
   - Was ist dargestellt? Welche Situation ist bzw. welche Situationen sind auf dem Bild festgehalten?
   - Welche Farben und Formen tauchen in dem Bild besonders oft auf?
3. Versuche das Bild zu deuten. Vielleicht benötigst du hierfür zusätzliche Informationen.
   - Wer hat das Bild gemalt?
   - Was möchte der Künstler dem Betrachter mit diesem Bild mitteilen?
   - Warum hat der Maler gerade diese Personen und Ereignisse für sein Bild ausgewählt?
   - Ist die Darstellung naturgetreu?
   - Hat der Künstler in der Zeit gelebt, die er auf dem Bild dargestellt hat?

Verzeichnis der Namen, Sachen und Begriffe

Verwendete Abkürzungen:
Abb. = Abbildung;
afrik. = afrikanisch;
ägypt. = ägyptisch;
amerik. = amerikanisch;
angelsächs. = angelsächsisch;
athen. = athenisch;
Bay = Bayern;
BW = Baden-Württemberg;
byzantin. = byzantinisch;
christl. = christlich;
d. Ä. = der Ältere;
d.h. = das heißt;
d. J. = der Jüngere;
dt. = deutsch;
eigtl. = eigentlich;
engl. = englisch;
europ. = europäisch;
fränk. = fränkisch;
französ. = französisch;
genues. = genuesisch;
germ. = germanisch;
Gesellsch. = Gesellschaft;
griech. = griechisch;
Hist. = Historiker;
hist. = historisch;
Ing. = Ingenieur;
ir. = irisch;
ital. = italienisch;
Jh. = Jahrhundert;
Jtsd. = Jahrtausend;
jüd. = jüdisch;
K = Karte;
karoling. = karolingisch;
karthag. = karthagisch;
Kg./Kgn. = König/in;
Ks. = Kaiser;
Landsch. = Landschaft;
lat. = lateinisch;
mittelalterl. = mittelalterlich;
NRW = Nordrhein-Westfalen;
n. Chr. = nach Christi Geburt;
röm. = römisch;
RP = Rheinland-Pfalz;
SN = Sachsen-Anhalt;
sagenh. = sagenhaft;
Schriftst. = Schriftsteller;
span. = spansich;
spartan. = spartanisch;
Thür. = Thüringen;
trojan. = tronjanisch;
v. Chr. = vor Christi Geburt

Hinweise:
▷ Verweis auf ein Stichwort
~ ersetzt das Stichwort bei Wiederholung
Halbfett gesetzt sind historische Grundbegriffe, die im Mini-Lexikon des Buches erläutert werden. Die halbfette Seitenzahl gibt den Fundort an. Bei Herrschern und kirchlichen Amtsträgern werden Regierungs- (Amts-) daten, bei anderen Personen Lebensdaten angegeben.

Verzeichnis der Textquellen

Das Fach Geschichte

S. 12: D1 vom Verfasser zusammengestellt

S. 17: 5 Hans-Ulrich Cain und Felix Pirson (Hg.), Pompeji wiederbelebt! Entdecken, Nachleben und Rekonstruktion eines antiken Wohnhauses, Leipzig 2001, S. 8

S. 19: D2–D7 v. Verf. zusammengestellt

Leben und Wirtschaften in der Vergangenheit

S. 31: D3 Elise Boulding, The Underside of History. A View of Women through Time, 1979, S. 79 (übersetzt v. Verf.)

S. 33: D3a Hans-Jürgen Müller-Beck, Die Steinzeit. Der Weg des Menschen in die Geschichte, München 1998, S. 102

D3b Klaus E. Müller, Die bessere und die schlechtere Hälfte. Ethnologie des Geschlechterkonflikts, Frankfurt/M. 1984, S. 165, 209

S. 43: Q3 Tacitus, Germania, in: Lesebuch der Antike, ausgewählt von Ludwig Voit, Gütersloh o. J., S. 276 (berab. v. Verf.)

S. 47: Q1 Wolfgang Lautemann (Hg.), Geschichte in Quellen, Bd. 1, München 1965, S. 652 (bearb. v. Verf.)

Q2 Martial, Epigrramme XII, 57. nach: Christiane Kunst (Hg.), Römische Wohn- und Lebenswelten, Darmstadt 2000, S. 264f. (bearb. v. Verf.)

S. 51: Q1 Tacitus, Germania, nach: Wolfgang Lautermann (Hg.), Geschichte in Quellen, München 1989, S. 877ff. (bearb. v. Verf.)

S. 53: Q1 Lampridius, c. 56; in: Damals und heute F7; Stuttgart 1979, S. 66

S. 57: Q2 zit. nach: Geschichte in Quellen, Bd. 2. München 1970, S. 76f.

Q3 übersetzt nach: J.-P. Migne, Patrologia latina 140, Sp. 908

Q4 zit.t nach: Günther Franz (Hg.), Bauernschaft und Bauernstand, Limburg/Lahn 1975

S. 61: Q2 Günther Franz, Quellen zur Geschichte des deutschen Bauernstandes im Mittelalter, Darmstadt 1967, S. 81ff. (bearb. v. Verf.)

Q3 Günther Franz, Quellen zur Geschichte des deutschen Bauernstandes im Mittelalter, Darmstadt 1967, S. 73

S. 63: Q2 zitiert nach: Karl Brunner, Landherr, Bauer, Ackerknecht, Wien u. a. 1985, S. 75 f.

S. 67: Q2 Georg Holzherr (Hg.), Die Benediktsregel. Eine Anleitung zum christlichen Leben, Zürich 1993

Q4 Aelfric's Colloquy, ed. by. G. N. Garmonsway, exeter 1978, nach: Spurensuche Geschichte 2, Stuttgart 1991, S. 12 (bearb. v. Verf.)

S. 71: Q3 zitiert nach: Arno Borst, Lebensformen im Mittelalter, Berlin 1997, S. 180f.

S. 73: Q3 zitiert nach: Udo Haupt (Hg.), Zeitschrift für deutsches Altertum, Bd. VI, 1848, S. 489ff.

Q4 Ulrich v. Lichtenstein, zit. nach: M. Wein, Ich kam, sah u. schrieb, München 1964, S. 134

S. 75: Q2 zit. nach: Dieter Starke, Herrschaft und Genossenschaft im Mittelalter, Stuttgart 1971, S. 86ff. (bearb. v. Verf.)

S. 73: Q3 zit. nach: MGH LL, Constitutiones II, Nr. 439

S. 81: Q2 zit. nach: Joachim Deeters / Johannes Helmrath (Hg.), Quellen zur Geschichte der Stadt Köln, Bd. 2, Köln 1996, S. 69f.

Q3 August Jegel, Alt-Nürnberger Handwerksrecht und seine Beziehung zu anderen, Nürnberg 1965, S. 27

S. 83: Q2 zit. nach: Geschichte in Quellen, Bd. II, München 1970, S. 733

Q3 Chronik der deutschen Städte 9, Straßburger Chronik, S. 657ff.

Q4 Chronik d. deutschen Städte XII, Bd. 1, Kölner Chronik, Göttingen 1961, S. 237f.

S. 85: Q2 Boccaccio, Das Decameron, Übersetzg.: Karl Witte, Frankfurt/M. 1961, S. 10ff.

S. 87: Q1 H. Sievert, Die Kieler Burspraken, in: Mitteilungen der Gesellschaft für Kieler Stadtgeschichte Nr. 1953, S. 157ff. (bearb. v. Verf.)

Q4 Ruodlieb v. Fritz P. Knapp, Stuttgart 1977, S. 69

S. 89: Q3 Monumenta Judaica. 2000 Jahre Geschichte und Kultur der Juden am Rhein, Köln 1963, S. 140 (bearb. v. Verf.)

Q5 Die Chroniken der deutschen Städte, Straßburg, Bd. 9/2, Göttingen 1961, S. 760, S. 763f.

Leben und herrschen in frühen Staaten

S. 95: Q4 Herodot, Historien II, 4, 5, 19, übers. v. Josef Feix, München 1977, S. 203ff.

Q5 Jan Assmann (Hg.), Ägyptische Hymnen und Gebete, Zürich 1975, S. 500ff. (gekürzt)

S. 97: Q2 zusammengestellt nach: Wolfgang Lautemann (Hg.), Geschichte in Quellen, Bd. I, München 1978, S. 29f.

Q3 Emma Brunner-Traut, Das Alte Ägypten, Stuttgart 1987, S. 72f.

S. 101: Q2 nach: Wolfgang Lautemann (Hg.), Geschichte in Quellen, Bd. I, München 1978, S. 29f.

Q3 Arne Eggebrecht, Das Alte Ägypten, München 1984

S. 105: Q2 Herodot, Historien II, S. 125, in: Wolfgang Lautemann (Hg.), Geschichte in Quellen, Bd. 1, München 1965, S. 15 (bearb. v. Verf.)

Q3 Herodot, Historien II, S. 124f., in: Wolfgang Lautemann (Hg.), Geschichte in Quellen, Bd. 1, München 1965, S. 15 (bearb. v. Verf.)

S. 107: Q3 Arne Eggebrecht, Das Alte Ägypten, München 1984, S. 302

S. 111: Q1 Herodot, Historien 4, 150ff., München 1977 (berarb. v. Verf.)

S. 113: D1 zusammengestellt v. Verf.

S. 115: D2 zusammengestellt v. Verf.

Q4a Isokrates, Panegyrikon 43; nach: Erinnern und Urteilen, Bd. 6, Stuttgart 1991

Q4b Xenophanes, Frg. 2, in: Wolfgang Lautemann (Hg.), Geschichte in Quellen, Bd. I, München 1965, S. 126 (bearb. v. Verf.)

S. 117: Q1 Plutarch, Aristides 7, in: Wolfgang Lautemann (Hg.), Geschichte in Quellen, Bd. I, München 1965, S. 165 (bearb. v. Verf.)

S. 119: D1 zusammengestellt v. Verf.

Q3 Xenophon, Hauswirtschaftslehre 7, 3ff., übersetzt von E. Bux, Stuttgart 1965, S. 258f. (bearb. v. Verf.)

Q4 Aristoteles, Politik 1253bff.

S. 121: D1 / D2 zusammengestellt v. Verf.

S. 122: Q1 Plutarch, Lykurg, 14 und 16, übersetzt und bearb. v. Verf.

S. 123: Q2 Plutarch, Lykurg, 14, bearb. v. Verf. nach: Plutarch, Große Griechen und Römer, Bd. 1, Konrat Ziegler, Zürich 1979, S. 142

S. 129: Q2 Plutarch, Tiberius Gracchus, 9, nach: Wilhelm Ax, Plutarch. Römische Heldenleben, Coriolan, Die Gracchen, Sulla, Pompeius, Caesar, Cicero, Stuttgart 1953, S. 47 (bearb. v. Verf.)

Q3 Appian, Bürgerkriege 1, 7, nach: Michael Crawford, Die römische Republik, München 1994, S. 120 (bearb. v. Verf.)

S. 131: D3 zusammengestellt v. Verf.

Q1 Appian (von Alexandria), Römische Geschichte. Teil 2: Die Bürgerkriege 1, 71 und 73, übersetzt v. Otto Veh, Stuttgart 1989 (bearb. v. Verf.)

S. 133: Q3 Cicero, Philippica 2, 116, nach: Geschichte und Geschehen 7, Stuttgart 1986, S. 115 (bearb. v. Verf.)

Q4 Sueton, Caesar 76ff., Geschichte und Geschehen A1, Stuttgart 1995, S. 151 (bearb. v. Verf.)

S. 135: Q2 Augustus, Tatenbericht, 1–3,5 und 34, nach: Marion Giebel (Hg.), Augustus, Tatenbericht. Res gestae. Stuttgart 1975, S. 4ff., 8, 37f. (bearb. v. Verf.)

Q4 Tacitus, Annalen 1, 10 und 2, Darmstadt 1997 (bearb. v. Verf.)

S. 137: Q3 Plutarch, Marcus Porcius Cato Censorius 20f., bearbeitet von Siegfried Häfner, Bamberg 1954

Q2 Valerius Maximus, Denkwürdige Taten und Worte 4,4 Pr, Ursula Blank-Sangmeister (Hg.), Reclam 1991

S. 138: Q1 Seneca, Moralische Brief 47, nach: Geschichte und Geschehen 7, Stuttgart 1986, S. 104

S. 139: Q4 Diodoros, Griechische Weltgeschichte 5, 36ff., Stuttgart o. J.

Q5 Wilhelm Ax (Hg.), Cicero. Mensch und Politiker, Stuttgart 1953

Von der Völkerwanderung zum Frankenreich

S. 145: Q1 Cornelius Tacitus, Germania, Helmut Fuhrmann (Hg.), Stuttgart 1972, S. 5, 9

S. 147: Q2 Laktanz, Von den Todesarten der Verfolger, 7, 23; zit. nach: Geschichte in Quellen, Altertum, München 1989, S. 734f. (bearb. v. Verf.)

Q3 Salvianus, Von der Weltregierung Gottes 4, 12ff, nach: Wolfgang Lautermann (Hg.), Geschichte in Quellen, München 1989, S. 803f. (bearb. v. Verf.)

Q4 Joseph Fischer, D ie Völkerwanderung im Urteil der zeitgenössischen kirchlichen Schriftsteller Galliens unter Einbeziehung des heiligen Augustinus, Heidelberg 1948, S. 112 (bearb. v. Verf.)
S. 149: Q2 Geschichte in Quellen, Bd. 2, München 1970, S. 26f.
Q3 Geschichte in Quellen, Bd. 2, München 1970, S. 56f.
S. 151: Q2 Wilhelm Wattenbach (Hg.), Leben des heiligen Gallus und des Abtes Otmar von Sankt Gallen, Leipzig 1888, nach: Rene Teuteberg, Stimmen der Vergangenheit. Ein Lesebuch für den Geschichtsunterricht an Basler Schulen, Bd. 1, Basel 1966, S. 18
Q3 nach: Wilhelm Wattenbach/Georg H. Pertz (Hg.), Die Geschichtsschreiber der deutschen Vorzeit, Leipzig 1884, S. 49f. (bearb. v. Verf.)
S. 155: Q3a Geschichte in Quellen, Bd. 2, München 1970, S. 70
Q23b (3b) Geschichte in Quellen, Bd. 2, München 1970, S. 71
Q4 Deutschlands Geschichtsquellen im Mittelalter, zit. nach: Pierre Riché, Die Karolinger, München, S. 152

Verzeichnis der Bildquellen

Cover BPK, Berlin (Margarete Büsing)
S. 10/11, Zeitstrahl Klett-Archiv, Stuttgart (Katja und Steffi Kassler, Leipzig)
S. 11, The Time Machine © 2002 Warner Bros.
S. 12, Q1 Hauptstaatsarchiv, Stuttgart
Q2 Klett-Archiv, Stuttgart (Markus Bente, Oberkalbach)
S. 13, Q3 ①, **Q3** ②, **Q3** ③ Klett-Archiv, Stuttgart (Roland Schneider, Nehren)
Q3 Luftbild 13.7 Das Luftbild-Archiv, Kasseburg
Q3 ④, **Q3** ⑤ Klett-Archiv, Stuttgart (Roland Schneider, Nehren)
Q3 ⑥ Klett-Archiv, Stuttgart (Markus Bente, Oberkalbach)
S. 14, D1 Klett-Archiv, Stuttgart (Henry Zeidler, Leipzig)
Q1 Klett-Archiv, Stuttgart (Helmut Heimbach, Duisburg)
S. 16, 1 Landesdenkmalamt, Gaienhofen-Hemmenhofen
2 Federseemuseum, Bad Buchau
S. 17, 3 Scala, Antella (Firenze)
4 AKG, Berlin
6 Klett-Archiv, Stuttgart (Dr. Helge Schröder, Hamburg)
S. 18, Q1 Klett-Archiv, Stuttgart
S. 19, Q2 Germanisches Nationalmuseum, Nürnberg
Q3 BPK, Berlin
Q4 AKG, Berlin (Erich Lessing)
S. 20/21, Zeitstrahl Klett-Archiv, Stuttgart (Katja und Steffi Kassler, Leipzig)
S. 23, Das Amulett des Pharao Arena, Würzburg 2001
Quintus geht nach Rom DTV, München 1987, © f. d. Umschlagbild: Bernhard Förth
Mein Glaube ist mir wichtig Beltz & Gelberg, Weinheim 2002
Tochter des Nils Beltz & Gelberg, Weinheim 2002
Gib mir meine Legionen wieder Löwe Verlag, Bindlach 1992
Bis zum 13. Mond Beltz & Gelberg, Weinheim 2003
Tiza im Königsbann Beltz & Gelberg, Weinheim 2000
Philipp zwischen Kaiser und König Beltz & Gelberg, Weinheim 1999
Rokal, der Steinzeitjäger Thienemann Verlag, Stuttgart/Wien 1987
S. 24/25, Quiz Klett-Archiv, Stuttgart (Katja und Steffi Kassler, Leipzig)
S. 26, Vormensch Hessisches Landesmuseum, Darmstadt
Jetztmensch Klett-Archiv, Stuttgart (Lutz-Erich Müller, Leipzig)
Jungsteinzeit Klett-Archiv, Stuttgart (Rudolf Hungreder, Leinfelden)
S. 25, Bronzezeit Staatliche Museen, Kassel
Die Römer Foto Keidel, Hechingen
Im Frankenreich Österreichische Nationalbibliothek, Wien (Cod. 2262, fol. 174)
Frau am Backofen Landesmedienzentrum Baden-Württemberg, Stuttgart
Kaufmann Stadtbibliothek Nürnberg
S. 28, Q1 Focus, Hamburg/Science Photo Library (John Reader)
S. 29, D2 Thomas Stephan, Munderkingen
Q2 FOCUS, Hamburg (John Reader/SPL, Pho)
S. 30, D1 Klett-Archiv, Stuttgart
S. 31, D4/D5 Neanderthal Museum, Mettmann
Q1 Blattspitzen und Klinge Hilde Jensen, Institut für Ur- und Frühgeschichte und Archäologie des Mittelalters, Eberhard-Karls Universität Tübingen
Q1 Faustkeil Interfoto, München
S. 32, D1 Dr. Eckart Pott, Stuttgart
S. 34, Q1 Klett-Archiv, Stuttgart (Uwe Jabs, Nehren)
S. 35, D2 Rudolf Hungreder, Leinfelden
S. 36, D1 Klett-Archiv, Stuttgart (Uwe Jabs, Nehren)
D2 aus: Keefer, Erwin, Rentierjäger und Pfahlbauern. 14000 Jahre Leben am Federsee, Konrad Theiss Verlag, Stuttgart
S. 37, D3, D4 Pfahlbaumuseum Unteruhldingen, Uhldingen-Mühlhofen (Gunter Schöbel)
Q1 Landesdenkmalamt, Gaienhofen-Hemmenhofen
S. 38, D1 Archäologisches Freilichtmuseum, Oerlinghausen
S. 39, D2 Archäologisches Freilichtmuseum, Oerlinghausen
D3 Württembergisches Landesmuseum, Stuttgart (P. Frankenstein/H. Zwietasch)
D4 RMN, Paris
D6 Werner Janssen, Meppen
S. 40, Q1 © Südtiroler Archäologiemuseum, Bozen, Italien, www.iceman.it, Foto: Augustin Ochsenreiter
Q2 Landesgendarmeriekommando für Tirol, Innsbruck (Anton Koler, Sölden)
S. 41, D2 © Südtiroler Archäologiemuseum, Bozen (Italien), www.iceman.it
S. 42, D1 Klett-Archiv, Stuttgart (Rudolf Hungreder, Leinfelden)
S. 43, Q1 Württembergisches Landesmuseum, Stuttgart (P. Frankenstein/H. Zwietasch)
Q2 Archäologische Staatssammlung, München
Q4 Westfälisches Museum für Archäologie, Münster
Q5 Stiftung Schleswig-Holsteinische Landesmuseen Schloss Gottorf, Schleswig (Jutta Carstensen)
Kupferschmuck AKG, Berlin (Erich Lessing)
S. 40, Zeichnungen Matthias Isecke-Vogelsang, Süsel
S. 41, Schüsseln Klett-Archiv, Stuttgart (Lutz-Erich Müller, Leipzig)
Q1 Landesamt für Archäologie Sachsen-Anhalt, Halle
Steinzeitbrot Klett-Archiv, Stuttgart (Matthias Geuther, Rötha)
S. 46, D1 Scala, Antella (Firenze)
S. 51, D2 Klett-Archiv, Stuttgart
D3 Klett-Archiv, Stuttgart (Lutz-Erich Müller, Leipzig)

S. 52, Q1 Römisches Freilichtmuseum, Hechingen-Stein
S. 53, D1, D2 Landesmedienzentrum Baden-Württemberg, Stuttgart
Q3 Rheinisches Landesmuseum, Trier
Q4 BPK, Berlin (Dagli Orti)
S. 54/55 alle Bilder Klett-Archiv, Stuttgart (Markus Bente, Oberkalbach)
S. 56, Q1 BPK, Berlin
S. 59, Q1 BPK, Berlin
S. 60, Q1 AKG, Berlin
S. 62, D1 aus: „Das Dorf der Salierzeit", Norbert Wand, Thorbecke Verlag, Sigmaringen 1991, Illustrationen von Fanny Hartmann
S. 63, Q1 AKG, Berlin
Q3 Bayerische Staatsbibliothek, München
S. 64, D1 Klett-Archiv, Stuttgart
Q1 AKG, Berlin
S. 65, D3 Klett-Archiv, Stuttgart
S. 67, Q4 Dr. Uwe Muuß, Altenholz
Q5 The British Library, London
S. 68/69 Klett-Archiv, Stuttgart
S. 70, D1 Dorling Kindersley Ltd, London
S. 70, Q2 F. G. Zeitz KG, Königssee
S. 72, Q1 Bibliothèque nationale de France, Paris
S. 73, Q2 AKG, Berlin
S. 74, Q1 Alexander Lauterwasser, Überlingen
S. 75, Q3 Alexander Lauterwasser, Überlingen
S. 78, Q1 AKG, Berlin
S. 79, Q2 DPA, Hamburg (Rolf Haid)
Q4 BPK, Berlin
S. 80, Q1 AKG, Berlin
S. 81, Q4 Germanisches Nationalmuseum, Nürnberg
Q5 Scala, Antella (Firenze)
S. 82, Q1 Landesmedienzentrum Baden-Württemberg, Stuttgart
S. 83, Q5 BPK, Berlin/Bayerisches Nationalmuseum, München
S. 84, Q1 AKG, Berlin
S. 85, Q4 AKG, Berlin
S. 87, Q3 Württembergische Landesbibliothek, Stuttgart
Q4 The Bridgeman Art Library, London (Giraudon)
S. 89, Q2 Hessische Landes- u. Hochschulbibliothek, Darmstadt
Q4 AKG, Berlin
S. 90, Neandertaler Neanderthal Museum Mettmann
S. 91, Pfahlbauten Klett-Archiv, Stuttgart (Uwe Jabs, Nehren)
Kupferschmuck AKG, Berlin (E. Lessing)
Römer Landesamt für Denkmalpflege, Archäologische Denkmalpflege Mainz
Stadtansicht AKG, Berlin
S. 92, Schreiberfigur Photo Archive Ancient Art, Berlin (Jürgen Liepe)
Pyramide MEV, Augsburg
Tutanchamun Fotex, Hamburg (Boris Lehner)
S. 93, Perikles BPK, Berlin
Mykerinos Corbis, Düsseldorf (R. Wood)
Münze Bibliothèque nationale de France, Paris
Schale British Museum, London
Wölfin BPK, Berlin
Scherbe American School of Classical Studies at Athens Agora Excavations
Augustus Scala, Antella (Firenze)
S. 94, Q2 Corbis, Düsseldorf (Eye Ubiquitou)
S. 95, Q3 BPK, Berlin
S. 96, Q1 RMN, Paris
S. 97, D1 Klett-Archiv, Stuttgart
S. 98, Q1 oben Klett-Archiv, Stuttgart
Q1 unten AKG, Berlin
Scheibe Klett-Archiv, Stuttgart (Katja und Steffi Kassler, Leipzig)
S. 98, Q2 oben/unten AKG, Berlin
S. 98, Q2 rechts BPK, Berlin
Scheibe Klett-Archiv, Stuttgart (Katja und Steffi Kassler, Leipzig)
S. 100, Q1 BPK, Berlin
S. 101, D1 Klett-Archiv, Stuttgart (Lutz-Erich Müller, Leipzig)
Q4 Photo Archive Ancient Art, Berlin (Jürgen Liepe)
S. 102, D1 Klett-Archiv, Stuttgart
S. 103, D2 Römer- und Pelizaeus-Museum, Hildesheim
D3 Photo Archive Ancient Art, Berlin (Jürgen Liepe)
D4 Edizioni Arte e Moneta SA, Savosa (Lugano)
D5 Photo Archive Ancient Art, Berlin (Jürgen Liepe)
D6 Römer- und Pelizaeus-Museum, Hildesheim
D7 Edizioni Arte e Moneta SA, Savosa (Lugano)
S. 104, Q1 MEV, Augsburg
S. 105, D1 Zeichnungen Klett-Archiv, Stuttgart (Rudolf Hungreder, Leinfelden)
S. 106, Q1 British Museum, London
S. 107, D2 Art Archive/British Museum, London
Q4 British Museum, London
S. 108, Q1 British Museum, London
S. 111, Q2 British Museum, London
Q3 Ancient Art & Architecture Collection, Pinner
S. 113, Götter Klett-Archiv, Stuttgart
S. 114, Q1 British Museum, London
S. 115, Q2 Badisches Landesmuseum, Karlsruhe
Q3 Scala, Antella (Firenze)
Q5 Foto Marburg, Marburg
S. 116, D1 Klett-Archiv, Stuttgart
S. 117, D2 Klett-Archiv, Stuttgart
Q2 American School of Classical Studies at Athens, Agora Excavations
S. 118, Q1 BPK, Berlin
S. 119, Q2 BPK, Berlin
Q6 Musées Royaux d'Art et d'Histoire, Bruxelles
S. 119, Q2 BPK, Berlin
Q3 Hirmer Verlag, München
S. 122, spartanischer Krieger BPK, Berlin
S. 124, Q1 BPK, Berlin
S. 125, D1 Scala, Antella (Firenze)
D2 Klett-Archiv, Stuttgart (Rudolf Hungreder, Leinfelden)
S. 126, Q1 Scala, Antella (Firenze)
S. 127, D1 Klett-Archiv, Stuttgart (Katja und Steffi Kassler, Leipzig)
D2 Klett-Archiv, Stuttgart
S. 129, D1 Editions Gallimard, Paris
S. 129, D2 Scala, Antella (Firenze)
S. 130, D1 Klett-Archiv, Stuttgart (Rudolf Hungreder, Leinfelden)
S. 131, D2 Klett-Archiv, Stuttgart (Rudolf Hungreder, Leinfelden)
S. 132, Q1 Staatliche Münzsammlung, München
Q2 Bildarchiv Steffens, Mainz (Dietmar Riemann)
S. 133, D1 Klett-Archiv, Stuttgart (Rudolf Hungreder, Leinfelden)
S. 134, Q1 Scala, Antella (Firenze)
S. 135, D1 Klett-Archiv, Stuttgart (Katja und Steffi Kassler, Leipzig)
S. 136, Q1 British Museum, London
S. 137, D1 Klett-Archiv, Stuttgart (Katja und Steffi Kassler, Leipzig)
Q2 RMN/Louvre, Paris
S. 139, Q3 British Museum, London
S. 140/141, Zeichnungen Klett-Archiv, Stuttgart (Katja und Steffi Kassler, Leipzig)
S. 142, Hagia Sophia MEV, Augsburg
Stadtmauer AKG, Berlin (Werner Forman)
Karte Klett-Archiv, Stuttgart
S. 143, Mosaik The Bridgeman Art Library, London
fränkische Reiter Stiftsbibliothek, St. Gallen
Missionare AKG, Berlin
Frankenkönig Domkapitel Aachen, (Ann Münchow)
S. 144, D1 Hachette Illustrated
S. 144, D3 Archäologisches Freilichtmuseum, Oerlinghausen
S. 148, Q1 The Bridgeman Art Library, London
S. 149, Q4 Stiftsbibliothek, St. Gallen
S. 150, Q1 Helmut Hell, Reutlingen
S. 151, Q4 Erich Gutberlet, Großenlüder
S. 152, Q1 AKG, Berlin
S. 154, Q1 British Museum, London
S. 155, Q2 AKG, Berlin (Erich Lessing)
S. 156/157, Zeichnungen Klett-Archiv, Stuttgart (Katja und Steffi Kassler, Leipzig)
S. 158, Familienfoto Klett-Archiv, Stuttgart (Helmut Heimbach, Duisburg)
Ötzi © Südtiroler Archäologiemuseum, Bozen (Italien), www.iceman.it
Karten Klett-Archiv, Stuttgart
S. 159, Pyramide Klett-Archiv, Stuttgart
Halsband British Museum, London
Missionar AKG, Berlin

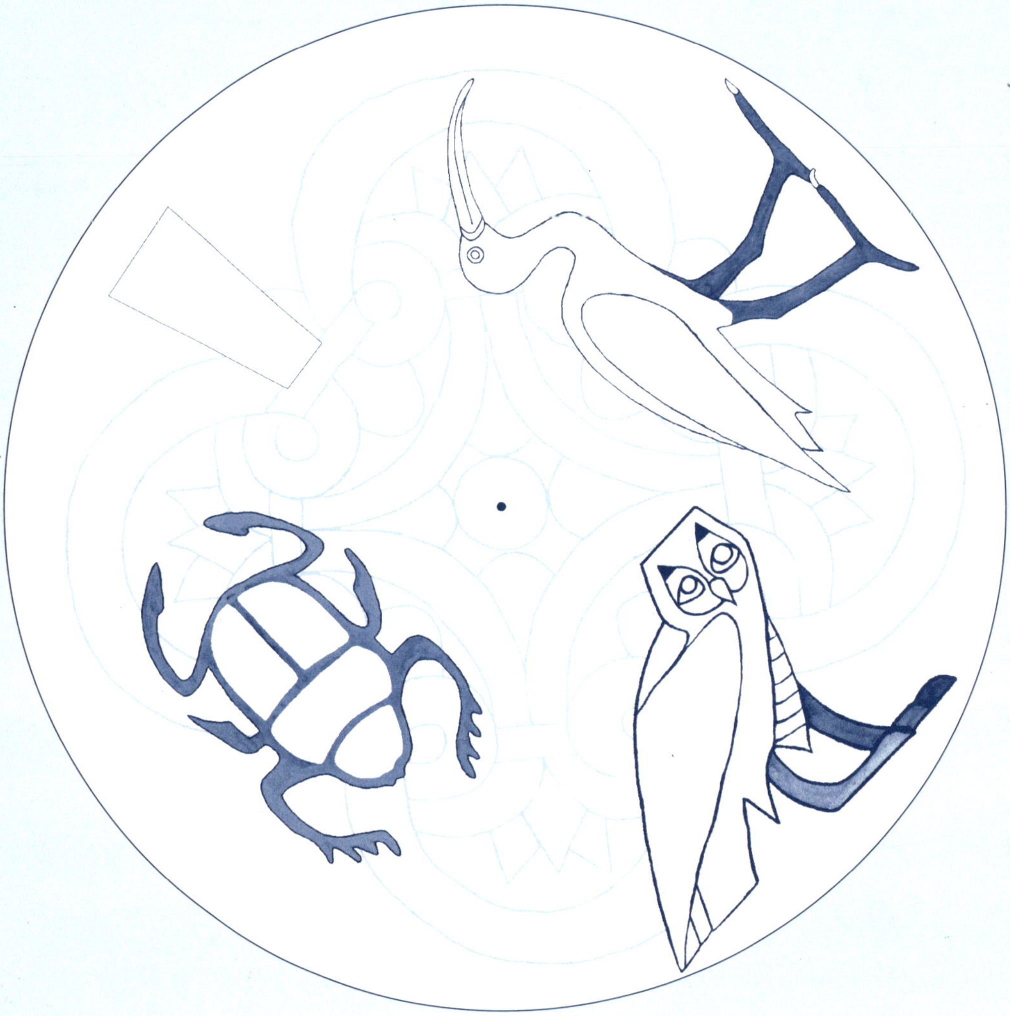